Taschenbücher zur Musikwissenschaft
31

W0063515

16.80

Taschenbücher zur Musikwissenschaft
Herausgegeben von Richard Schaal

31

Heinrichshofen's Verlag
Wilhelmshaven

PETER RUMMENHÖLLER

Einführung in die Musiksoziologie

Heinrichshofen's Verlag
Wilhelmshaven

CIP-Kurztitelaufnahme der Deutschen Bibliothek

Rummenhöller, Peter
Einführung in die Musiksoziologie. — 1. Auflage. —
Wilhelmshaven: Heinrichshofen, 1978.
  (Taschenbücher zur Musikwissenschaft; 31)
  ISBN 3-7959-0142-1

©
1978 by Heinrichshofen's Verlag, Wilhelmshaven,
Locarno, Amsterdam
Gesamtherstellung: Heinrichshofen's Druck, Wilhelmshaven
Printed in Germany
ISBN 3-7959-0142-1
Bestellnummer 12/142

Inhalt

Einleitung

Von einem Buch, das den Begriff "Musiksoziologie" im Titel führt, erwartet man, etwas über das Verhältnis von Gesellschaft und Musik zu erfahren. Obwohl nun die Musiksoziologie eine recht junge Wissenschaft ist (selbst innerhalb und gemessen an der selber noch nicht so alten Musikwissenschaft), ist darüber doch schon sehr viel geschrieben worden. Der Verfasser sah seine Aufgabe nicht darin, dies alles noch einmal zu rekapitulieren. Dies ist an anderer Stelle schon mehrfach geschehen, und unser Literaturverzeichnis soll auch ausgiebig darüber Auskunft geben.

Selbstverständlich will auch vorliegendes Buch etwas über das Verhältnis von Gesellschaft und Musik beitragen. Der Verfasser meinte jedoch, dies mit einem bestimmten Akzent versehen müssen. Bei der Beschäftigung mit der einschlägigen Literatur fiel ihm nämlich immer wieder auf, wie wenig im musiksoziologischen Zusammenhang meist *von der Musik* selbst die Rede ist. Er sah deshalb seine Aufgabe darin, bei den verschiedenen Untersuchungen über die gesellschaftlichen Implikate der Musik diese nie aus den Augen zu verlieren, sondern sie geradezu zum Ausgangspunkt aller Überlegungen zu machen.

Daß dies schwierig und problematisch ist, war dem Verfasser von vornherein klar. Die Gesellschaft nicht nur im äußeren Funktions- und Wirkungskreis der Musik, sondern bis in ihr Innerstes hinein auffinden zu wollen, ist ein Unterfangen, das mit den Methoden, die heute einzig als wissenschaftlich gelten, kaum abzusichern ist. Nicht umsonst ist vermutlich deshalb in den bis heute vorhandenen musiksoziologischen Systemen, Erörterungen und Untersuchungen so wenig "von Musik" die Rede; nicht umsonst wird oft die soziologische Relevanz des "Werkes" (also im konzentriertesten Sinne "die Musik selbst") bestritten und dafür allenfalls "die Gattung" (Oper, Oratorium etc.) als unverfänglicher eingesetzt; nicht umsonst wird gar alles Musikalische gänzlich in den Fachbereich des Musikästhetischen verwiesen, damit man mit dem rein Soziologischen ganz unter sich ist.

Wie gesagt, der Autor ist sich der Problematik völlig klar. Dort wo zwei so komplizierte Phänomene wie "die Gesellschaft" und "die Musik" zusammenzubringen sind, hat man sich wohl zu entscheiden. Entweder man sichert sein Verfahren von vornherein formal ab, indem wissenschaftstheoretische Überlegungen und deren Anwendung es unangreifbar machen. Dann aber muß man auf die inhaltliche Diskussion verzichten, wobei man diesen Verzicht dann noch als fachspezifisch und notwendig hinstellen kann. Oder aber man wendet sich dem Inhaltlichen zu, spricht den unausgesprochenen Sinn dessen aus, was bei näherer Überlegung kaum ein Denkender bezweifeln wird: nämlich die — wenn auch komplizierte, so doch sehr enge und plausible — Verbindung von Musik und dem, was sie hervorgebracht hat: die Gesellschaft.

Entscheidet man sich nun für letztere Möglichkeit, so liegt deren Schwierigkeit und Problematik darin, was wir den "Brückenschlag" genannt haben. Dies soll nichts anderes heißen, als daß eine vermittelte, differenzierte Verbindung gesucht werden muß zwischen dem *Wesen* und der *Erscheinung* von Musik, d.h. zwischen dem, was genetisch und historisch ihre Substanz ausmacht und dem, wie sich diese Substanz als Erscheinung dann ausprägt.

An diesem Vorgang sind viele ineinandergreifende Faktoren beteiligt:

der Komponist als ein von seiner Gesellschaft bestimmter und — in ihr unter ihren Bedingungen — tätiger Mensch;

die Verwendung des musikalischen Materials als ein gesellschaftlich-historisch bereits Vorgeformtes;

das musikalische Werk als ein — nach Maßgabe des jeweiligen gesellschaftlichen Standards — graduell sich Verselbständigendes;

die Realisation des Werkes, d.h. seine klangliche Darstellung, seine "Interpretation";

der Darsteller, der Interpret, der "Virtuose" des Werkes;

die Funktion des Werkes, d.h. seine Verwendung, z.B. als geistliche oder als Repräsentationsmusik;

seine Wirkung, d.h. seine Aufnahme bei einem Hörer oder einem "Publikum"; und schließlich

seine Verwertung, d.h. z.B. sein Wert auf dem Verlagsmarkt, seine Verbreitung, seine Depravation zwecks besseren Absatzes etc.

All diese Faktoren werden sich letzten Endes auf die *Struktur* der jeweils in Frage stehenden Musik berufen müssen. Auch noch das "musiksoziologischste" Faktum, z.B. die Verkäuflichkeit von Musik, wird niemals unabhängig sein von musikimmanenten Bedingungen, jener von Vordersatz und Nachsatz, Tonika und Dominante, wie sie die Musiktheorie in Begriffe faßt.

Genau dies aber ist Absicht und Tendenz vorliegenden Buches, im Innern von Musik den Einfluß, die Wirkungen, die Bewegungen der Gesellschaft aufzuspüren und namhaft zu machen. Daß dies nur ein Versuch sein kann, ist mehr als nur die Koketterie der Schwäche vor der Größe der Aufgabe. Ist doch das Verfahren, das sich nicht der Sicherheit der positivistischen Wissenschaftstheorie und -praxis erfreuen kann, so gut wie ungedeckt, so ungedeckt wie Adornos physiognomischer Blick, über den — vor allem post mortem auctoris — die Fachwelt viel und ausgiebig zu lächeln beliebte. "Versuch" soll vielmehr heißen, daß die Konkretion, von der der Verfasser sich einbildet, sie da und dort geleistet zu haben, eben nur sehr "da und dort" geleistet ist. Es soll daher zugleich die Aufforderung an ähnlich Gesinnte sein, dies über einen weiteren, ja über den ganzen Bereich der Musik auszudehnen. "Versuch" soll aber auch heißen, daß es dem Verfasser durchaus bewußt ist, daß er eine andere Richtung einschlug, als die, die man wohl von einer "Einführung in die Musiksoziologie" erwartet. Es ist nicht von Statistik, nicht von empirischen Untersuchungen, nicht von quantitativen Methoden, nicht von schichtenspezifischem Verhalten noch derselben Rezeption die Rede. Dem Verfasser macht es nichts aus, sich dafür schelten zu lassen. Denn trotz neopositivistischer Aktivitäten in Empirischer Musiksoziologie und — auf musikpädagogischem Sektor — in der Musikdidaktik scheint ihm die Diskussion des Inhaltlichen und seines Sinnes dennoch wichtiger zu sein als alle Verfahrensfragen, die, wie berechtigt sie immer innerhalb des Methodenkanons auftreten, doch nur die periphere Seite der Sache berühren.

Zwei Auffassungen waren es dabei, die den Autor während seines Studiums musiksoziologischer Probleme immer wieder beeindrucken.

Die eine ist das Postulat, das am Anfang von Kurt Blaukopfs früher Arbeit über Musiksoziologie steht: nämlich daß sich die Musiksoziologie als Einzelwissenschaft überflüssig machen könne, wenn sie ihre wirkliche Aufgabe erfüllte, "die soziologische Basierung der Musikgeschichte"[1].

Die andere ist die These Theodor W. Adornos von der gesellschaftlichen Dechiffrierung der Musik, d.h. die These, daß Musik als gesellschaftlich Bedingte entstanden ist und daß deshalb diese Bedingtheit bis in ihre Struktur hinein wieder abzulesen sein müsse. [2]

Beide Auffassungen hat der Autor als eine Art Programm verstanden, an der er seine Arbeit zu orientieren habe. Sie seien daher noch etwas näher beschrieben.

In dem eben erwähnten Buch "Musiksoziologie" rechtfertigte Blaukopf das Bestehen einer Musiksoziologie dadurch, "daß die Musikwissenschaft als solche diese Forderung nach Erhellung der gesellschaftlichen Motive der historischen Veränderung der Musik nicht oder nicht zur Gänze erfüllt. Im Grunde bedürfte es gar keiner besonderen Soziologie der Musik, wenn die Musikwissenschaft ihrer Aufgabe allseitig gerecht würde."[3]

1 Blaukopf, Kurt: Musiksoziologie. Eine Einführung in die Grundbegriffe mit besonderer Berücksichtigung der Soziologie der Tonsysteme. Köln u. Berlin: Kiepenheuer o.J. (1951), S. 8
2 Vor allen Dingen in: Adorno, Theodor W.: Ideen zur Musiksoziologie. In: Klangfiguren. Musikalische Schriften I. Berlin u. Frankfurt/M: Suhrkamp 1959.
3 Blaukopf, S. 8.

Blaukopf hält demnach die Musiksoziologie für eine Sonderwissenschaft mit Übergangscharakter, die "in dem Augenblick als *besondere* Disziplin verschwindet, in dem sie ihre Aufgabe erfüllt: die soziologische Basierung der Musikgeschichte."[4]

Musiksoziologie erscheint hier nicht als eine Wissenschaft mit Sondercharakter und Anspruch auf Eigenleben. Sie ist vielmehr wissenschaftliche Blickrichtung, Beleuchtung von einer bestimmten Seite, allerdings von einer wichtigen Seite: soll sie doch Grundlage ("Basierung") der Musikwissenschaft sein.

Und zum anderen Aspekt: Das Prinzip, musikalische Werke bis in ihre Details hinein auf ihren gesellschaftlichen Gehalt hin zu befragen, ist am konsequentesten von Theodor W. Adorno vertreten worden. Adorno empfiehlt, die Werke "ausgeführter technischer und physiognomischer Analyse" zu unterziehen, "welche noch formale Momente als solche des im Zusammenhang konstituierten musikalischen Sinnes, oder seiner Absenz, benennt und *von ihm auf Gesellschaftliches schließt*. Formale Konstituentien von Musik, am Ende ihre Logik, sind *gesellschaftlich zum Sprechen zu bringen*."[5]

Für die "entscheidenden Aufgaben der Musiksoziologie" hält Adorno die "der *gesellschaftlichen Dechiffrierung von Musik selbst*."[6] "Physiognomischer Blick für den gesellschaftlichen Ausdruck künstlerischer Formsprachen ist ein notwendiges Moment musiksoziologischer Erkenntnis. Ihr dürfte zum Kanon dienen, daß alle musikalischen Formen, alle musiksprachlichen und -materialen Elemente selber ein-

---

4 Ebenda.
5 Adorno, S. 13/14, Hervorhebungen v. Verf.
6 Ebenda. Hervorhebungen v. Verf.

mal Inhalte waren; daß sie von Gesellschaftlichem zeugen und von dem betrachtend-insistierenden Blick *als gesellschaftliche wieder erweckt werden müssen.*"[7] Als die "tiefsten Beziehungen zwischen der Kunst und der Gesellschaft" bezeichnet Adorno jene, "welche *in den Kunstwerken selbst sich kristallisieren.*"[8]

Daraus ergab sich nun eine Dreiteiligkeit der Arbeit. Der erste Teil ist sozusagen der Blaukopfschen These gewidmet. Er umkreist in bezug auf einige Fächer der Musikwissenschaft, was es an ihnen "soziologisch zu basieren" gäbe. Der zweite Teil will die Adornosche These anwenden, daß am Musikwerk Gesellschaftliches ablesbar ist, weil das Werk als ein (wie immer auch vermitteltes) Produkt der es hervorbringenden Gesellschaft auf diesen seinen Ursprung hin befragbar sein müsse. Der dritte Teil schließlich möchte sich als Synthese daraus verstehen, wenn man den verpflichtenden Begriff der Synthese, angewendet auf ein Konglomerat von Versuchen, nicht als zu hochgegriffen empfindet.

Aus dieser Inhaltsbeschreibung ergeben sich die Titel der einzelnen Teile: der erste *"Musikwissenschaften und Gesellschaft"*, der zweite *"Das musikalische Werk und die Gesellschaft"*, und der dritte nur *"Studien"*, weil der Autor hier sich des Versuchscharakters besonders innegeworden ist.

7 Ebenda, S. 25. Hervorhebungen v. Verf.
8 Adorno, Theodor W.: Thesen über Kunstsoziologie. In: Ohne Leitbild. Parva Aesthetica. Frankfurt/M: Suhrkamp 1967 (= e.s. 201) S. 98/99.

Erster Teil
Musikwissenschaften und Gesellschaft

1. Die Musikgeschichte

Wir wollen hier keinesfalls alle Stationen der Musikgeschichtsschreibung Revue passieren lassen und sie gleichzeitig auf ihre Einstellung zum "Soziologischen" überprüfen. Worum es uns geht, ist vielmehr zu zeigen, daß es da und dort in den Musikgeschichten Ansätze – und auch mehr – zur Basierung der Musikhistorie mit musiksoziologischen Aspekten gibt, wobei es uns nicht stören sollte, daß es keineswegs immer die "offiziellen" Musikgeschichten sind, die uns in dem hier zu vertretenden Gedanken einer soziologischen Basierung der Musikgeschichte unterstützen.

Studiert man ältere Musikgeschichten, Aufsätze musikhistorischen oder musikbeschreibenden Inhalts, so fällt immer wieder auf, wie selbstverständlich gesellschaftsbezogene Argumente zur Beschreibung und Erklärung der in Rede stehenden Sachverhalte herangezogen werden. Es sollte dies auch nicht verwundern: ein so in kulturhistorischen und geistesgeschichtlichen Zusammenhängen denkendes Jahrhundert wie das 19. hätte sich einen solch universalen Aspekt wie den gesellschaftlichen wohl kaum entgehen lassen. Erst als im 20. Jahrhundert dann die musikhistorische Forschung spezialistischer und ausgeprägt philologischer Natur wurde, galt der Blick über den Zaun des fachlichen Separatismus mehr und mehr als unwissenschaftlich.

Nehmen wir als Beispiel in August Wilhelm Ambros' Musikgeschichte eine Stelle, bei der er Strukturwandel in der Musik zu erklären versucht, beispielsweise im Kapitel IV "Die Musikreform und der Kampf gegen den Kontrapunkt".[1] Ambros führt aus, daß der neue Musikstil, gemeint ist die Monodie, auf musikalischem Gebiet bewirke, was die Renaissance auf allen anderen Gebieten schon früher längst durchgeführt habe: die Emanzipation des Individuums. Ambros führt hier anhand der Musik aus, was Jacob Burckhardt ("Kultur der Renaissance in Italien" 1860)[2] als umfassende kulturgeschichtliche Denkweise für das 19. Jahrhundert dargestellt hatte: nämlich Kollektivität als Kennzeichen mittelalterlichen Lebens gegenüber Individualität als Kennzeichen der Renaissance. In der Tat zitiert Ambros denn auch die Burckhardtsche Stelle von der Selbsteinschätzung des mittelalterlichen Menschen "nur als Race, Volk, Partei, Korporation, Familie, oder sonst in irgend einer Form des Allgemeinen." In Italien dagegen am Ausgang des 13. Jahrhunderts "erhebt sich aber mit voller Macht das Subjektive, der Mensch wird geistiges Individuum und erkennt sich als solches."[3]

Es soll hier gar nicht gezeigt werden, inwieweit Burckhardt, und mit ihm Ambros, einem falschen Bewußtsein erlegen sein könnte, d.h. es braucht dazu nicht diskutiert werden, wie stark das frühe italienische Rinascimento, trotz unbezweifelbar geschehenen Aufbruchs, doch noch dem mit-

1 Ambros, August Wilhelm: Geschichte der Musik. IV. 3. Aufl. hrsg. v. H. Leichtentritt, Leipzig: Leukart 1909, S. 318 ff.
2 Burckhardt, Jacob: Die Kultur der Renaissance in Italien. Berlin: Verband der Bücherfreunde o.J. Die im Folgenden angezogene Stelle befindet sich auf S. 88. Der Text, die letzte von Burckhardt selbst stammende Fassung, weicht von der bei Ambros zitierten ab.
3 Ambros, S. 319.

telalterlichen Denken verhaftet war, und wie andrerseits die Ansicht von der mittelalterlichen Kollektivität ganz einfach schon dadurch zu widerlegen wäre, daß man nachweist, daß der historischen Forschung des 19. Jahrhunderts vielleicht da und dort noch die Kenntnis eben jener Individualitäten fehlte, die die Auffassung vom "kollektiven" Mittelalter mit steigend erweiterter Forschung zu einem "individuellen" korrigiert hätte. (Gerade der Geschichtsforschung auf dem Gebiet der Musiktheorie ist es gelungen, durch Aufdeckung einiger Autorschaften den Nebel der Anonymität über der Musikgeschichte des Mittelalters durchdringlicher zu machen.)

Trotzdem mag es sein, daß Ambros und Burckhardt der Tendenz nach durchaus im Recht sind, d.h. daß man auch heute noch den Unterschied zwischen mittelalterlicher Kultur und der der Renaissance so sehen kann. Darauf kommt es auch gar nicht an. Festzuhalten bleibt vielmehr, daß Ambros aus diesem Gedankengang Konsequenzen für die Musik und ihre Geschichte ableitet und damit ein Beispiel für die Verbindung gesellschaftsbezogener und musikhistorischer Betrachtungsweise gibt. Denn Ambros' These lautet: so wie das Individuum der Renaissance mehr und mehr sich emanzipierte, so entwickelte sich auch der Musikstil — aus noch vielleicht unbeholfenen Anfängen, aber immer deutlicher — von einem kollektivistischen zu einem subjektiv-individuellen. Wandlungen des Stils in der Musik werden damit nicht zuerst *in der Musik selbst* gesucht, sondern in den sie bedingenden Voraussetzungen: "Die Renaissance und ihr Geist durchdrang diese Formen verklärend und erwärmend wie Sonnenlicht (Palestrina, Marenzio, die beiden Gabrieli usw.) — die Form selbst vermochte sie einstweilen nicht zu brechen. Aber wie stark der Drang nach der Emanzipation des Individuums allgemach auch hier wurde, zeigt die

Flucht des einzelnen Sängers mitten aus dem Chore der singenden Kollegen — er nimmt sich einen kontrapunktisch gesetzten Part mit, und singt ihn, so gut oder so schlecht es gehen will, für sich allein, und läßt die Partie von ihm im Stiche gelassenen Kollegen, die er des Gesamteindrucks wegen doch am Ende nicht entbehren kann, von musikalischen Instrumenten als Begleitung seines Gesanges spielen."[4]

Es ist eine — wie wir meinen schlechte — Tradition geworden, aus Ambros' gleichsam spontanen soziologischen Begründungen von Stilwandel die Notwendigkeit abzuleiten, alles was sich in der Musikgeschichte *ändert*, soziologisch zu motivieren, die dazwischen befindliche *Kontinuität* jedoch "innermusikalisch" auf sich beruhen zu lassen. So tauchen in einem Standardwerk musikhistorischer Fakten, in Wörners "Geschichte der Musik"[5], immer dann soziologische Begründungen auf, wenn sich "etwas ändert". So heißt es, nach Abhandlung der Musikgeschichte bis etwa ins 15. Jahrhundert: "Übergang zur Neuzeit. § 85. Die Wende vom Mittelalter zur Neuzeit in der Geschichte ist bedingt durch 1. politische Gründe, 2. soziologische Veränderungen, 3. geistes- und kulturgeschichtliche Wandlungen. Diese Veränderungen sind so grundlegend, daß sie bis in die Gegenwart fortwirken."[6]

Sieht man einmal ab von der merkwürdigen Trennung "geistes- und kulturgeschichtlicher Wandlungen" von "soziologischen Veränderungen", und diesen wiederum gar von "politischen Gründen", so bleibt — und nicht nur für Wörner gilt das — die Feststellung, daß Wandel in der Musikgeschichte gern musiksoziologisch motiviert wird,

4 Ebenda, S. 319/320.
5 Wörner, Karl H.: Geschichte der Musik. Göttingen: Vandenhoeck u. Ruprecht 4/1965.
6 Ebenda, S. 135.

wahrscheinlich nur deshalb, weil anders — nämlich musik-immanent — er einfach nicht zu motivieren ist. Warum erscheint — für die Forschung überraschend — der cantus firmus um 1100 plötzlich in der Unterstimme, werden gleichzeitig gereimte Texte verwendet? Antwort entweder: aus ungeklärten Ursachen[7] oder: aus *gesellschaftlichen* Gründen.[8] Auf der andern Seite zieht man — so lange es geht — bei scheinbar kontinuierlichen Entwicklungen gesellschaftliche Motivationen nicht heran. Haydns Weg z.B. vom oberstimmenbetonten divertimentohaftem Streichquartett zu dem des Wienerklassischen Ideals kann durchaus auch musikimmanent und "ohne Gesellschaft" beschrieben werden:[9] zuerst ein bißchen "durchbrochene Arbeit", ein bißchen Fuge, studiert bei J.S.Bach, und schließlich steht die motivisch-thematische Arbeit vor uns, ohne daß es der Gesellschaft bedurft hätte. In einer solchen Art Musikgeschichtsschreibung wirkt Musiksoziologisches immer — selbst wenn es in ernsthafter Absicht herangezogen wird — eher als verbrämende, wissenschaftlichen Anspruch anmeldende Zutat denn als wirkliche Erhellung des Sachverhalts.

Selbstverständlich gibt es Auffassungen, die das Prinzip gesellschaftlicher Begründung musikgeschichtlicher Kategorien überhaupt nicht anwenden oder ablehnen. Wenn z.B. Hugo Riemann von der Musik des 17. Jahrhunderts nicht von "Barockmusik" (was ein zunächst der Kunstgeschichte, dann der allgemeinen Kultur- und Geistesgeschichte entlehnter Begriff ist) oder von der "Musik im Absolutismus" (was ein gesellschafts-politischer Begriff ist) sondern von der Musik des "Generalbaßzeitalters" gespro-

7 Ebenda, S. 108.
8 Ebenda, z.B. S. 110 § 66.
9 Ebenda, S. 429 f.

chen hat,[10] so verwendet er pointiert eine immanent musikalische Kategorie. Die Kennzeichnung eines Zeitalters als "Generalbaß"-Epoche benutzt zu deren Charakterisierung den Namen einer Kompositions- und Aufführungstechnik. Jacques Handschin kritisiert diesen Begriff[11], möchte dann aber den einen musikimmenenten Begriff durch einen anderen ersetzt wissen: "Man hat nach dem 'Basso continuo' oder 'Basso generale' den ganzen Abschnitt der Musikgeschichte von etwa 1600 bis 1750 das 'Generalbaßzeitalter' genannt. Dies ist vielleicht etwas zu sehr 'musiktheoretisch', d.h. vom technischen Aspekt aus gedacht . . . Als Bezeichnung des Zeitalters würden wir lieben wählen: 'die Zeit des konzertierenden Stils . . .'" Sieht man einmal davon ab, daß das eine (Riemann) wie das andere (Handschin) schon in musikimmanenter Sicht nicht genau zutrifft, daß also weder das "Generalbaßzeitalter" insofern ganz stimmt, als es relevante Kompositionen dieses Zeitalters gibt, bei denen der "Basso continuo" keine Rolle spielt (man denke nur an Bachs Solo-Suiten),wie auch ebenso relevante Kompositionen dieser Epoche mit konzertierendem Prinzip überhaupt nichts zu tun haben, so scheint diese Haltung typisch für eine Musikgeschichtsschreibung, die um ihre unabhängige, selbständige Haltung kämpft: sie will alles, was sie zur Beschreibung einer Epoche beitragen kann, aus ihren eigenen Mitteln, d.h. möglichst musiknah beitragen.

Aber kehren wir noch einmal ins 19. Jahrhundert zurück. Dabei soll es uns ja weniger darum gehen, daß Soziologisches *auch* im musikgeschichtlichen Verlauf da und dort herangezogen wird, um vielleicht etwas Außergewöhnliches

10 z.B. Riemann, Hugo: Kleines Handbuch der Musikgeschichte. Leipzig: Breitkopf & Härtel 4 u. 5/1922, S. 117.
11 Handschin, Jacques: Musikgeschichte im Überblick. Luzern und Stuttgart: Räber 2/1964, S. 275/276.

in der Musikgeschichte, eine Wendung, die nicht mit musikalischen Mitteln zu erklären ist, zu begründen. Vielmehr wollen wir bei unsrer Betrachtung der Musikgeschichte die reale Verbindung *der Musik*, ihrer wirklichen Erscheinung, sei es in Formen, Gattungen, Techniken, Werken, *mit der Gesellschaft* untersuchen. Und da erscheint in diesem Zusammenhang eine Bemerkung Heinrich Heines weit bedeutsamer als alle Erklärungen, die Gesellschaftliches nur dann heranziehen, wenn von musikfernen Dingen in der Musikgeschichte die Rede ist.

In Heines "Kunstberichten aus Paris" findet sich unter der Überschrift: "Die große Oper. Rossini und Meyerbeer" folgende Stelle:[12] ". . . auf den Wogen Rossini'scher Musik schaukeln sich am behaglichsten die individuellen Freuden und Leiden des Menschen; Liebe und Haß, Zärtlichkeit und Sehnsucht, Eifersucht und Schmollen, alles ist hier das isolierte Gefühl des Einzelnen. Charakteristisch ist daher in der Musik Rossini's das Vorwalten der Melodie, welche immer der unmittelbare Ausdruck eines isolierten Empfindens ist. Bei Meyerbeer hingegen finden wir die Oberherrschaft der Harmonie; in dem Strome der harmonischen Massen verklingen, ja ersäufen die Melodien, wie die besonderen Empfindungen des einzelnen Menschen untergehen in dem Gesamtgefühl eines ganzen Volkes, und in diese harmonischen Ströme stürzt sich gern unsere Seele, wenn sie von den Leiden und Freuden des ganzen Menschengeschlechts erfaßt wird und Partei ergreift für die großen Fragen der Gesellschaft. Meyerbeer's Musik ist mehr social als individuell; die dankbare Gegenwart, die ihren inneren und äußeren Fehden, ihren Gemüthszwiespalt und ihren Willenskampf, ihre Noth und ihre Hoffnung in seiner Musik wieder-

12 Heine, Heinrich: Sämtliche Werke. Bd. 10. Hamburg: Hoffmann und Campe 1890, S. 211/212.

findet, feiert ihre eigene Leidenschaft und Begeisterung, während sie dem großen Maestro applaudiert. Rossini's Musik war angemessener für die Zeit der Restauration, wo, nach großen Kämpfen und Enttäuschungen, bei den blasierten Menschen der Sinn für ihre großen Gesammtinteressen in den Hintergrund zurückweichen mußte und die Gefühle der Ichheit wieder in ihre legitimen Rechte eintreten konnten. Nimmermehr würde Rossini während der Revolution und dem Empire seine große Popularität erlangt haben. Robespierre hätte ihn vielleicht antipatriotischer, moderantistischer Melodien angeklagt, und Napoleon hätte ihn gewiß nicht als Kapellmeister angestellt bei der großen Armee, wo er einer Gesammtbegeisterung bedurfte . . ."

Wir haben hier auf der Stufe von 1837 von einem musikalischen Nicht-Fachmann eine vergleichende Beobachtung von wirklich musiksoziologischer Tragweite. Indem Heine in Rossini den Meister der Melodie (wie Rossini sich übrigens auch selbst einschätzte), in Meyerbeer aber den der Harmonie sah, kennzeichnete er damit zugleich zwei Prinzipien, die nicht nur musikalisch, sondern auch gesellschaftlich unterschiedlich zu deuten seien. Daß er dabei den Unterschied der musikalischen Intentionen und Strukturen bei Rossini und bei Meyerbeer um der Akzentuierung des Gedankens willen, vielleicht auch mit einer Prise Ironie, übertrieb, mag uns deshalb aus der Distanz von fast 150 Jahren so vorkommen, weil wir inzwischen die *Ähnlichkeit* zwischen Rossini und Meyerbeer mehr als den *Unterschied* hören. Gleichwohl bleibt festzustellen, daß Heine eine interessante Zuordnung vornimmt: Melodie sei der Ausdruck des Individuellen, Harmonie der des Kollektiven. Melodie drücke das isolierte Gefühl des Einzelnen aus: Liebe, Haß, Sehnsucht, Eifersucht; Harmonie "das Gesamtgefühl des Volkes", die "Leiden und Freuden des gesamten

Menschengeschlechts" und die Parteiergreifung "für die großen Fragen der Gesellschaft."

Wer dies als Feuilletonismus abtun oder belächeln will, sollte sich sagen lassen, daß in Heines Interpretation eine außerordentlich zutreffende musikhistorische Beobachtung steckt. Denn in der Tat war es die "Melodie", die am Beginn des 17. Jahrhunderts in der Monodie, in der neugeschaffenen Gattung der Oper, in Monteverdis "Seconda Prattica", zum Ausdrucksträger des Individuums, musikalische Manifestation des Subjekts wurde und es, mit unterschiedlichen Akzentuierungen bis an die Schwelle des 20. Jahrhunderts auch blieb. Mit der Harmonie ist es etwas problematischer. Denn das Melodische als Ausdruck des subjektiv Individuellen ist weniger mit dem Harmonischen, das ja mehr als dessen Stütze und Träger fungierte, konfrontiert worden als mit dem Kontrapunktischen, dem "gelehrten" Geflecht der Stimmen. Dies ist bereits der Sinn von Monteverdis Gegenüberstellung Prima Prattica — Seconda Prattica (d.h. Gegenüberstellung des "alten" polyphonen Kirchenstils des 16. Jahrhunderts und der "neuen" Technik der Monodie, der ausdrucksvollen, nur akkordisch begleiteten, melodischen Linie), dies ist auch das Problem der Generation der Bach-Söhne gegen die Vatergeneration ("gelehrter" Stil, d.h. Fuge oder kontrapunktischer Stil, gegen "galanten" oder "Empfindsamen Stil", d.h. jene im zweiten Drittel des 18. Jahrhunderts vorwaltende Homophonie entweder des späten Absolutismus oder einer frühbürgerlichen Empfindsamkeit). Wenn Heine Melodie gegen Harmonie ausspielt, meint er wohl etwas anderes. Es ist das plakativ Akkordische, das Meyerbeer für das grelle, sensationell Dramatische in der Oper einsetzte und das als Struktur in der bürgerlichen Musik seit der Wende zum 19. Jahrhundert eine wichtige Rolle spielt, seit nämlich die Französische Revolution auch für die Musik ein neues Bewußtsein geprägt hat. Solche Harmonik, "in deren Strome" nach Heine "die Melodien ersäufen", findet sich exemplarisch bei Beethoven, der ja bis hin zur IX. Symphonie von der französischen Revolutionsmusik und des musikalischen Heroismus der napoleonischen Ära, also von Komponisten wie Gretry, Cherubini, Gossec, Méhul sehr viel assimiliert hat. So ist gerade der letzte Satz der Neunten, trotz kontrapunktischer Gegenüberstellung der Themen "Freude schöner Götterfunken" und "Seid umschlungen, Millionen", im Heineschen Sinne in "harmonischen Massen" erfunden, genau in jenem akkordischen Stil, von dem Heine auch von der Neunten gesprochen haben könnte, als er sagte, daß in ihm von "den Leiden und Freuden des ganzen Menschengeschlechts" und den "großen Fragen der Gesellschaft" die Rede ist.

Die Schlußfolgerung nun, die Heine aus der Unterscheidung "social" und "individuell" zieht ist die, daß er eine Musik aufgrund ihrer inneren musikalischen Beschaffenheit ("melodisch" − "harmonisch") einer bestimmten gesellschaftlichen Etappe zuordnet. Rossini den "Melodiker" ordnet er der Restauration zu, während er Meyerbeer den "Harmoniker" der Zeit nach 1830, die "ihre eigene Leidenschaft und Begeisterung feiert", der Pariser Juli-Revolution und dem Bürgerkönigtum zuweist. Bis in die Faktur der Musik, bis in das Material hinein, ist hier eine gesellschaftliche Determination der Musik vorgenommen. Fassen wir den Heineschen Gedanken konkret, so ergibt sich aus ihm ein Prinzip, dem sich die "Basierung" der Musikgeschichte (im Sinne des Zitats S. 12 Kurt Blaukopfs) verdanken könnte: *die gesellschaftliche Zuordnung von Musik aufgrund ihrer innermusikalischen Strukturierung.* Oder umgekehrt ausgedrückt: an einer Musik wird immer kenntlich sein müssen, welcher Epoche sie angehört, und da diese Kenntlichkeit sich in *musikalischen Mitteln* ausdrückt, die Bestimmtheit der Epoche aber immer nur *eine gesellschaftliche* sein kann, *sollte die Musikgeschichtsschreibung die Verbindung zwischen gesellschaftlicher Verursachung und Konkretisierung vollziehen.*

Es hat durchaus nicht an Ansätzen und auch an durchgeführten Versuchen gefehlt, diese Forderung für die Musikgeschichtsschreibung in die Tat umzusetzen. Drei Beispiele seien diskutiert:

In seinem 1931 gehaltenen Vortrag "Die Erbauer einer neuen Musikkultur" gibt Hanns Eisler[13] einen musikgeschichtlichen Abriß aus historisch-materialistischer Sicht. Da die Bewegung der Gesellschaft die Grundlage dieser Sicht ist, ergibt sich gleichsam von selbst die von uns oben geforderte Verbindung von gesellschaftlicher Verursachung und musikalischer Konkretisierung. An anderer Stelle heißt es denn auch bei Eisler: "§ 1. Musik ist Organisation von Tönen. § 2. Die Organisation der Töne spiegelt wider die gesellschaftliche Situation. Eine Veränderung der Produktionsmethoden, eine Veränderung der Klassenstruktur bewirkt auch eine Veränderung der Organisationsmethoden der Töne."[14]

Als Programm wäre dem nicht zu widersprechen, wenn es Eisler gelänge nachzuweisen, auf welche Weise genau die Produktionsmethoden und die Klassenstruktur die Organisationsmethoden der Töne beeinflußt, d.h. welche Struktur der Gesellschaft welcher Struktur der Musik entspricht. Bei der Herausarbeitung des Unterschiedes zwischen der Musik

13 Eisler, Hanns: Die Erbauer einer neuen Musikkultur. Schriften I. Musik und Politik 1924—1948. München: Rogner & Bernhard 1973, S. 140 ff.
14 Eisler, Hanns: (Thesen). A.a.p. S. 117.

der feudalistischen und der der bürgerlichen Gesellschaft verfährt Eisler jedoch so plakativ, daß die Allgemeinheit der Formeln, die er zur Kennzeichnung der einzelnen gesellschaftlichen wie musikalischen Etappen findet, die Grenzen der Richtigkeit bisweilen überschreiten.

Da Eisler unter dem gesellschaftlich-ökonomischen Begriff des Feudalismus die Zeitspanne vom Mittelalter bis zur Französischen Revolution zusammenfaßt, kennzeichnet er die musikgeschichtliche Situation ebenso: *vor* der Französischen Revolution "feudalistisch", kompositionstechnisch "polyphon", *nach* der Französischen Revolution "bürgerlich", kompositionstechnisch „homophon". "Die Kompositionstechnik des Mittelalters war folgende. Ich kann sie selbstverständlich nur allgemein beschreiben. Die Darstellungsart von musikalischen Gedanken war polyphon. Die vorklassische Polyphonie kennt keinerlei Gegensätze, weder im Tempo noch in der formalen Disposition. Eine der spezifischen Eigenheiten dieser Technik ist das Fehlen der Variation, und zwar der motivischen Variation, die das motivische Entwickeln des Themas ermöglicht... Die musikalische Entwicklung geschieht durch Zusätze in den andern Stimmen... Der Kanon, die Imitation bedeutet ja nichts anderes, als einen starren Gedanken zur Entwicklung zu bringen, indem man ihn in verschiedenen Ebenen, in verschiedenen Tonhöhen und zu ungleichen Zeiten zeigt. Die Instrumentation... ist ein reines Aussetzen der Stimmen ohne Farbigkeit und ohne Effekte. Der Vortrag selbst geschieht in einer bestimmten einheitlichen Lautstärke. Es fehlen die Crescendos und Decrescendos. Es fehlt die Nuancierung. Wir sehen hier, wie eine bestimmte gesellschaftliche Situation zu einer bestimmten musikalischen Technik führt, die, in der Praxis angewendet, eben wieder diese gesellschaftliche Situation ermöglicht. Damit hätten wir nun im Wesentlichen die Musik im Feudalismus beschrieben."[15]

Eislers Fehler besteht weniger in der Idee selbst, gesellschaftlichen Formationen musikalische Verfahrensweisen zuzuordnen, als darin, diese Zuordnung zu summarisch, zu grob und zu direkt vorzunehmen. Zu summarisch, weil das, was er abkürzend "Mittelalter" nennt, darunter aber gesellschaftlich die feudalistische Epoche versteht, musikgeschichtlich (nur beispielsweise und unter anderen aufgezählt!) folgende Epochen enthält: die Mehrstimmigkeit der Karolingerzeit, die Troubadour- und Trouvère-Kunst, die Notre-Dame-Schule, die Ars Nova, die Trecento-Musik, die sog. Niederländer (selber wieder mehrere Etappen!), die Venezianische Schule, die Instrumentalkunst des Hochbarock, die Oper im 17. Jahrhundert, der Beginn des 18. Jahrhunderts mit Bach, Händel, Scarlatti, etc. etc. Über das Vorhandensein von *Polyphonie,* so wie sie Eisler darstellt, läßt sich in Perotins "Sederunt principes", in Landinos "Gram piant' agli occhi", in Benevolis Salzburger Messe, in Vivaldis "Quattro stagioni" oder in Bachs berühmter "Air" ebenso streiten wie darüber, wieweit diese Musik und andere dieser Zeit mit "Imitation und Kanon" zu tun hat, ferner wieso eigentlich die Renaissance- wie Barock-Instrumentalmusik "ohne Farbigkeit und ohne Effekte" sein soll und inwieweit ein "Brandenburgisches Konzert" beispielsweise "keinerlei Gegensätze" kenne, etwa in der "formalen Disposition."

Zu grob ist Eislers Zuordnung, weil er in einer gesellschaftlichen Formation, die ja auch in sich nicht einheitlich, sondern voller Widersprüche ist, ebenfalls eine einzige musikalische Struktur als beherrschende ansehen will, ohne

15 Eisler, Hanns: Die Erbauer... S. 145.

zu bedenken, daß die Vielfalt historisch gewordener Gesell-
schaftsordnungen auch eine — wenn auch erkennbar zuge-
ordnete — Vielfalt von musikalischen Ausprägungen hervorbringt.

Und schließlich ist Eislers Verbindung zwischen Gesellschaft und Musik zu direkt, weil er nicht von jenen zahlreichen vermittelnden Zwischenstufen spricht, die zwischen der gesellschaftlichen Formation im Großen (also
z.B. "Feudalismus") und musikalischen Merkmalen im Einzelnen (also z.B. "polyphon") liegen. Wenn nach der Feststellung, es fehlten der Instrumentation im Feudalismus die
Farbigkeit und die Effekte, es fehle das Crescendo und
Decrescendo, überhaupt die Nuancierung, es gleich darauf
heißt, "Wir sehen hier, wie eine bestimmte gesellschaftliche
Situation zu einer bestimmten musikalischen Technik
führt",[16] so wird eine ganz unmittelbare, unvermittelt direkte Verbindung von gesellschaftlichem Zustand und musikalischer Gestalt suggeriert: so wie die Gesellschaft des Feudalismus eben ohne Übergang zwischen ihren Bestandteilen
strukturiert ist, so könnte Eislers These lauten, so starr also, wie das Gesellschaftssystem aus Adel, Bürger, Bauer etc.
gefügt ist, so starr ist auch die Musik aus Stimmen ("polyphon") und im Vortrag ("ohne Nuancierung") gefügt.

Der gleiche Fehler wiederholt sich bei der Kennzeichnung der bürgerlichen Musik, wenngleich subtiler. Eisler
diagnostiziert sehr richtig den Unterschied von "leichter
und schwerer Musik" als "einen eigentümlichen Gegensatz
in der Musik, den wir in seiner ganzen Ausbildung nur im
Kapitalismus finden."[17] Auch seine Feststellung, "daß der
Begriff der Ware, der ja der bestimmende Faktor im Kapi-

16 Ebenda.
17 Ebenda, S. 148.

30

talismus ist, sich auch auf dem Gebiet der Musik durchsetzt,"[18] beschreibt einen der wesentlichen Aspekte in der Bewertung bürgerlicher Musik. Statt aber dann den Charakter der Ware wirklich an der Musik selbst nachzuweisen, wendet Eisler den Gedanken "ökonomistisch", d.h. sucht in der wirtschaftlich orientierten Darbietungs- und Verbreitungsform der Musik ihren Warencharakter: "Die Konzertform bedeutet die Einführung des Warenverhältnisses auf die Musik. Der Kauf von Konzertkarten, der Verkauf von Noten, der Begriff des Musikspezialisten, der ja Musikwaren herstellt, ist kennzeichnend dafür. Die Konzertmusik der Klassiker der Bourgeoisie wendet sich an den Abnehmer der Musikware und sucht ihn zu unterhalten."[19] Die wiederum richtige Feststellung, daß die Musik seit der zweiten Hälfte des 18. Jahrhunderts als eine des aufsteigenden Bürgertums diese kämpferische und sich selbst behauptende Seite auch hervorkehrt und daß dann gegen die Mitte des 19. Jahrhunderts ein Stillstand und eine Art innere Emigration vom Politischen ins Private einsetzt, ist wiederum nicht an der Musik selbst, sondern am vertonten Text festgemacht: "Spiegelt aber in revolutionären Zeiten die revolutionäre bürgerliche Musik das große revolutionäre Individuum wider in seinem aktuellen Kampf gegen den Feudalismus, so spiegelt sie auch in der Mitte des 19. Jahrhunderts den enttäuschten, besitzerhaltenden Spießbürger wider. Die großen Gefühle werden ärmlicher, kleiner, sie wurden intimer. Und aus dem 'Ça ira' der Sansculotten, aus dem revolutionären Schwung der 'Eroica' wurde das Schumannlied 'Ich grolle nicht'."[20]

18 Ebenda.
19 Ebenda.
20 Ebenda, S. 149.

Eisler vergißt daran, daß einerseits die Größe der "Eroica" erst aus der Dialektik von "revolutionärem Schwung" und "intimer", wenn man so will: privater Sphäre ersteht (aus "Ça ira" allein entsteht noch keine Symphonik); und andererseits, daß es bei Schumann nicht nur das "private" "Ich grolle nicht" gibt, sondern auch die Marseillaise-Zitate in "Die beiden Grenadiere" und dem "Faschingsschwank aus Wien," und die "Vier Märsche" op. 76 für Klavier, die während des Dresdner Maiaufstandes 1849 Schumanns Beitrag zur revolutionärer Bewegung sind.[21] Was an dieser Musik "gesellschaftsbezogen" ist, gälte es am musikalischen Text selbst, bis in die Faktur hinein zu untersuchen. Insofern bleiben Eislers Feststellungen zu allgemein und unverbindlich, und tragen damit umso mehr dazu bei, die Betrachtungsweise von Musik unter gesellschaftlichem Aspekt in Verruf zu bringen.

Als zweites Beispiel soll uns Georg Kneplers "Musikgeschichte des 19. Jahrhunderts"[22] dienen. Betrachten wir das große V. Kapitel über Beethoven, weil es in seiner Geschlossenheit sowohl wie in seiner Ausführlichkeit Kneplers Vorgehensweise sehr deutlich erkennen läßt.[23]

Vorab muß gesagt werden, daß Knepler sehr stark auf gesellschaftliche Grundlagen der zu beschreibenden musikgeschichtlichen Epochen eingeht. Liest man Unterüberschriften des Beethovenkapitels wie diese: "Politische Erschütterungen", "Gesellschaft und Individuum", "Weltbild und Moral", "Die politische Atmosphäre", "Der 'Citoyen' ", so

21 Vgl. z.B. Rehberg, Paula u. Walter: Robert Schumann. Zürich/Stuttgart: Artemis 1969, S. 491 f. und Wörner, K.H.: Robert Schumann. Zürich: Atlantis 1949. S. 130 f.
22 Knepler, Georg: Musikgeschichte des 19. Jahrhunderts. 2 Bde. Berlin: Henschel 1961.
23 A.a.O. Band II, S. 529 ff.

erwartet man wohl eine intensive politisch-gesellschaftliche Analyse der Musik Beethovens und seiner Epoche. An dieser Erwartung würden auch zunächst jene Unterüberschriften nichts ändern, die mehr den individuell privaten Charakter von Beethovens Schöpfertum betonen, wie "Neue Erlebnisse − neue Erkenntnisse", "Das Gehörleiden", "Beethovens Lebensverhältnisse" usf. Bei genauerem Studium der Abschnitte selbst stellt sich jedoch heraus, daß es Knepler nur sehr punktuell einmal gelingt, die drei Sphären, die bei einer solchen Betrachtungsweise eng zusammengehören müßten, auch wirklich zu einer Synthese zu bringen: die drei Sphären nämlich des Politisch-Gesellschaftlichen, des Biographisch-Individuell-Privaten und der Musik selbst. In dem einleitenden Abschnitt[24] z.B. nimmt man mit Interesse zur Kenntnis: "1798 lernte Beethoven den General Bernadotte, den französischen Gesandten in Wien, und durch ihn die Errungenschaften der jungen Französischen Republik kennen." Aber innerhalb des kurzen vorangestellten biographischen Abrisses hat diese Bemerkung keine weiteren Konsequenzen. In dem nun folgenden, mehr ins Spezielle gehenden Kapitel "Der junge Beethoven" heißt es dann[25]: "Die Werke dieser glücklichen Periode in Beethovens Leben lassen uns die Welt so erleben, wie sie der optimistisch-weltoffenen Konzeption des humanistischen Bürgers erschien. Sie sind, stilistisch und weltanschaulich, von ähnlicher Grundhaltung wie die Werke Haydns und Mozarts." Diese Andeutungen gesellschaftspolitischer wie kultur- und geistesgeschichtlicher Art, über deren Richtigkeit hier gar nicht zu diskutieren ist, werden aber nun nicht in die Musik Beethovens hineingetragen oder für deren Erkenntnis fruchtbar gemacht. Unmittelbar darauf wird näm-

24 Ebenda, S. 530.
25 Ebenda, S. 533.

lich über die Werke Beethovens dieser Epoche zunächst allgemein gesagt: "Welche Persönlichkeit, welcher Reichtum an Inhalten und musikalischen Gestalten, welch ein Können. offenbart sich in diesen Werken der ersten fünf oder sechs Wiener Jahre!" Und dann speziell über die Klaviertrios op. 1: "Wie meisterhaft der dreiundzwanzigjährige Beethoven die Technik handhabe, sei an Hand des ersten der drei Klaviertrios nachgewiesen. Es findet sich schon hier die für Beethoven so charakteristische thematische Einheit, die alle Sätze eines Werkes...miteinander verbindet. Einen Schlüssel zum Verständnis dieser Zusammenhänge bietet das Studium der Variationswerke, eines Genres, das für Beethoven größte Bedeutung hat."[26]

Diesem, nur innermusikalische Kategorien mit Notenbeispielen abhandelndem Passus folgt dann wieder eine gesellschaftsbezogene Untersuchung, nämlich die der politischen, bildungsmäßigen von Beethovens Bonner Jugendjahren und seinen dortigen Studien (etwa die Erörterung der berechtigten Annahme, Beethoven habe den Jakobiner Eulogius Schneider, der seit 1789 Professor "der schönen Wissenschaften"[27] in Bonn war, in seinen Vorlesungen gehört).

Da auf diese Weise die drei von uns gekennzeichneten Sphären des Gesellschaftlich-Politischen, des Privaten und der Musik von Knepler ständig mehr oder weniger getrennt gehalten werden, kommt nur selten einmal das zustande, was wir hier unter soziologischer Basierung der Musikgeschichtsschreibung verstehen wollten: bei Knepler am ehesten dort, wo er die These Arnold Schmitz[28] weiter ausführt, daß

26 Ebenda 534 f.
27 Meyers Konversationslexikon. Leipzig u. Wien: Bibliographisches Institut. 5/1895, Bd. 15, S. 582.
28 Schmitz, Arnold: Das romantische Beethovenbild. Berlin und Bonn 1927.

Beethoven Stilmittel der französischen Revolutionsmusik aufgegriffen habe.[29] Da wird dann einmal deutlich, wie sich Inhalte von historischer Dimension bis in musik-grammatisch zu beschreibende Einzelheiten hin (z.B. die Art marschmäßiger Punktierungs-Rhythmen) niederschlägt.

Im übrigen bleibt Knepler den *musikalischen* Nachweis seiner "vier Phasen" von Beethovens Weltanschauung[30] ebenso schuldig wie den Erweis von deren Richtigkeit. Daß Beethoven in einer ersten Phase, in der er "nach Wien kommt, um hier Gutes und Großes zu wirken, (und) noch die Illusionen des aufgeklärten Bürgertums" zu teilen, erscheint schon deshalb nicht richtig, weil er sich — als wilder junger Mann — vom Adel bewundern und protegieren läßt, was dem durchaus nicht widerspricht, daß er "Großes und Gutes zu wirken" bereit war: ein Musiker im ersten Jahrzehnt nach der französischen Revolution konnte weder vom Klassenkampf leben noch wurde er vom Proletariat bezahlt. "In Wien lernt er in bitteren Erkenntnissen die Notwendigkeit von Klassenkampf und Revolution verstehen, nur, um — in seiner dritten Phase — sehen zu müssen, daß nicht durch Napoleon, sondern im Gegenteil, nur durch den Kampf gegen ihn die Menschheit befreit werden könne." Wenn Knepler mit der zweiten und dritten Phase den Beethoven der dritten und fünften Symphonie einerseits und dann den "mittleren" Beethoven andererseits meint, so erscheinen beide Phasen nur durch die Kennzeichnung, in der einen sei Notwendigkeit von Klassenkampf und Revolution, in der andern Kampf gegen Napoleon ausgedrückt, doch allzu sehr verkürzt. Und wenn Beethoven

29 Bei Knepler, a.a.O. S. 551 ff.
30 Ebenda, S. 589.
31 Beethovens sämtliche Briefe. Hrsg. v. E. Kastner. Leipzig: Hesse & Becker o.J. (1911), S. 713 f.

schließlich die Missa solemnis durch Goethe dem Weimarer Hof zur Subskription andient[31], oder eine Kantate ("Der glorreiche Augenblick") zum Wiener Kongreß verfaßt, braucht dies zwar keineswegs als Verrat, sicher aber eher als eine Art innerer Emigration, denn als die "bitterste Lehre" gesehen zu werden, "daß eine lange Periode eines beengenden Kleinkriegs gegen die Reaktion notwendig geworden sei und daß es dennoch keine andere Lösung gäbe, als die Menschen zu ihrer eigenen Befreiung aufzurufen."[32]

Betrachten wir als letztes Beispiel, wie eine Etappe der Musik des 20. Jahrhunderts, ein Stück Avantgarde ihrer historisch-gesellschaftlichen Genese nach verfolgt wird. Ulrich Siegele führt in seinem Aufsatz "Entwurf einer Musikgeschichte der Sechziger Jahre"[33] aus: "Dieses Verfahren (das von Boulez' Structures I für zwei Klaviere. Anm. PR). bricht gründlich, wenn auch nicht gänzlich, mit den Traditionen der bürgerlichen Musik. Diese Musik des einst dritten Standes hebt sich von der vorangehenden Musik klerikaler und feudaler Rituale ab und bestimmt sich technisch-musikalisch. Das hervortretende Merkmal ist die Sonate... 'Freiheit — Gleichheit — Brüderlichkeit' ist die emphatische Devise der Humanität. Auf die bürgerliche Musik gewandt: Freiheit wird offenbar im Postulat des autonomen Subjekts und des von ihm geschaffenen autonomen Werks, Gleichheit in der potentiellen Allgemeinverständlichkeit der thematisch-motivischen Arbeit, Brüderlichkeit im kommunikativen Moment menschlichen Ausdrucks.

32 Knepler, a.a.O. S. 589.
33 Siegele, Ulrich: Entwurf einer Musikgeschichte der Sechziger Jahre. In: Die Musik der sechziger Jahre. Hrsg. v. R. Stephan. Mainz: Schott 1972 (= Veröffentlichungen des Instituts für neue Musik und Musikerziehung Darmstadt. 12). S. 9 ff.

"Die Individuation der Vorordnung des Materials zerschneidet die idiomatische Kontinuität. Nicht daß hier parole ohne langue, individueller Sprachgebrauch ohne allgemeines Sprachsystem sich zu konstituieren suchte. Der Sprachcharakter von Musik überhaupt, ihr kommunikatives Moment wird getilgt. An seine Stelle tritt die Permutation, die alle Möglichkeiten der Reihenfolge einer endlichen Anzahl einzelner Elemente durchspielt, ohne eine Möglichkeit zu wiederholen. An die Stelle der Vorstellung von Musik als Mitteilung, von Musik als Sprache tritt die Vorstellung von Musik als permutatorischem Spiel, von Musik als Spiel auf der Grundlage der Kombinatorik.

"Die Vorordnung des Materials nach Parametern, die in der Komposition zur Struktur zusammenschießen, vernichtet die Möglichkeit thematisch-motivischer Gestalten und damit diese Grundlage potentieller Allgemeinverständlichkeit... Die Existenz in einem gesellschaftlichen Sonderbereich ist der seriellen Musik von ihrer Faktur einbeschrieben."[34]

Siegele beschreibt eine Etappe der Musikgeschichte des 20. Jahrhunderts unter gleichzeitiger Anwendung dreier sich gegenseitig bedingender Kategorien: eine historisch-genetischen, einer gesellschaftlichen und einer materialimmanenten ("musikalischen"). Indem die "Musik der sechziger Jahre" als Nachfolge und Abkehr zugleich aus einer historischen Tradition, der bürgerlichen nämlich, dargestellt wird; indem dieser Vorgang zugleich auf seine gesellschaftlichen Gehalte zurückgeführt wird (was bedeutete Freiheit — Gleichheit—Brüderlichkeit für die bürgerliche Musik, was bedeutet dies für die Musik heute, um zu entscheiden, ob sie in diesem Sinn überhaupt noch jene "bürgerliche Musik" ist); und indem schließlich der historische Vorgang des Sogewordenseins und seine gesellschaftlichen Ursachen als an der Musik Ablesbare dargestellt werden (Vorordnung des Materials in der Seriellen Musik als Liquidation des kommunikativen Sprachcharakters), können wir in diesem Argumentationszusammenhang Siegeles ein kleines Modell dafür sehen, was unter soziologischer Basierung von Musikgeschichtsschreibung gemeint sein könnte.

* * *

Was wir demnach *nicht* unter einer soziologischen Untermauerung der Musikgeschichte verstehen wollen, ist,

gesellschaftliche Argumente nur dann heranzuziehen, wenn die musikimmanent angenommene Kontinuität nicht mehr ausreicht, bestimmte Phänomene der Musikgeschichte zu erklären ("Epocheneinschnitte", plötzlicher "Wandel", das Aufkommen neuer Gattungen usw.);

gesellschaftliche Argumente zwar heranzuziehen, sie aber, neben weiteren, z.B. biographischen oder musikimmanenten, auf sich beruhen zu lassen, gleichsam als dankbar zur Kenntnis genommene, weitere Mosaiksteinchen innerhalb des großen Historiengemäldes;

gesellschaftliche Argumente mit musikimmenten Erscheinungen "kurzzuschließen", d.h. die direkte Verbindung zwischen Gesellschaftsformation (feudalistisch, bürgerlich) und Musik (polyphon, homophon) herzustellen.

Weder die Gesellschaft und ihre Geschichte noch die Musik und ihre Entwicklung sind etwas Statisches. Es genügt jedoch nicht, ihre Dynamik, die Tatsache ihrer Bewegung zu konstatieren. Eine Musikgeschichte, die dem gesellschaftlichen Sachverhalt, der sie ja hervorbringt, gerecht werden will, muß ihren Gegenstand, also die Musik und die mit ihr befaßten Menschen, in den Abhängigkeiten, Widersprüchen, gegenseitiger Beeinflussung, ihrer mitunter diskontinuierlicher Entwicklung zu erfassen suchen und dies bis in das "unterste" Detail, bis in die — in der Musiktheorie zu behandelnden — musiksprachlichen, "grammatikalischen" Einzelheiten hinein verfolgen.

Es nützt z.B. für das Verständnis von Johann Sebastian Bachs Werk kaum etwas, wenn man etwa feststellt, daß er ein Komponist des feudalistischen Zeitalters sei (welche Kennzeichnung zwar richtig, aber sehr undifferenziert ist) und daß seine Musik (deshalb?) polyphon sei (was nur sehr zum Teil richtig ist). Es nützt für dieses Verständnis ebenso wenig, wenn man darauf hinweist, daß Bach selbst — in einer Äußerung gegenüber seinem Freund Erdmann[35] — die Übernahme der Thomas-Kantorenstelle als Köthener Hofkapellmeister als sozialen Abstieg empfand. Es ist dies zwar für eine musikgeschichtliche Betrachtung unter soziologischem Aspekt sehr effektvoll, besagt aber für Bachs Werk — in dieser Weise konsequenzlos dargestellt — sehr wenig. Wenn wir beim Beispiel Bach bleiben, müßten wir uns zunächst vergegenwärtigen, wie sehr eine verdinglichende Musikgeschichtsbetrachtung, die Werken, Komponisten, ja ganzen Epochen Objektcharakter, nach Art von Museumsstücken, verleiht, den Blick dafür verstellt, wie mannigfaltig und zugleich uneinheitlich, wie konsequent und zugleich widersprüchlich, wie rückblickend und nach vorn schauend

---

35 "Ob es mir nun zwar anfänglich gar nicht anständig seyn wolte, aus einem Capellmeister ein Cantor zu werden. Weßweg auch meine resolution auf ein vierthel Jahr trainirete, jedoch wurde mir diese Station dermaßen favorable beschrieben, daß endlich /: zumahle da meine Söhne denen studiis zu incliniren schienen:/ es in des Höchsten Nahmen wagte, und sodann die mutation vornahme." Johann Sebastian Bach, Gesammelte Briefe. Hrsg. v. E.H. Müller v. Asow, Regensburg: Bosse 1938, S. 86.

das Werk Johann Sebastian Bachs ist. Da ist es nicht damit getan, daß man Bach einmal den "letzten Gotiker", ein anderes Mal den Erfüller des Barock oder gar den ersten bürgerlichen Musiker nennt. Solange nur die eine oder die andere Seite betont oder alle gegeneinander abgewogen werden, wird die Betrachtungsweise immer am Vordergrund hängen bleiben.

Die Vielfalt des Bachschen Werkes ist in der Tat nicht nur eine reiche Mannigfaltigkeit, sondern voller Widerspruch, der sich nicht nur innerhalb einer Gattung, sondern oft bis in ein einzelnes Werk verfolgen läßt. Was steht bei Bach nicht alles unmittelbar nebeneinander: allein im "Wohltemperierten Klavier" z.B. die fünfstimmige cis-moll-Fuge im 1. Band, Prototyp der "alten", ricercarartigen Fugenform, von der Struktur her stimmiges "Gewebe"; die D-dur-Fuge des 1. Bandes, im Gewande der barocken Französischen Ouvertüre; das f-moll-Präludium des 2. Bandes, mit den Ausdrucksfiguren der Empfindsamkeit und des Sturm-und-Drang der Bach-Söhne-Generation; die c-moll-Fuge des 1. Bandes, die mit ihrer trotzigen Motiv-Sequenz-Struktur den c-moll-Charakter Beethovens anschlägt; schwärmerisch kurzzügige Melodik mit viel Terzen- und Sextenparallelen in der Art seines Sohnes Johann Christian z.B. im Es-dur-Präludium des 2. Bandes; viel Rokokohaftes, wie in der Cis-dur- oder in der Fis-dur-Fuge des 1. Bandes; die manische Motorik des d-moll-Klavierkonzerts; barocker Concerto-grosso-Typus in mannigfaltiger Abwandlung in den Brandenburgischen Konzerten; undogmatische Vorwegnahme der "Sonatenhauptsatzform" im ersten Satz des "Italienischen Konzerts"; die Kantaten als kleine Opern auf der Kirchenempore; man wird die Aufzählung der unterschiedlichsten Dinge bei Bach kaum beenden können.

Was sind nun die gesellschaftlichen Bedingungen für diese Vielfalt des Bachschen Werks, wo liegen die gesellschaftlichen Ursachen auch für dessen Widersprüche?

Musikgeschichtsschreibung, die dem gerecht werden will, dürfte sich nicht damit begnügen, die Zeit, in der Bach gelebt und die die Bedingungen seines Schaffens abgegeben hat, ihrer gesellschaftlichen Formation nach als "feudalen Absolutismus" und darin den Musiker Bach selber seinem historisch-sozialen Status nach als "Hofkapellmeister" oder "Thomaskantor" zu bezeichnen. Erst der tiefere Rekurs auf die innere Bedeutung dessen, was hinter "feudalem Absolutismus", hinter Begriffen wie "Hofkapellmeister" und "Thomaskantor" an gesellschaftlichem Sinn steht, wird die Verbindung und weiteres Verständnis zu Bachs vielgestaltigem Werk bringen.

Vergegenwärtigen wir uns zunächst, daß der "Hofkapellmeister" in die Sphäre des absolutistischen Fürstenhofs gehört. Folgten wir landläufiger historisch-soziologischer Argumentation, so würde der Musiker, der als Hofkapellmeister, d.h. als oberster Repräsentant und Organisator des Musiklebens am Fürstenhofe des 18. Jahrhunderts fungiert, zugleich auch der Repräsentant einer "absolutistischen" Musik sein und damit in der Ausübung seines Amtes diese Gesellschaftsform bestätigen, was nichts anderes heißen kann, als daß er — mit seiner Musik — die bestehende Gesellschaftsform auch gegen die Kräfte, die sich zu ihrer Veränderung oder gar Aufhebung regen, unterstützt: mit anderen Worten, er müßte als konservativ und reaktionär eingeschätzt werden.

Andererseits war Bach Thomaskantor. Als solcher gehört er dem bürgerlich-städtischen Bereich an, einem Bereich, der im Schoße des feudalen Absolutismus jene Kräfte mobil machte, die schließlich – durch die französische Revolution – das vorher bereits mehr und mehr erstarkte Bürgertum an die Macht brachte.[36] So sollte man meinen, daß Bach als Repräsentant und Organisator der protestantischen Kirchenmusik in Leipzig bereits schon kraft dieses Amtes zugleich ein Repräsentant der oppositionellen Strömung gegen die reaktionäre absolutistische Gesellschaftsordnung und somit per se fortschrittlich und hinsichtlich auf eine neue Gesellschaftsordnung revolutionär gewesen sei.

Ein Blick in Bachs Biographie sowohl wie die Beschäftigung mit seinen Werken lehrt, daß nicht nur diese Auffassung unhaltbar ist, sondern daß das gerade Gegenteil vertreten werden muß, will man der Dialektik des historischen Vorgangs und der Wahrheit der Sache selbst gerecht werden.

Denn der Feudalismus hatte nicht nur – um im Gegenschlag gegen erstarkende oppositionelle Bewegungen zu seiner eigenen Restauration beizutragen – den Absolutismus ausgebildet, sondern – merkwürdig genug – den sog. "aufgeklärten" Absolutismus hervorgebracht, eine Vorwegnahme frühbürgerlicher Humanitätsideale im feudalistischen Gewand. Der "Josephinismus", das Wien Josephs II., ist wohl prototypisch dafür. Andererseits waren die städtischbürgerlichen Gemeinden mit oft schon erstarrtem, an bis ins Mittelalter hinabreichende Traditionen festhaltendem Produktions- und Distributionswesen eher ein Hort spießiger Reaktion. Kleidete sich das Humanitätsideal der aufgeklärten Höfe fortschrittlich elegant, so kam das einer Stadt wie Leipzig zur Bach-Zeit eher im Gewande einer ledernen Gelehrsamkeit daher. So wurde denn Bach vom Fürsten Le-

36 Vgl. die einschlägigen Darstellungen in Balet, Leo: Die Verbürgerlichung der deutschen Kunst... etc. (s. Lit. Verz.)

opold von Anhalt-Köthen wie seinesgleichen behandelt, von den regierenden Verwaltungsgremien der Stadt Leipzig jedoch eher wie ein Leibeigener. "Vor die Wahl zwischen dem damals absinkenden bürgerlich-kirchlichen Amt und dem aufsteigenden weltlich-höfischen Musikwesen gestellt, entschied sich Bach für die Seite, die dem Musiker freie Entfaltung bot."[37] "In Bachs Lebenszeit fällt der volle soziale und künstlerische Abstieg des altbürgerlich-kirchlichen Kantoren- und Organistentums und der volle Aufstieg des weltlich-höfischen Musikertums... Der Zweiunddreißigjährige hätte die allgemeine Tendenz seiner Generation wie sein ursprüngliches Musikertum verleugnen müssen, hätte er den sozialen Aufstieg und die freie künstlerische Entfaltung ausschlagen sollen, die ihm die Berufung an den aufgeklärten, weltlichen Fürstenhof von Cöthen sicherte... Die Vorstellung, Bach habe mit der Wahl Cöthens eine höhere Aufgabe zeitweilig verraten oder das höfische Amt nur widerwillig, mangels einer geeigneten kirchlichen Berufung, auf sich genommen, ist eine romantische Mißdeutung... Der Bach aus Celle vertraute französische Lebensstil und die aufgeklärte Anschauung, daß Musik eine für den Genuß des Menschen bestimmte, auf eigenen natürlichen Gesetzen beruhende Kunst sei, galt auch am Cöthener Hof... Ein enges persönliches, fast freundschaftliches Verhältnis mit dem...Fürsten, der ein Kenner und Liebhaber der Musik war,... die Freiheit, sich aller Formen und Gattungen der neuen französischen und italienischen Musik bedienen zu können, dies alles mußte Bach die Cöthener Berufung als ausgesuchten Glücksfall erscheinen lassen. Nicht umsonst hat er später von Leipzig aus immer erneut nach höfischen Titeln und

37 Blume, Friedrich: Artikel Bach, Johann Sebastian. In: MGG Bd. 1, Sp. 972.

Stellungen gestrebt..."[38] "In seiner Eigenschaft als Director Musices unterstand ihm das öffentliche Musikwesen der Stadt, das mit der dem Thomaskantor unterstehenden kirchlichen Musikpflege durch ein Gewirr von ererbten und verbrieften Gerechtsamen, Vorbehalten, Gewohnheiten, Privilegien, Zuständigkeiten und Pflichten verwachsen war. Letztes Mittelalter beherrschte die musikalischen Ordnungen des kirchlichen, städtischen und privaten Lebens."[39]

Die Zitate zeigen, wie genau der Unterschied zwischen höfischer und städtischer Tätigkeit Bachs, auch ihrem Widerspruch nach, von einer Musikgeschichtsschreibung nachgezeichnet wird, die mit ihrer eigenen soziologischen Fundierung sonst wenig im Sinn hat.

Der Widerspruch aber, daß der eigentliche Statthalter des Bestehenden, der Fürstenhof das Fortschrittliche, der Repräsentant des eigentlich aufstrebend Oppositionellen, das städtische Bürgertum das Reaktionäre verkörpert, dieser Widerspruch setzt sich bis in die Werkgattungen Bachs, ja bis in einzelne Werke, die für die jeweilig entsprechenden Anstellungsverhältnisse geschrieben wurden, fort. Denn Bach schrieb in seiner Köthener Periode eben nicht nur Werke der arriviert modernen Richtung der Zeit, also etwa Elegantes oder Empfindsames im italienischen oder französischen Geschmack, sondern z.B. auch Toccata und Fuge d-moll für Orgel (Peters III/3), Stücke aus bester "gearbeiteter" Organistentradition, aber eher sich eigener gediegener Handwerklichkeit erfreuend als Neuland in Besitz nehmend. Andrerseits verfällt der Thomaskantor Bach durchaus nicht bürgerlich-kirchlicher Reaktion, was sein Amt und seine Obrigkeit ihm vielleicht nahelegen würden. Kan-

38 Ebenda, Sp. 978/979.
39 Ebenda, Sp. 985.

taten und Kantatenverwandtes, wie seine Passionen und das Weihnachtsoratorium, benutzen neben überlieferten topoi gleichzeitig und selbstverständlich neueste Errungenschaften der Musik. Dies ist bis in einzelne Werke, ja bis in einzelne Wendungen von Werken, bis in technische Details, wie bestimmte harmonische Verbindungen hinein, zu verfolgen. Nehmen wir als Beispiel Bachs Harmonisierung überlieferter, von ihm verwendeter Choralmelodien. Vor allem in denjenigen Melodien, die einer älteren, kirchentonalen Schicht angehören, wie etwa dem phrygischen "Aus tiefer Not schrei ich zu dir", kommt deutlich Bachs Absicht zutage, die alten, schon für seine Zeit ungewöhnlichen Wendungen der Melodie in eine besonders arrivierte Harmonik zu kleiden. Wurde der Schluß des Chorals mit der charakteristischen Halbtonwendung f—e ("Phrygischer Schluß") bei Schütz ("Psalmen Davids" 1661) noch so harmonisiert:

so heißt die gleiche Stelle bei Bach:

Es sei gestattet, den Vergleich zwischen Schütz und Bach in dem kleinen Beispiel sowohl wie die Bachsche Harmonik selber ein wenig eingehender und vom musiktheoretischen Standpunkt zu umreißen, um einerseits am Objekt deut-

lich zu machen, was konkret mit den vorstehenden Äußerungen gemeint ist, andrerseits aber auch unser Postulat
einzulösen, daß das, was wir als gesellschaftlich Bedingtes
erkannt haben, nun auch tatsächlich bis in musikalisches
(und musiktheoretisch nachweisbares) Detail hinein verfolg-
bar zu machen.

Schütz benützt zur Harmonisierung der letzten Phrase
des Chorals ausschließlich die leitereigenen Töne der "phrygischen" Tonleiter (e-f-g-a-h-c-d-e) also für den Melodieton
g C-dur, für c a-moll, für h e-moll usw. Lediglich für den
langen Schlußton e benutzt er zwei Harmonien: a-moll und
E-dur, wobei E-dur für das Phrygische eine fremde, neue
Qualität ist: das gis gehört nicht zu den leitereigenen Tönen
der Tonleiter und im harmonischen Sinne wirkt die Verbindung a-moll E-dur wie ein "Halbschluß". Die halbschlüssige Harmonisierung scheint eine Art Patentlösung für das
17. Jahrhundert gewesen zu sein, kirchentonal *melodische*
Wendungen in ein (zu dieser Zeit noch nicht ganz konsti-
tuiertes) Dur-Moll-System zu übersetzen. Denn genauge-
nommen läßt der phrygische Schluß (f-e) nur zwei Harmo-
nisierungen einfacher Art zu: den Plagalschluß (für f-e also
d-moll a-moll) oder den Halbschluß (d-moll E-dur oder
evtl. e-moll). Da kirchentonale Einstimmigkeit und Dur-
Moll-tonale Harmonik im Grunde unvereinbar sind, wirkt
beides unbefriedigend. Der Schützsche Halbschluß (der genauso auch in Hans Leo Hasslers "Aus tiefer Not" in den
"Kirchengesäng simpliciter" von 1608 vorkommt) vereinigt
beides: in der Verbindung d-moll a-moll ist der Plagalschluß, in der Verbindung a-moll E-dur der Halbschluß enthalten. Nur eines kommt nicht bei Schütz (und natürlich
erst recht nicht bei Hassler) zum Ausdruck: daß diese Harmonisierung zugleich entschieden Partei ergriffe für die
neue, heraufkommende Tonalität. Dies ist den Kompo-

nisten um die Mitte des 17. Jahrhunderts auch nicht zum Vorwurf zu machen: vom Stand des historischen Materials wäre das auch noch zu früh gewesen.

Bach dagegen nimmt gleichsam die historische Forderung an: die unzweifelhaft kirchentonale Melodie (das Phrygische ist mehr als andere modale Melodien durch die der tonalen Deutung Widerstände entgegensetzende Halbtonschritt-Schlußwendung besonders kirchentonal bestimmt) wird bei ihm so harmonisiert, daß auch nicht der leiseste Zweifel aufkommen kann darüber, daß sich nicht eine jede Verbindung als tonale ausweisen könne. Der Melodieschritt h-a z.B. wird (E-dur mit Septime, F-dur) als "Trugschluß" harmonisiert, in der melodischen Wendung e-g-f-e wird, entgegen der Ähnlichkeit des Phrygischen mit e-moll oder a-moll, für F-dur plädiert (unter dem Melodieton g das b im Baß) um dann, (wie in der Barockmalerei der perspektivische Licht-Schatten-Effekt) unter dem Schluß-e den spannungsgeladenen Dominantquintsextakkord (also die Dominante mit Septime, aber den Leitton Terz im Baß) von a-moll zu bringen, als sei a-moll die Tonika. Dies a-moll kommt auch auf Schlag zwei des letzten Taktes, wird aber durch das nachfolgende und endgültig schließende E-dur als Tonika entthront, durch die halbschlüssige Wirkung des a-moll E-dur jedoch vermag sich das E-dur nicht an die Stelle der Tonika zu setzen: im tonalen Sinne verbleibt der Schluß absichtsvoll vorläufig. Hier zeigt sich, wie Bachs Meisterschaft historischen Übergang und Widerspruch auskomponiert. Im Gegensatz zu Schütz, der sich strikt an das Leitermaterial hält und für die problematische Schlußwendung traditionell Erprobtes verwendet, benutzt Bach nicht nur konsequent die für seine Zeit ganz "moderne" tonalharmonische Harmonisierung, sondern er geht noch ein Stück weiter. Er zwingt nämlich durch eben diese Harmonisierung, die Stelle vom Widerspruch zwischen alt und neu zu sprechen. Indem er das "Phrygische" nicht traditionell beläßt, sondern es "aktualisiert", deckt er diesen Widerspruch am Erscheinenden auf. Die Kirchentonart kann nun nicht mehr reaktionär als Symbol für das bestehende Alte gelten, andrerseits komponiert Bach die Melodie nicht von Grund auf neu im modernen Stil, sondern er benutzt demonstrativ die alte Melodie, reißt sie aber in das Licht der arriviertesten Mittel der Darstellung hinein. So haben Barockkünstler wie der große Bernini die Themen der alten Heiligenlegenden durch Einsatz der avanciertesten Mittel ihrer Kunst, durch perspektivisches Raffinement und psychologische Deutung in einem ganz neuen, für ihre Zeit modernen Licht erscheinen lassen.[40]

Aber auch das Umgekehrte ist nachweisbar, nämlich wie Bach in zeitgemäßen Formtypen weit über deren Rahmen hinaus progressive Entwicklungen zum Tragen kommen läßt. Ein deutliches Beispiel dafür ist das Concerto aus dem 2. Teil der "Clavierübung", das sog. "Italienische Konzert", seiner Form und Attitüde nach eine Übertragung des Concerto-grosso-Typs aufs Klavier. Diesem Eindruck ist auch durch wechselnde Abschnitte, die das "Tutti-Solo"-Schema der Ensemblemusik suggerieren, Genüge getan. Nur erschöpft sich darin der Gehalt des Stückes keineswegs. Eine eingehende formale — auch innerformale — Analyse zeigt, daß es die Wiener klassische Sonatenform vorwegnimmt, und zwar nicht nur in einer rudimentären Vorform, sondern in einer viel differenzierteren Weise, als es später den Anfängen des Wiener klassischen Sonatenwesens möglich war. Bereits das Thema mit seinem symmetrischen Mo-

---

40 Man vergleiche dazu z.B. Gian Lorenzo Berninis "S. Teresa trafitta dall'amor di Dio" (Ekstase der Hl. Therese) in S. Maria della Vittoria in Rom.

tiv-Sequenz-Bau, seiner krassen Zäsur zwischen Motiv und Sequenz erinnert an Beethoven, die Figuration ab Takt 15 hat den Charakter der "Nebengedanken", wie sie typisch schon in Beethovens frühen Klaviersonaten vorkommen. Das neue Thema ab Takt 30, wiewohl auch in der Tonika, legt den Vergleich mit einem Gegenthema gegensätzlichen Charakters der Sonate nahe. Zwischen diesem Teil und der deutlichen, "verkürzten" Reprise am Schluß (Takt 163 ff.) können als "Mittelteil" drei etwa gleichlange Abschnitte festgestellt werden, die in einem unorthodoxen Sinne als "Durchführungen" fungieren: eine jede enthält das Thema in entwickelnd-variierter Form, und jede macht überdies den Eindruck des "Verarbeitens", das später zum typischen Kennzeichen bürgerlicher Musik wird: die formale Stätte dieses Verarbeitens, des motivisch-thematischen Zerlegens und wieder Zusammensetzens, ist zunächst vor allem die Sonatendurchführung und dann (spätestens seit Beethovens Eroica) der ganze Sonatenhauptsatz. Was jedoch Haydn, Mozart und Beethoven — jedem auf andere Art und mit anderen Lösungen — unendliche Mühe bereitete, was ja die Quintessenz des bürgerlichen Sonatendenkens letztenendes ausmachte, nämlich einen Ausgleich zu finden zwischen den entbundenen Kräften der motivisch-thematischen Arbeit und der Architektur, zwischen Ausdruck und Gestalt: im Italienischen Konzert hat Bach es — wenn auch bedingt durch eine noch andersartige Sprache — souverän geleistet.

* * *

Zwar konnte die Diskussion über die Choralstelle und das "Italienische Konzert" nur andeutungsweise geführt werden, sollte sie doch nur Anregung und Versuch sein, die gesellschaftlich-historischen Aspekte "von oben nach unten", d.h. von der Formation der Gesellschaft über den Komponisten und sein Werk bis in die musikimmanenten Details hineinzutragen. Dies war es, was wir am Beispiel Bach exemplifizieren wollten und was man an einem jeden anderen Beispiel hätte exemplifizieren können, nämlich dies:

eine soziologisch basierte Musikgeschichtsschreibung hätte einerseits nach den übergeordneten gesellschaftlichen Bedingungen von Komponist und Komponiertem zu fragen, andrerseits *nach dem Einfluß, den diese Bedingungen bis ins musikalische Detail hinein* nehmen; oder anders ausgedrückt, eine solche Musikgeschichtsschreibung hätte noch bis in die Fragen der Musiktheorie, bis in Harmonisierung, Kontrapunkt und Formbildung hinein, nach dem zu fragen, was diese Einzelheiten letzten Endes hervorgebracht hat.

Dies alles kann nur als Postulat verstanden werden, kann in der Breite der Forderung auch nur als ein solches gemeint sein. Dieses Postulat jedoch schließt ein, daß Musikgeschichtsschreibung nicht anders mehr statthaben könne als in der detaillierten Berücksichtigung der angeschnittenen übergreifenden Problematik. Dies wird in der Darstellung besonders alter Musik — dort wo die musikimmanenten Zeugnisse versagen — ebenso schwierig sein wie in besonders neuer Musik — dort, wo die zeitliche und gesellschaftliche Nähe leicht den Blick für die wesentlichen historischen Vorgänge eher verstellt als für längst Vergangenes. Spätestens für das 19. Jahrhundert hätte eine solche Betrachtungsweise zweigleisig zu fahren. Die musiksoziologische Situation des 19. Jahrhundert bedingt eine Art Dualismus: spätestens seit den Dreißiger Jahren des 19. Jahrhundert besteht die Spaltung zwischen "ernster" und "unterhaltender" Musik, zwischen dem, was man heute auf dem Sektor der Kulturbetriebes als "E-Musik" und "U-Musik" bezeichnet. Jene Spaltung, der Entwicklung der bürgerlichen Gesellschaft entsprungen und ihrer Musik und damit zwangsläufig auch ihrem Musikleben einbeschrieben, hat bis zum heutigen Tage immer neue Spaltungen hervorgebracht. Ist die "Avantgarde"-Musik einerseits die Nachfolgerin der seriösen Musik des 19. Jahrhunderts, so hat eben diese in ihrem historisch realen Gewand ebenfalls überdauert: nur ein verschwindend kleiner Teil des heutigen Musiklebens im "seriösen" Sektor wird von der Avantgarde bestritten, der Löwenanteil fällt der traditionellen Musik zu. Andrerseits ist der "U-Musik"-Sektor weit entfernt davon, so einheitlich zu sein, wie er es etwa im 19. Jahrhundert zu Johann Strauß Sohn Zeiten war, dessen Musik bekanntlich ja noch intensiv von den Errungenschaften von Klassik und Romantik profitierte, und den Richard Wagner bewunderte. Die Musikgeschichtsschreibung, die sich ins 20. Jahrhundert verlängert, müßte dem Rechnung tragen. Sie dürfte sich nicht als eine kontinuierliche Fortsetzung dessen verstehen, was das 19. Jahrhundert an Entwicklungen in der seriösen Musik angelegt hat (wie z.B. Wörner in seiner Musikgeschichte es tut) und ungestraft unter den Tisch fallen lassen, was als "Trivialmusik" bereits des 19. Jahrhunderts erst jetzt in der Musikwissenschaft allmählich Beachtung findet.[41] Die Breite dessen, was heute neben dem äußerst schmalen Sektor der traditionellen Musik und der Avantgarde "die Musik" und "das Musikleben" im 20. Jahrhun-

41 Vgl. "Trivialmusik" im Dritten Teil "Studien" S. 224 ff.

dert ausmacht, ist überhaupt nur noch unter Rekurs auf die gesellschaftlichen Bedingungen beschreibbar. Erscheinungen wie das, was wir hier "Verwertungsmusik" nennen möchten, also z.B. die sog. "Funktionelle Musik" in Betrieben und Warenhäusern oder die Musik in der Werbung oder die Musik im Film, Erscheinungen wie Chanson, Protestlied, Schlager, Erscheinungen wie Jazz, Beat, Rock — wer wollte sich an eine historische Beschreibung der Musik des 20. Jahrhunderts wagen, ohne klarzustellen, daß es die gesellschaftlichen Bedingungen sind, die nicht nur die Funktionen der Musik sondern auch ihre Machart bis ins kleinste Detail hinein bestimmt. Die Situation der Musik im 20. Jahrhundert macht offenbar, was auch für die Musik anderer Jahrhunderte gelten sollte: daß sie nicht beschreibbar ist ohne die Basis, auf der sie steht, die sie hervorgebracht hat und von der sie lebt: ihre je eigene Gesellschaft.

2. Die Musiktheorie

Auf den ersten Blick wird das Fach "Musiktheorie" für die landläufige Vorstellung kaum mit Gesellschaftlichem in Verbindung zu bringen sein. Versteht man unter Musiktheorie eine Art musikalischer Fachkunde, so könnte man wohl der Meinung sein, daß deren Elemente, als die in der Hierarchie der Wissenschaften von der Musik untersten, kaum einer Entwicklung oder Bewegung fähig seien und somit gleichsam als Konstanten im historisch-gesellschaftlichen Strome der Musik unveränderlich blieben. Der Dreiklang z.B., so könnte vielleicht argumentiert werden, ist, seit er in die Musik eingeführt wurde und solange er in der Musik eine Rolle spielte, eben der Dreiklang geblieben und keine Änderung der Gesellschaftsstruktur hätte an der Struktur des Dreiklangs etwas geändert. Grundton-Terz-Quinte bliebe Grundton-Terz-Quinte bei Palestrina im päpstlichen Renaissance-Rom so gut wie bei Bach am aufgeklärt absolutistischen Hof in Köthen, beim Republikaner Beethoven ebenso wie beim bigotten Kleinbürger Bruckner.

Diese Argumentation, so plausibel sie im ersten Moment erscheinen mag, zielt auf einen Materialbegriff in der Musik, den es in Wahrheit nicht gibt. Es gibt nämlich in der Tat "den" Dreiklang nicht, der als bloßes Naturmaterial, als allzeit verwendbarer Rohstoff dem Komponisten zu Gebote stünde.

Das musikalische Material — wie jedes andere einer anderen Kunst übrigens auch — ist kein neutrales gegenüber seiner Verwendung in der Geschichte. Vielmehr ist es *bereits immer schon vorgeformt auf diese seine Verwendung hin als Kunst.* Diese Vorformung jedoch, die selbstverständlich auf den Zweck seiner Verwendung hin vorgenommen wird, ist in ihrer Konsequenz nur aus dem historisch-gesellschaftlichen Zusammenhang heraus zu verstehen. Dies gilt für ein einzelnes musiktheoretisches Phänomen (z.B. für einen bestimmten Akkord) ebenso wie für solche des Zusammenhangs (z.B. bestimmte Kadenzen oder melodische Wendungen), und dies gilt schließlich besonders für ganze, ordnende Materialzusammenhänge ("Tonsystem", "Tonalität", "Temperierung" etc).

Die Idee, einem bestimmten Gesellschaftssystem ein bestimmtes Tonsystem zuzuordnen, hat Kurt Blaukopf in seiner (hier bereits öfter zitierten) Musiksoziologie mit dem bezeichnenden Untertitel "...mit besonderer Berücksichtigung der Soziologie der Tonsysteme" zu realisieren versucht.[1] Dieser Versuch, der marxistisches Denken Plechanowscher Provenienz mit Theorien des Musiktheoretikers Joseph Yasser verbindet, ist öfter und zum Teil zu Recht kritisiert worden.[2] Weder Blaukopfs Theorie noch die Kritik daran braucht hier reproduziert zu werden, um die Notwendigkeit darzutun, daß zur soziologischen Basierung der Musiktheorie — denn beim Begriff des Tonsystems handelt es sich um ein musiktheoretisches Problem — die Relation

1. Blaukopf, Kurt: Musiksoziologie. Eine Einführung in die Grundbegriffe mit besonderer Berücksichtigung der Soziologie der Tonsysteme. Köln und Berlin: Kiepenheuer o.J. (1951).
2 Vor allen Dingen von Hans Engel (Die Musikforschung V, 1952 S. 271), von Tibor Kneif (Musiksoziologie, Köln: Gerig 1971, S. 44—47 und 49—56) und Christoph Hubig (Die Musikforschung XXVI, 1973, S. 277).

von jeweiliger Gesellschaft und jeweiligem Tonsystem unbedingt dazugehört. "Tonsystem" ist kein im Nachhinein abstrahierter Begriff, der aus der jeweiligen Musik der Epoche theoretisch abgeleitet worden wäre. Vielmehr zeigt sich vor allem in den musiktheoretischen Zeugnissen, die die musikalische Produktion einzelner Epochen (je nach deren Einstellung zur Theorie) anführen oder nur begleiten, daß sich meist sowohl Musiktheoretiker wie Komponisten durchaus der Grundlage dessen bewußt waren, auf der die musikalische Kreation stattfand. Diese allgemeine Grundlage, sofern sie sich wiederum in allgemeinen, aber musikalischen Begriffen niederschlägt, ist das "Tonsystem". Daß diese Grundlage der Musik mit der allgemeineren Grundlage, nämlich der sie bedingenden Gesellschaft nichts solle zu tun haben, ist schwer vorstellbar. Nicht der Zusammenhang von Gesellschaftssystem und Tonsystem sollte problematisch sein, sondern deren gegenseitige Vermittlung. Denn die Versuchung ist groß, im Tonsystem ein unmittelbares Abbild des gesellschaftlichen Systems sehen zu wollen. So wie im Palestrina-Stil die Konsonanz die alles beherrschende Erscheinung ist — so könnte das Argument lauten — und die Dissonanz nur geduldet, indem sie an außerordentlich einengende Bedingungen gebunden ist (auf unbetontem Taktteil im Durchgang, auf betontem vorbereitet und abwärts schrittweise aufgelöst), so ist die Konsonanz für das gleichzeitige Gesellschaftssystem das Abbild der Herrschenden, die Dissonanz das der Beherrschten. So unmittelbar plausibel diese Argumentation dem Unvoreingenommenen erscheinen mag, so viel zu kurz ist sie auch zugleich gegriffen. Denn die Entfernung zwischen dem gesellschaftlichen Faktum "ganz oben" (die Herrschenden / die Beherrschten) und dem musiktheoretischen Faktum "ganz unten" (Konsonanz / Dissonanz) ist — in systematischer Hinsicht — zu groß, als daß nicht jedes Faktum "ganz oben" mit jedem solchen "ganz unten" in eine plausible Relation zu bringen wäre. (So wäre auch das Umgekehrte denkbar und plausibel zu begründen: die Dissonanz sei Abbild der Herrschenden, weil sie eine Sonderstellung einnehme, die die Konsonanz zwinge, ihrerseits auf sie zu reagieren.)

Als Ausweg aus diesem Dilemma sei der Rekurs auf das musiktheoretische Detail empfohlen: welche genau zu bezeichnende Einzelheit hat zu welcher Zeit welchen Sinn, und wie wandelt sich dieser Sinn mit fortschreitender Änderung der Gesellschaft? Es wäre in der Tat die Aufgabe einer in Angriff zu nehmenden soziologischen Grundlegung der Musiktheorie, deren Erscheinungen nach dem Wandel ihres geschichtlichen Sinnes zu fragen. Nehmen wir als Beispiel eine exponierte Erscheinung der dur-moll-tonalen Harmonik: den sog. verminderten Septakkord. Im ersten Drittel des 18. Jahrhunderts dürfte er als eine Art Prototypus von Dissonanz schlechthin gegolten haben. Zwar galten seine Bauelemente, drei kleine Terzen übereinander, als konsonant (z.B. fis-a-c-es), jedoch summieren sie sich zu einer verminderten Septime (fis-es), bilden überdies einen verminderten Dreiklang plus einer verminderten Septime (fis-a-c plus es) und verschränken zwei verminderte Quinten miteinander (fis-c und a-es). Aufgrund dieser Zwitterstellung von selbständigem Akkord und schärfster Dissonanz war es zweifelhaft, ob der verminderte Septakkord der sonst üblichen "Dissonanzbehandlung" unterlag ("Vorbereitung" und "Auflösung abwärts"). Indem J.S. Bach ihn "frei eintreten" ließ, entschied er sich zugleich auch ein Stück weit für die Emanzipation der Dissonanz: d.h. er ließ innerhalb satztechnischer Grenzen dem Ausdrucksgehalt der Dissonanz freien Lauf. Diese aber stand für den Ausdruck des Leidens oder der Negativität schlechthin. So

erfolgt des Volkes Aufschrei auf die Pilatus-Frage in Bachs
Matthäus-Passion: Welchen wollt ihr unter diesen zweien,
den ich euch soll losgeben? auf dem verminderten Septakkord: "Barrabam!". Die gehäufte spannungs- und aus-
druckbeladene Verwendung des verminderten Septakkordes
bei Beethoven (Beispiele unter vielen anderen: in der
"Pathétique", Langsame Einleitung; der Beginn von op.
111; op. 135: Grave, ma non troppo tratto: "Muß es sein?"
usw.) setzt dies unter "säkularisiertem", bürgerlichem Vor-
zeichen fort. Insonderheit der Beginn der Sonate op. 111,
in dem dem verminderten Septakkord (fis-a-c-es) seine verminderte Septime (fis-es) schroff vorangestellt ist:

zeigt das Beethovensche Verfahren mit der Dissonanz exemplarisch. "Bedeutet" innerhalb des feudal-absolutistischen
Rahmens bei Bach die Dissonanz noch irgend etwas, so ist
am Höhepunkt der bürgerlichen Musikepoche, bei Beethoven, der Ausdruck, die Spannung der Dissonanz, im ver-
wendeten Material selber aufgegangen. Der oben zitierte
Beginn der Langsamen Einleitung von op. 111 treibt nun
gleichsam eine ganze Form aus sich heraus.

Verfolgt man den Weg des verminderten Septakkordes
weiter, so wird man sehr bald den Abstieg der einmal er-
rungenen Ausdrucksform dieser Dissonanz gewahr. Bereits
bei Carl Maria von Weber mit der Etikettierung des Bösen
belegt (Wolfsschluchtszene im Freischütz u.v.a.), zeigt sich,
daß bürgerliche Etablierung auch in der Musik zugleich mit
der Verflachung dessen verbunden ist, was mit dem Auf-

stieg des Bürgertums sein musikalischer Ausdruck war: Noch später muß der verminderte Septakkord für jeden kleinen Schrecken und jedes Wehwehchen in irgend einer Operette herhalten. — Ähnliches könnte an anderen exponierten Erscheinungen der tonalen Harmonie nachgewiesen werden, wie z.B. am "Sekundakkord" (Dominantseptharmonie mit der Septime als unterster Stimme) oder dem sog. "Neapolitaner" (Moll-Subdominante mit tiefalterierter Vorhaltssexte), beides harmonische Erscheinungen, die die tonale Musik durch ihre gesamte Geschichte hindurch aber mit wechselnden Ausdruckscharakteren begleiten.

Sind diese einzelnen Akkorde nur die einzelnen Vokabeln einer Sprache mit ihren gesellschaftlich bedingten Bedeutungshöfen, so wäre es die — überaus schwierige und noch in Angriff zu nehmende — Aufgabe der Musiktheorie, die Sprache selbst ihren Elementen nach gesellschaftlich zu entschlüsseln. Vermutlich würde sie dieser Aufgabe besser gerecht, wenn sie den Verfolg der Geschichte der — wenn auch exponierten — Einzelerscheinungen ("Verminderter Septakkord", "Neapolitaner" usw.) hinter den Versuch zurückstellen würde, zunächst ganze "Sprachzusammenhänge" der Musik aufzuzeigen, historisch zu verfolgen und in ihrer Abhängigkeit vom gesellschaftlichen Wandel darzustellen.

Solche Sprachzusammenhänge, grammatikalische Satzteile, sind in der Musik z.B. die "Kadenzen", Schlußwendungen und Zäsuren,[3] die, seit die Drei- und Vierstimmigkeit vorherrschend wurde, mehr und mehr einer Normierung unterlagen. Diese feststehenden Wendungen änderten sich nun von Etappe zu Etappe gesellschaftlichen Wandels,

3 Vgl. Artikel "Kadenz" in Riemann Musiklexikon, Sachteil, Mainz etc: Schott 1967, S. 433.

und es wäre Aufgabe der Musiktheorie, mit der Feststellung dieser Änderungen auch nach der gesellschaftlichen Ursache dieser Änderungen zu suchen. So ist es in der Geschichte der tonalen Kadenz auffällig, welche Stellung jeweils die Subdominante einnimmt und in welchen Formen die Dominante erscheint. Obwohl im 17. Jahrhundert das Bewußtsein für die Subdominante ausgeprägt vorhanden ist (Subdominantquintsextakkord)[4], scheint sie für die tonalitätsstabilisierende Wirkung der Kadenz noch nicht die wesentliche Rolle zu spielen, die sie später dann einnimmt. Die Verbindung Dominante-Tonika, wobei die Dominante gern das Kennzeichen des Quartvorhaltes zugeteilt bekommt, scheint für die Kadenz der ersten beiden Drittel des 17. Jahrhunderts wohl völlig ausreichend ($D^{4-3}T$).

Verfolgen wir den Gedanken, daß nämlich die Geschichte der tonalen Kadenz sich als ihre fortschreitende Stellungnahme zu der Bedeutung ihrer eigenen Bestandteile Subdominante und Dominante darstellen kann, noch ein Stück weiter, so kann man feststellen, daß im letzten Drittel des 17. Jahrhunderts mit der Festigung der Tonalität zugleich die Funktion der Subdominante unabdingbar wird, neben Tonika und Dominante wird sie gleichsam zur dritten Dimension im perspektivischen Netz des tonalen Tonsystems.

Stellt sich dieses Stadium der Tonalität bei J.S. Bach in seinem entfaltetsten Zustand dar, so bedeutet das darauf folgende auf den ersten Blick eine Regression: in der Zeit zwischen etwa 1740 und 1785 reduziert sich in der sog. "Vorklassik" die — nun unangefochten etablierte — Tonali-

---

4 Vgl. vor allem die sehr detaillierte Untersuchung von Erich Wolf: Der vierstimmige homophone Satz. Die stilistischen Merkmale des Kantionalsatzes zwischen 1590 und 1630. Wiesbaden: Breitkopf & Härtel 1965.

tät im wesentlichen auf den ausgedehnten wechselnden Gebrauch von Tonika und Dominante. Die Subdominante erscheint stark zurückgedrängt, meist auf ihre kadenzierende Funktion in Einschnitten (vor allem als S[6]) und sehr häufig innerhalb des Satzes in einer Art schwebenden Funktion über liegendem Tonikagrundton (also mit ihrer Quinte im Baß, z.B. in C-dur: c-f-a). Häufig tritt auch an ihre Stelle im kadenziellen Geschehen die "Wechseldominante" (Dominante der Dominante).[5] In ihr volles Recht tritt die Subdominante erst wieder zurück, wo sie über ihre funktional-kadenzielle Stellung hinaus mit emphatischem Ausdruckswert belegt wird: meist dem eines gewissen Sentiments, in dem sich seit dem mittleren Beethoven (2. Satz der Appassionata) und vor allem seit Schubert musikalische Romantik ankündigt.[6]

Nehmen wir diese vier nur in groben Zügen angesprochenen Entwicklungsphasen der harmonischen Tonalität, so ist ihre Unterschiedlichkeit zu auffällig und ihr jeweiliger Wechsel zu dem in Geistes-, Kultur- und Sozialgeschichte zu parallel, als daß sich ein Zusammenhang nicht geradezu aufdrängen würde. Verfolgen wir die Spurlinien dieser musiktheoretischen Überlegungen zu den musikgeschichtlich-geistesgeschichtlichen Etappen, so entspräche die erste Phase, die mit der relativen Selbstgenügsamkeit der Domi-

5   Vgl. dazu Hamburger, Povl: Subdominante und Wechseldominante. Eine entwicklungsgeschichtliche Untersuchung. Kopenhagen und Wiesbaden 1955.
6   Moritz Hauptmann (Die Natur der Harmonik und Metrik. Leipzig 1853, S. 40) stellt in seiner "Moll-Durtonart", in der in Dur die Mollsubdominante vorkommt, fest: "So wenig diese Moll-Durtonart einem Tonstücke förmlich zu Grunde gelegt zu werden pflegt, so erscheint sie doch im Laufe eines solchen nicht selten angewendet; häufiger noch im sentimentalen Genre der modernen Musik als in der älteren."

nante, dem, was man mit der feudal-absolutistischen Be-
deutung des Barock in der Musik verbindet, von dessen
Stützen, Hof und Kirche, hier besonders die kirchliche
Sphäre angesprochen ist. Es ist dies bereits Musik des Bürgertums —besonders deutlich in der weltlich-instrumenta-
len Sphäre: etwa der Suite — jedoch noch ganz im Dienst
oder eingebunden in die feudal-absolutistische Ordnung.
Was wir hier mit der zweiten Phase bezeichnen wollen, die
Generationsgenossenschaft J.S. Bachs, also etwa letztes
Drittel des 17. und erstes Drittel des 18. Jahrhunderts,
zeigt vor allem eine Konsolidierung des Bürgertums innerhalb der feudalen Gesellschaftsordnung: auch wenn äußerlich der Hofmusiker wie der Kantor im Dienst von Hof und
Kirche der feudal-absolutistischen Gesellschaftsordnung
steht, so hat sich in den Werken des bürgerlichen Künstlers
bereits eine eigene Welt manifestiert: topoi wie das "Italienische Konzert" von Bach oder "I quattro stagioni" von
Vivaldi im weltlichen, und Händels "Messias" oder Bachs
Kantaten im geistlichen Bereich zeigen eine erstarkende
bürgerliche Gegenwelt auch in der Musik zur feudalabsolu-
tistischen Kultur. In der dritten Phase, die wir ansprachen,
die der sog. "Vorklassik", die man im geistesgeschichtlichen Bereich wohl der Empfindsamkeit, dem "Irrationa-
lismus" und dem "Sturm und Drang" zuordnet, bildet die
bürgerliche Kultur selbstbewußt bereits Opposition zur höfischen am Vorabend der bürgerlichen Revolution. Die vierte Phase schließlich ist die des Aufstiegs und der Etablierung des Bürgertums in der Macht.

In allen beschriebenen Phasen nun zeigt sich, daß immer, wenn von Entwicklung der Tonalität die Rede ist,
auch zugleich der Fortschritt, der Aufschwung, der Stillstand oder die Opposition der bürgerlichen Klasse zur Diskussion steht.

Aufgabe von Musiktheorie und ihrer Geschichtsschreibung wäre es demnach — will sie ihre Argumente soziologisch fundieren — einen Zusammenhang herzustellen zwischen:

(in einer Art systematischen Hierarchie von unten nach oben gerechnet) musiktheoretischen Erscheinungen (Stellung der Subdominante usw.),

musikgeschichtlichen Erscheinungen (Verwendung bestimmter harmonischer Wendungen in bestimmten musikalischen Werken,

deren Funktion innerhalb des jeweiligen Musiklebens (höfisches oder geistliches Konzert usw.) und

deren gesellschaftliche Funktion wiederum innerhalb der Situation der jeweiligen Gesellschaft überhaupt.

Wenn dies bis ins Detail hinein gelänge, so würde nicht nur ein entscheidender Beitrag zur gesellschaftlichen Fundierung der Musikbetrachtung überhaupt geleistet, sondern zugleich auch die Musiktheorie auf diesem Wege aus ihrem erniedrigenden Dasein als "Handwerkslehre" (wie immer man das auch verstehen will) erlöst und wieder dem universalen Anspruch zugeführt, unter dem sie, seit dem Mittelalter sicherlich, angetreten ist.

3. Die Sozialgeschichte des Musikers, die Organisationsgeschichte der Musik

Bei Erwähnung des Begriffes "Musiksoziologie" assoziiert der Unbefangene meist das, was wir hier als Problem beleuchten wollen: die Geschichte des Sozialstatus dessen, der in irgendeiner Weise mit Musik befaßt ist. Wieviel Geld Beethoven verdient hat; wie Mozart durch einen Fußtritt aus feudal-klerikalen Salzburger Diensten flog und in Wien eine Existenz als "selbständiger" Musiker versuchte; wie J.S. Bach zögerte, als Köthener Hofkapellmeister zum Leipziger Thomaskantor zu werden: all dies könnte als Sache einer Randwissenschaft erscheinen, die dem "Eigentlichen", dem großen abendländischen Künstler- und Werkbegriff in der Musik zu deren höheren Verständnis eine Art Zuträger- und Hilfsdienste leisten soll: die Musiksoziologie.

Nun dürfte Musiksoziologie — so wenig gefügt sie als Wissenschaft sicherlich ist — doch auch ihre Unterabteilungen haben. Und so ist denn das eben Erwähnte zwar nicht mit dem Begriff einer Wissenschaft Musiksoziologie identisch, zweifellos aber mit einem ihrer Gebiete, mit dem sie sich intensiv zu beschäftigen haben wird: die Sozialgeschichte des Musikers.

Auch derjenige, der sich von einer gesellschaftlichen Betrachtungsweise einigen Aufschluß zu versprechen pflegt, wird bald merken, daß die Beschreibung des sozialen Status des Musikers Relevantes über Musik, über das Werk, ja selbst über seinen immanenten Entstehungsprozeß kaum etwas aussagt. Sozialgeschichte des Musikers ist nicht gleich Musiksoziologie, dennoch ist sie für die Musiksoziologie und damit für die Erkenntnis von Musik selbst von großer Wichtigkeit, wie wir weiter unten noch sehen werden.

Was für die Sozialgeschichte des Musikers gilt, gilt ebenso für die Geschichte der Organisationsformen, in denen Musiker ihre sozialen wie musikalischen Bestrebungen konsolidierten und institutionalisierten (Opernhäuser, Zünfte etc.) So interessant die unternehmerische Seite etwa der ersten deutschen Opernhausgründungen in Hamburg 1678 sein mag, so wenig ist durch sie über die damals aufgeführte Musik zu erfahren.

Hans Engel hat in seinem Buch "Musik und Gesellschaft", dessen Untertitel: "Bausteine zu einer Musiksoziologie" den Haupttitel im Anspruch relativiert, vor allem die oben angesprochene Thematik umfassender behandeln wollen.[1] Die Problematik des Zusammenhangs zwischen Kunst und Gesellschaft, den er einen unmittelbaren nennt,[2] ist für ihn nicht grundsätzlich sondern graduell. Jener Zusammenhang sei nämlich "nicht bei allen Künsten gleich sichtbarer Art: Er kann gröber, stärker stofflich gebunden sein, mehr in die Augen springend, materieller, er kann geistiger sein... In der Musik ist der gesellschaftliche Zweck dann leicht wahrnehmbar, wenn er zu ausgesprochenen, festen Gebrauchsformen geführt hat, im Trauermarsch, im Tanz, in Militärmusik und Trompetensignalen z.B. Diese Bindung

1 Engel, Hans: Musik und Gesellschaft. Bausteine zu einer Musiksoziologie. Berlin u. Wunsiedel: Hesse 1960.
2 Ebenda, S. 14.

erkennbarer Art sagt nichts über die ästhetische Qualität aus. Große Formen, Symphonien, Oratorien, Opern scheinen weniger von einem gesellschaftlichen Zweck bestimmt; hier sind die gesellschaftlichen Bindungen materiell weniger deutlich, sie sind nicht das am meisten hervortretende Merkmal und treten hinter anderen, vor allem ästhetischen Kriterien, zurück."

Engel macht hier einen Unterschied, und zwar einen mit fließenden Grenzen, zwischen "geistiger" und "materieller" Art des Zusammenhangs Kunst-Gesellschaft, zwischen "gesellschaftlichem Zweck" und "ästhetischer Qualität". Das eine wäre bekanntlich der *Funktion* der Musik innerhalb der Gesellschaft, das andere ihrer *Struktur* zuzurechnen. Nach der funktionellen Seite ausschlagen würde für Engel alles, "was zu ausgesprochenen, festen Gebrauchsformen geführt hat," während nach der strukturell bestimmten Seite eher "die großen Formen," am ehesten wohl das, was man die "absolute Musik" nennt, tendiert.

Wir treffen hier eine Unterscheidung an, die, wenn auch weder strikt gemeint noch als solche konsequent durchgeführt, dennoch beim Versuch, Musik unter gesellschaftlichem Aspekt zu betrachten, einige Verwirrung zu stiften in der Lage ist. Es scheint dann immer so, daß Musik, je mehr sie zu sich selber kommt, je mehr sie sich selber ist, desto weniger könne ihr "gesellschaftlicher Gehalt" ausgemacht werden. Je mehr sie aber Spuren handfester Verwendung zeige ("Trauermarsch", "Trompetensignale"), desto "gesellschaftlicher" sei sie.

Zwei Faktoren sind es dann immer noch, an die sich "Soziologisches" mit Erfolg heften kann: einmal Musik, die unserem Kulturkreis und unserem spontanen Nachvollzug ferner liegt (z.B. Musik früher oder außereuropäischer Kulturen) oder, zum andern, Praktiken, die das Usuelle vor dem Werkbegriff ins Spiel bringen, also Improvisation. Prompt führt Engel beides als besonders relevant für die musiksoziologische Betracht vor: "In den Anfängen der Musik, in den Musiken der primitiven Kulturen und bei der Freiheit der Interpretation bis ins 19. Jahrhundert, als Komponist und Interpret identisch waren, oder der Komponist dem Interpreten noch viel Spielraum gelassen hat, ist die Aus- und Aufführung durch Gruppen von Musikern in weit stärkerem Maße als in der bildenden Kunst ein soziologisches Problem von großer Eigentümlichkeit. Gegenstand einer soziologischen Untersuchung wäre bei einer aufgeführten Musik nicht nur die Komposition, das Publikum in seiner Beziehung zum Kunstwerk und zu den Künstlern, sondern auch die Aufführung als künstlerischer und sozialer Prozeß; das Zusammenwirken der Musiker, die Verschmelzung verschiedener Individuen in ein zweckbestimmtes Sozium, in eine echte Gruppe, die einem Uhrwerk gleicht, das aus vielen Teilen kompliziert zusammengesetzt ist."[3]

Folgerichtig landet denn Engel auch, wenn die Beschreibung der musiksoziologischen Aufgaben ansteht, bei der Sozialgeschichte der Musiker und ihrer Organisationsgeschichte: "Unser Weg soll von einer Beschreibung und Analyse des Musiklebens der Gegenwart ausgehen, dessen Formen dann in ihrer Entwicklung untersucht werden sollen... Es sollen die großen Musikorganisationen, die Musiker in ihren Berufen und das Verhältnis von Staat und Kirche zur Musik aufgezeigt werden."[4]

Wir haben dies nicht deshalb vergleichsweise genau beschrieben, um Hans Engels verdienstvolles Buch zu kritisieren, sondern weil die dort anzutreffende Aufgabenbe-

3 Ebenda, S. 14/15.
4 Ebenda, S. 16.

schreibung der Musiksoziologie diese sehr typisch auf den Bereich der Sozialgeschichte des Musikers und die Organisationsgeschichte der Musik verengt. Es ist dies übrigens nicht nur bei Engel zu beobachten.

Den umgekehrten Weg gehen die Verfasser eines Sammelbandes "Der Sozialstatus des Berufsmusikers vom 17. bis 19. Jahrhundert",[5] dessen Titel bereits exakt beschreibt, was er beabsichtigt: ausgewählte sozialgeschichtliche Probleme des Musikers darzustellen und nicht zugleich als Musiksoziologie auszugeben. "Dieser Sammelband ist vornehmlich sozialgeschichtlich orientiert. Er möchte dazu beitragen, aus der Ermittlung neuer Details sowie der ordnenden Sichtung schon gedruckt vorliegender Fakten 'Bausteine zu einer Musiksoziologie' (Hans Engel) zusammenzutragen, indem auch unter der Verwendung soziologischer Begriffe... anhand spezieller Fragestellungen Normatives verbindlicher als bisher zur Stützung möglicher theoretischer Ansätze verdeutlicht wird."[6] Dadurch, daß ausdrücklich "nicht musikalische Kunstwerke als ästhetische Gegenstände in ihrer gesellschaftlichen Bedingtheit untersucht" werden,[7] stellt bereits der Herausgeber Walter Salmen im Vorwort klar, daß es sich hier um die Sozialgeschichte des Musikers als Hilfswissenschaft zur Musiksoziologie handelt, um den Titel eines berühmten Aufsatzes von Hans Mersmann zur Musiksoziologie zu paraphrasieren.[8] Jedoch: "Es wird im Rahmen der Sozialgeschichte,

5 Der Sozialstatus des Berufsmusikers vom 17. bis 19. Jahrhundert. Gesammelte Beiträge im Auftrag der Gesellschaft für Musikforschung hrsg. v. W. Salmen. Kassel etc: Bärenreiter 1971.
6 Ebenda.
7 Ebenda.
8 Mersmann, Hans: Soziologie als Hilfswissenschaft der Musikgeschichte. In: AfMw. 10. Jg, Heft 1, 1953, S. 1 f.

die sich als Grundlegung für soziologische Theoriebildung verstanden wissen möchte, der Versuch unternommen, Grenzen abzustecken, innerhalb deren man sinnvoll und mit Ausblicken forschen kann."[9] Dies ist von der wissenschaftlichen Aufgabenstellung her sehr klar definiert und eindeutig beschrieben. Nur müßte die Frage nach "den Ausblicken" erlaubt sein, d.h. wie über die Grenzen des Sozialgeschichtlichen hinaus nun an das für den Musiker und Musikwissenschaftler Interessante, *nämlich an die Musik,* heranzukommen sei. Wenn wir z.B. auf S. 70 erfahren,[10] daß der preußische Hof große Unterschiede in der Honorierung seiner Künstler machte, und mit ehrlichem Erstaunen zur Kenntnis nehmen müssen, daß Friedrich II. Flötenlehrer Quantz das fast Siebenfache dessen verdiente, was Seiner Majestät Cembalist, Carl Philipp Emanuel Bach bekam, jener große Philipp Emanuel also, der immer gemeint war, wenn in der zweiten Hälfte des 18. Jahrhunderts von "Bach" die Rede war, so nehmen wir — wie gesagt — all diese interessanten und menschlich bewegenden Informationen dankbar zur Kenntnis: nur erwartet man danach nun *Konsequenzen.* Es ist der bekanntlich schwierige Brückenschlag von den gesellschaftlichen Fakten zu den ästhetischen Strukturen, den wir — mit Recht — als grenzüberschreitende Tat der Musiksoziologie zur Musik hin erwarten.

In Leo Balets immer wieder begeisterndem Buch "Die Verbürgerlichung der deutschen Kunst, Literatur und Musik im 18. Jahrhundert"[11] greifen wir dazu eine beliebige

9 Der Sozialstatus...A.a.O. S. 8.
10 Penzoldt, Richard: Zur sozialen Lage des Musikers im 18. Jahrhundert. In: Der Sozialstatus...A.a.O. S. 64 ff.
11 Balet, Leo und Gerhard, E.: Die Verbürgerlichung der deutschen Kunst, Literatur und Musik im 18. Jahrhundert. Neudruck hrsg. v. G. Mattenklott. Frankfurt/M, Berlin etc: Ullstein 1972/73, S. 338 f.

Stelle heraus: vielleicht die, wo von der "Empfindsamen Musik" die Rede ist. Man beachte, wie das gesellschaftliche Moment in das künstlerische überführt wird: "Das Bürgertum bildete nun durch das Hineingießen seiner bald unermeßlich gesteigerten Gefühle in die Musik den höfisch-galanten Stil zum ausdrucksgeladenen bürgerlichen Expressivstil um.

"Es ergab sich aus dem Wesen des galanten Stils als höfischer Unterhaltung, daß ein ganz allmählicher Übergang vom alten Repräsentativstil zur Galanteriemusik stattfand. Andererseits ist auch der Übergang vom galanten zum expressiven Stil sehr fließend, da die neue Ausdrucksmusik durch das allmähliche Emporwachsen, Erweitern und Steigern der in der galanten Musik keimhaft gegebenen Möglichkeiten des Ausdrucks subjektiver Gefühle entstanden ist.

"Auf diese Weise zeigt sich die Stilwandlung der Musik um die Mitte des 18. Jahrhunderts als ein Ineinanderfließen dreier wesentlich voneinander unterschiedener Stile, das umso schwerer analysierbar ist, als sich die Übergänge in den verschiedenen deutschen Ländern nicht gleichzeitig und mit demselben Tempo vollzogen. Einzig und allein durch das Aufdecken der ökonomischen und gesellschaftlichen Wurzeln läßt sich auch von der musikalischen Stilwandlung ein deutliches Bild gewinnen."[12]

Wer das ganze Kapitel liest, aus dem wir hier nur eine Kernpassage zitieren, wird sofort sehen, was wir meinen: der Gang der Argumentation bleibt nicht beim gesellschaftlichen Faktum (Bürgertum, höfische Unterhaltung) stehen. Er deckt vielmehr gleich die ihr innewohnenden Tendenzen auf ("unermeßlich gesteigerte Gefühle", "Übergang vom al-

12 Ebenda, S. 338/339.

ten Repräsentativstil zur Galanteriemusik") und stellt deren — durchaus widersprüchliche — Synthese dar ("...bildete den höfisch galanten Stil zum ausdrucksgeladenen bürgerlichen Expressivstil um," "...Andererseits ist auch der Übergang vom galanten zum expressiven Stil sehr fliessend..." "Auf diese Weise zeigt sich die Stilwandlung der Musik...als ein Ineinanderfließen dreier wesentlich voneinander unterschiedener Stile, das umso schwerer analysierbar ist, als sich die Übergänge in den verschiedenen deutschen Ländern nicht gleichzeitig und mit demselben Tempo vollzogen.").

Gewiß ist an Balets Buch, das ein erster kühner Wurf in die Richtung war, Ästhetisches aus dem Gesellschaftlichen herauswachsen zu lassen, aus heutiger Sicht einiges zu ergänzen und zu verbessern. Dem Anspruch nach aber verkörpert es genau jenen "Brückenschlag," von dem wir eben sprachen, den Brückenschlag nämlich von den gesellschaftlichen Fakten zu den ästhetischen Strukturen, von dem wir sagten, er müsse die grenzüberschreitende Tat der Musiksoziologie hin zur Musik sein. (S. 9)

Gelingt dies, dann ist die Geschichte des sozialen Status des Musikers und der Musik-Organisationen mehr als nur ein mit Interesse zur Kenntnis zu nehmendes oder ein vom Kernpunkt der Sache, nämlich der Musik, ablenkendes Informationsmaterial. Es könnte dann der Ausgangspunkt werden dafür, wo im Verfolgen der Tendenzen und der Bewegung der Gesellschaft deren Sprache in der Musik sich kristallisiert. Unter dem Aspekt, daß zwingend von der jeweiligen Musik, vom Werk die Rede ist, wäre es dann in der Tat dann nicht mehr gleichgültig, was wir am Anfang dieses Kapitels ein wenig ironisierend aufgezählt hatten: Beethovens Einnahmen, Mozarts Exodus aus Salzburg oder Bachs nur zögerndes Ergreifen des Thomaskantorats. Angesichts von Beethovens Missa solemnis, Mozarts "Haydn-Quartetten" oder Bachs in Köthen entstandenen Werken gegenüber den Leipziger Werken, gewinnen die Fakten neues Gewicht, erscheinen sie für uns in einem teilweise geradezu tragisches Licht: es scheint, daß alles, was wir an den großen Meistern heute schätzen, materiell wenig oder überhaupt nicht honoriert worden ist, während "Nebenwerke", also solche, denen man den Kompromiß um der Einnahme, vielleicht auch der Geltung willen (wofür man weiß Gott als Musiker Verständnis haben sollte!) geradezu anhört, *das* Geschäft des Komponisten waren. So war Beethovens Septett op. 20 das, was man heute im Branchenjargon einen "Renner" nennt, während er die "Missa solemnis" wie "sauer Bier", z.B. auch durch Goethe am Weimarischen Hofe zur Subskription anbot.[13] Die Reihe ließe sich beliebig fortsetzen. Forkel behauptet, daß Bachs Zeitgenossen von dessen Partiten der Meinung waren, "wer einige Stücke daraus recht gut vortragen lernte, konnte sein Glück in der Welt damit machen." Die Kupferplatten zu "Kunst der Fuge" dagegen hat Philipp Emanuel 6 Jahre nach Bachs Tod per Zeitschriftenanzeige zum Altmetallwert angeboten.

Erst im Lichte der Musik, ihrer Ausübung, ihrer Wirkung und ihrer Funktion gewinnen sozialgeschichtliche Fakten in der Musik ihren Sinn.

13 Brief vom 8. Febr. 1823. In: Beethovens Sämtliche Briefe. Hrsg. v. E. Kastner. Leipzig: Hesse und Becker o.J. (1910), S. 713.

Zweiter Teil
Das musikalische Werk und die Gesellschaft

Einleitendes

Wer sich daran gewöhnt hat, Musik in größeren Zusammenhängen zu sehen, dem kann der Gedanke nichts Fremdes sein, daß — auch und gerade — am einzelnen musikalischen Werk eben jener größere Zusammenhang, daß Gesellschaftliches an ihm sich niederschlage.

Theodor W. Adorno war es, der diese Idee nicht nur theoretisch umkreiste, sondern auch mehr oder weniger ausgeführte Exempel beisteuerte. Daß Adorno geradezu vom "Dechiffrieren" musikalischer Werke auf ihren gesellschaftlichen Gehalt hin sprach; daß er der Meinung war, daß sich Gesellschaftliches in den Werken "sedimentierte", erwähnten wir bereits in der Einleitung.

Das Verhältnis von Werk und Gesellschaft hat bei Adorno zwei Seiten: auf der einen zog er musikalische Werke zum Beweis der These heran, daß Musik ihre Zeit und ihre Gesellschaft nicht nur widerspiegelt, sondern auch *kritisch* widerspiegelt. Das heißt aber, daß Musik dadurch ein Korrektiv des Bestehenden sein, das Bild einer besseren Welt entwerfen könne. Auf der anderen Seite wies er nach, daß Musik — wie Kunst überhaupt — keine Ausnahmestellung in den Erscheinungen der "verwalteten Welt", des Kapitalismus und der Industriegesellschaften macht: Musik wird, wie jedes Produkt einer Waren- und Tauschgesellschaft, *selber zur Ware.*

Adorno hat diesen Doppelcharakter der Musik für die bestehende Gesellschaft theoretisch eingelöst, in der praktischen Analyse jedoch nur sporadisch. Zwar gibt es auch bis ins technische Detail ausgeführte Analysen Adornos, doch bleiben auch diese, als sei es Absicht, merkwürdig skizzenhaft. Es scheint so als könne die praktische Kleinarbeit mit dem theoretischen Wurf nicht mithalten, als erscheine im Lichte der Theorie die Ausführung mit dem ihr eigenen Arsenal musiktheoretischer Nomenklatur, ihrem Eingehen auch auf kleinste Detailfragen eher kleinlich und lästig.

In dem hier folgenden zweiten Teil unserer Erörterungen wollten wir eben diese Aufgabe nicht scheuen, ein Stück weit die notwendige Detailarbeit gesellschaftlich-musikalischer Analyse in Angriff zu nehmen.

Dabei sei es erlaubt, möglichst sprechende Beispiele spezieller gesellschaftlicher Etappen zu wählen. Denn erst in der akzentuiert gegensätzlichen Gestaltung musikalischer Strukturen kommt auch deren gegensätzliche Voraussetzung ganz zum Ausdruck.

Wir haben auf keine früheren Werke als auf die des sog. "Spätbarock" — also Scarlattis und Bachs — zurückgegriffen. Wir empfinden dies (schlechten Gewissens) als ein Desiderat im Doppelsinn des Wortes: als einen Mangel und einen dringend zu erfüllenden Wunsch. Je ferner jedoch die Epoche liegt, in der das Werk angesiedelt ist, das zur Analyse ansteht, desto schwieriger wird der Nachvollzug dessen, was sich zwischen Musik und Gesellschaft an Beziehung ereignet. Die Übung dieses Nachvollzugs ist eben noch zu jung, als daß die Spontaneität uns noch relativ unmittelbar zugänglicher Epochen, wie der "Barock" eben doch noch eine ist, umstandslos auf noch frühere übertragen werden könnte. Es bedarf noch einiger Überlegung, wie aus dem, was wir uns heute unter der Musik der "Notre-Dame-Epoche" beispielsweise vorstellen, und unserer Kenntnis der Gesellschaft, der Kultur- und Geistesgeschichte des Hochmittelalters so etwas wie eine musiksoziologische Deutung hervorgehen könnte.

So haben wir uns im ersten Kapitel mit zwei Werken von Bach und Scarlatti beschäftigt, unter einem gemeinsamen Thema, dem des feudalen Absolutismus. Im zweiten Kapitel kommt die musikalische Romantik mit einem kleinen Klavierstück von Robert Schumann zu Wort. Dazwischen fehlt historisch die sog. Wiener Klassik und der Weg zu ihr hin. Provisorisch soll diese Lücke gefüllt sein mit den Aufsätzen "Haydns Weg zum bürgerlichen Realismus", "Das Prometheus-Motiv in der Musik" und "Anmerkungen zu Beethovens Neunter" in den "Studien" des dritten Teils.

Das dritte Kapitel dieses zweiten Teils nun behandelt ein Allgemeines und ein Besonderes. Das Allgemeine ist die Erörterung des *Warencharakters* in der Musik, das Besondere ist dessen Exemplifizierung an einem Stück von Rachmaninov. Ähnliches, nur weniger explizit hat schon im Kapitel über Schumann statt: hier war es das *"Romantische"*, für das das analysierte Stück das Beispiel abgeben sollte.

Zwischen Schumann und Rachmaninov, zwischen musikalischer Romantik und den Anfängen der Verwertungsmusik des 20. Jahrhunderts also, klafft wiederum eine große historische Lücke. Wir versuchen sie, wiederum notdürftig, durch den Aufsatz "Zum Deutschen Requiem von Johannes Brahms" zu schließen, der etwas von der musikalisch-gesellschaftlichen Problematik der zweiten Hälfte des 19. Jahrhunderts mitteilen soll.

Wie alles im vorliegenden Band soll auch dieser zweite Teil — mehr als die beiden anderen — Anregung zur weiteren Arbeit auf diesem Gebiet sein.

1. Uhrwerk und Organismus – ein zeitgemäßes und ein unzeitgemäßes Modell in der Musik des feudalen Absolutismus

So wenig es anzuzweifeln ist, daß ein Zusammenhang besteht zwischen gesellschaftlicher Formation und jeweiligem Tonsystem, so sehr sind doch die Verfechter der These im Irrtum, einer Gesellschaftsform lasse sich nicht nur umstandslos und direkt ein bestimmtes Tonsystem zuordnen, sondern dieses Tonsystem (eben auch durch seine Gesellschaftsform) bringe ebenso umstandslos und direkt musikalische Strukturen hervor. So wurde immer wieder (z.B. von Eisler, s.S. 28 f.) die These vertreten, dem Feudalismus entspreche Kirchentonalität und Polyphonie, dem Bürgertum Dur-Moll-Tonalität und Homophonie. Diese These ist derart verkürzt und grob, daß sie nach Art eines Rundumschlags mit einem riesigen Hammer, neben überwiegend Falschem auch etwas Richtiges trifft. Daß Kirchentonalität, bereits *in der Einstimmigkeit* des mittelalterlichen liturgischen Gesangs der römischen Kirche kein einheitliches Faktum, sondern starken Entwicklungstendenzen und inneren Widersprüchen zwischen Theorie und Praxis unterworfen, dennoch ein Produkt der mittelalterlich feudalen Gesellschaft ist, wird nur der bestreiten wollen, der Gesellschaftliches grundsätzlich aus der Musikgeschichte heraushalten will. Daß Kirchentonalität *in der Mehrstimmigkeit* — z.B. der des Hochmittelalters in der sog. Notre-Dame-Schule oder über 200 Jahre später im durchimitierten Stil der frankoflämischen Schule — statthat, bzw. *wie* sie statthat, ist wiederum eine ganz andere Sache. Man könnte der Meinung sein, daß mehrstimmige Kirchentonalität bereits ein Widerspruch in sich sei und daß dort, wo in drei- und mehrstimmigen Sätzen Dur- und Molldreiklänge als verbindliche Konsonanzen stehen (sei es auch, wie in der Frühestzeit der Tonalität, daß sie durch Intervallkombination jeweils von Stimme zu Stimme entstehen), es mit der Kirchentonalität vorbei sei, was die damaligen Musiktheoretiker nicht zu hindern brauchte, mangels Erkenntnis dieses Sachverhalts weiter von Kirchentonarten zu sprechen. Andererseits ist es verfrüht, bei jenen Dreiklangsfügungen, die etwa nach unserem heutigen Verständnis dem Wechsel von Tonika und Dominante oder Tonika und Subdominante entsprechen, schon von Dur-Moll-Tonalität sprechen zu wollen, etwa bei der Venezianischen Schule am Ende des 16. Jahrhunderts, deren einer Hauptvertreter, Giovanni Gabrieli, einige seiner Kompositionen noch nach der traditionellen Ordnung der Kirchentöne anzuordnen liebte.

Daß das 17. Jahrhundert dann, dessen feudale und feudal-absolutistische gesellschaftliche Struktur keiner der Verfechter der These vom Zusammenhang Gesellschaftsformation/Tonsystem bestreiten wird, das Jahrhundert geworden ist, in dessen Verlauf die harmonische Tonalität Gestalt gewann, und an dessen Ende diese tatsächlich voll entwickelt ist, ist kaum nur damit zu erklären, daß "im Schoße des Feudalismus" das Bürgertum diese Entwicklung betrieben habe. Denn nicht nur Volkstümliches (also Liedhaftes) oder genuin Bürgerliches (also z.B. Formen instrumentaler oder vokaler Gesellschafts- und Hausmusik) sind in diesem Tonsystem geschrieben worden, sondern auch — und vorwiegend — die Repräsentationsmusik von Hof und Kirche, und dazu durchaus nicht immer "polyphon". Wohl aber hat bürgerliche Polyphonie, und zwar ausgesprochen im Dur-Moll-System, bei J.S. Bach, z.B. in den zwei- und dreistimmigen Inventionen, einen Gipfelpunkt erreicht.

Dieser kleine Exkurs war nötig, um folgendes sagen zu wollen: Mag sein, daß frühbürgerliche Strömungen in feudaler Zeit die Dur-Moll-Tonalität heraufgeführt haben, festzuhalten bleibt, daß im 17. Jahrhundert tonale Musik dem Feudalismus diente, daß der Feudalismus sich der tonalen Musik bediente; mag ferner sein, daß sich der Feudalismus der "Polyphonie" bediente, zumal zur Repräsentation seiner Hauptstütze, der Kirche (wobei im 17. Jahrhundert bereits wieder zwischen römischer und protestantischer Kirchenmusik in dieser Hinsicht zu unterscheiden wäre), festzuhalten bleibt wiederum demgegenüber, daß auch und gerade bürgerliche Musik sich stimmig, d.h. polyphon, darstellt, um ihren aufstrebenden Tendenzen nach sich integrierendem Kunstwerk Genüge zu tun. Wenn Bach "denen Lernbegierigen... einen starken Vorschmack von der Composition" zukommen lassen wollte durch seine zwei- und dreistimmigen Inventionen, deren Hauptmerkmal die "Polyphonie" ausmacht, so ist dies eine durch und durch bürgerliche Angelegenheit.

Es ist daher durchaus möglich und denkbar, daß zwei Komponisten, zur selben Zeit und unter selben gesellschaftlichen Verhältnissen lebend, sich auf dasselbe Tonsystem stützen, ja sich auch annähernd gleicher ("Grob"-)Strukturen, nämlich Polyphonie und Homophonie, bedienen, *jedoch in Beziehung auf den gesellschaftlichen Gehalt ihrer Werke zwei völlig verschiedene Aussagen machen.* Es muß daher noch etwas anderes relevant sein für die Beurteilung des Zusammenhangs von musikalischem Werk und Gesellschaft, als die groben Kategorien Tonsystem (Kirchentonalität, Dur-Moll-Tonalität) und Struktur (Polyphonie, Homophonie).

Wenn wir zwei in ihrer Ausdehnung überschaubare Werke, zwei Klavierstücke von Domenico Scarlatti (1685– 1757) und Johann Sebastian Bach (1685–1750) wählen für unsere Analyse, so treffen wir die Wahl weder aus praktischen Gesichtspunkten (überschaubarer Klaviersatz, übersichtliche Länge) noch aus solchen, die allein durch die Auswahl unsere These von der Unterschiedlichkeit beider gestützt hätte (d.h. es wäre die Frage, ob man nicht ein Stück von Bach hätte finden können, das diesem ausgewählten von Scarlatti in Struktur und Charakter ganz ähnlich wäre und umgekehrt, oder ob man nicht bereits durch die Auswahl aus verschiedenen *Gattungen* [bei Bach etwa eine Kantate oder ein Stück aus "Kunst der Fuge", und dies in Beziehung zu Scarlattis Klaviersonate] die These als widerlegt betrachten könnte). Dem wäre zu entgegnen, daß ein jeder Komponist sich an jeder Stelle auf seine Sprache, die er spricht, hin sollte prüfen lassen können, d.h.: wer in einem apokryphen Werk die Unwahrheit sagt, dies wohl kaum in einem "Hauptwerk" dann nicht täte; und ferner, daß die beiden Stücke, die wir zum Vergleich auswählten, sich sehr wohl auch vergleichen lassen: Scarlattis "Essercizio" d-moll aus den "Essercizi" von 1738 (Kirkpatrick-Nr. 1, Longo-Nr. 366) und Bachs 1. Präludium C-dur aus "Zwölf kleine Präludien oder Übungen für Anfänger" (wahrscheinlich 1720).

Beiden ist ein gewisser pädagogischer Zweck eigen ("esercizio" = Übung [heute im Italienischen mit einem s]) beide gehören zu der Musikgattung, die man damals in

Deutschland gegenüber den "großen" die "kleinen Sachen"
nannte, eher miniaturhaft Kammermusikalisches, kaum für
repräsentativen Vortrag bestimmt (Gegensatz: Bachs Italienisches Konzert oder Chromatische Phantasie und Fuge).

Beginnen wir zunächst mit der Scarlatti-Sonate (so bezeichnete Scarlatti auch die einzelnen Stücke innerhalb der
"Essercizi").

Das Stück[1] beginnt mit einer Gestalt, die man in der Musikästhetik des Barockzeitalters wohl mit "inventio" bezeichnet hat:

Dieses "Anfangsmotiv" wird in der linken Hand wiederholt: eine überdeutliche Imitation, da die rechte Hand mit der Fortsetzung des "Anfangsmotivs", außer einem Achtel e wartet, bis die Imitation der linken vollzogen ist. Dadurch wirkt diese Imitation (und viele andere im Werk Scarlattis ebenfalls) als eine bewußte und scharfgezeichnete Repetition, eine Aneinanderhängung einer geprägten Gestalt an ihr Abbild.

Eine äußerlich ähnliche Fügung bei Bach sähe so aus:

doch zeigt sich, daß die rechte Hand hier während der Imitation entscheidend und wesentlich fortsetzt, die Imitation also hier nicht nur ein Gleiches, sondern zugleich auch Mittel zur Beförderung des Fortführenden, des Verschiedenen ist. Nicht so bei Scarlatti an der betrachteten Stelle. Dadurch, daß die rechte Hand fast aussetzt, während die linke imitiert, wird der Hörer auf das Gleiche geradezu verwiesen.

1 Zur Bezeichnungsweise der Klavierstücke bei Scarlatti vgl. Kirkpatrick, Ralph: Domenico Scarlatti, Bd. I, München: Ellermann 1972, S. 171.

Es sei gleich an dieser Stelle erlaubt hervorzuheben, daß es hier in keinem Fall um eine Abwägung oder eine Bewertung der Musik Scarlattis gegenüber Bach sich handeln soll. Auch nicht darum, daß der Verfasser etwa hier diese Wertung nur verschwiege (z.B. aus der heute oft so falsch verstandenen "Wissenschaftlichkeit"), sie aber doch heimlich und bei sich vornähme. Es geht hier vielmehr um *Kennzeichnung,* um Zusammentragen der Merkmale, deren Zusammenwirken wiederum den Gestus einer Musik ausmachen. Um dies unserem Thema "das musikalische Werk und die Gesellschaft" nutzbar zu machen, sollen aus dem Gestus der Musik Schlüsse auf den gesellschaftlichen Gehalt gezogen werden. Nur in diesem Sinne ist Stellungnahme, ist Wertung zu verstehen, dort allerdings entschieden. Nicht aber in dem Sinne, um für die persönliche Neigung des Gut und Schlecht rationale Argumente zu finden, sollte der Begriff der Wertung in der Wissenschaft mißverstanden werden. (Und wenn es zu einem persönlichen Bekenntnis kommen sollte, dann müßte der Verfasser gestehen, daß er beim immer wieder faszinierten Durchgehen der Longo-Ausgabe aller Scarlatti-Sonaten es ablehnen würde, sich für dieses *oder* für das Klavierwerk Bachs entscheiden zu müssen!).

Setzen wir unsere Betrachtung der Scarlatti-Sonate fort. Die rechte Hand fährt mit einem Motiv (in Takt 2) fort, dessen Elemente aus dem Anfangsmotiv genommen sein könnten (die Terzentreppen: f-d g-e a-f von den Tönen des Anfangsmotivs cis-a d; die Folge a-f-e-d im 2. Takt von der umgekehrten d-e-f-g-a im 1. Takt), was bei der allgemeinen Unverbindlichkeit der Gestalt beider angenommen werden kann oder auch nicht angenommen werden braucht. Die Art der Fortsetzung des 2. Taktes aus dem 1. ist die der "Fortspinnung", einer fortsetzenden Gestaltungsweise, die vornehmlich asymetrischen Formtypen des Barock (z.B.

bei einer bestimmten Art von Fuge) aber auch später z.B. Mozartschen Sonatenthemen eigen ist. Bei der Fortspinnung handelt es sich — im Gegensatz zur "Sequenzierung", die Fortsetzung durch Aneinanderreihung gleicher Teile, jedoch auf verschiedenen Stufen, bewerkstelligt — um eine quasi "freie", d.h. inbezug auf das Vorausgehende ungebundene Fortsetzung, deren Fortsetzungscharakter sich allenfalls in Anklängen oder in einer Ausweitung und Steigerung des Vorhergehenden manifestiert. Nennen wir deshalb die erste Hälfte des Taktes 2 (manchmal einschließlich, manchmal ausschließlich cis auf Zählzeit 3) das "Fortspinnungsmotiv."

Ans "Fortspinnungsmotiv" schließt sich nun eine Sequenzenkette mit vier Gliedern an, deren Einzelglied wir als "Tonleitermotiv" kennzeichnen wollen. Es beginnt mit dem Sextaufschwung cis-a im 2. Takt (wenn man nicht vielleicht genötigt sein wird, als Auftakt den Bestandteil des Fortspinnungsmotivs f-e-d dazuzunehmen), hat einen Triller auf der repetierten oberen Sexte und durchläuft danach fallend eine Skala durch eine Oktave hindurch.

Nachdem in der ersten Hälfte des Taktes 6 mit der letzten Tonleiter diese Sequenzenkette abgeschlossen ist, folgt das "Fortspinnungsmotiv" (nur eine Oktave tiefer als im Original), und dem Anfang des Taktes 7 nach zu urteilen erwartet man von diesem "Fortspinnungsmotiv" dort die Sequenz von a aus. Mit Erreichen des e auf Zählzeit 2 im Takt 7 jedoch zeigt sich, daß sich nur die "Terzentreppung" weitersequenziert, so daß sich eine neue Struktur bildet dadurch, daß vom ursprünglichen "Fortspinnungsmotiv" nur der Terzenanfang genommen ist und sechsmal sequenziert wird (Takt 7 bis Takt 8 a" auf Zählzeit 3). Nennen wir nun diese durch Sequenzierung neue Struktur das "Treppenmotiv".

Ans "Treppenmotiv" nun schließt sich etwas an, das mehr Harmonisch bestimmt ist (Takt 8 auf den Zählzeiten 3 und 4). Es ist der Wechsel zwischen den Akkorden g-b-d-f und a-cis-e, inbezug auf die Haupttonart d-moll die Subdominante mit Septime und die Dominante. Da die Folge Subdominante-Dominante dreimal sequenziert wird, also am Stehenbleiben auf der Dominante einen Moment lang festgehalten wird, wollen wir diese Sequenz das "Halbschlußmotiv" nennen. (An diesem "Halbschlußmotiv" ist merkwürdig, daß die rechte Hand es im Gegensinne kontrapunktiert: während rechts a erklingt, der Grundton der Dominante also, liegt in der linken Hand die Brechung der Subdominante, hat die rechte Hand dagegen g, den Grundton der Subdominante, liegt in der linken Hand die Dominante. Zwar ist g als Septime der Dominante interpretierbar, doch bekommt sie diesen Charakter erst am Schluß der dritten Sequenz [Takt 9 auf 4], weil sie dort abwärts zur Terz der Tonika geführt wird, nämlich zu f in Takt 10).

Takt 10 bringt das "Fortspinnungsmotiv" wörtlich und seine Sequenz auf der Unterquarte, Takt 11 die Sequenz wiederum davon, also des Taktes 10, mit der Änderung freilich, daß ein Anschluß an die Takte 12 und 13 gefunden werden muß, die so etwas wie eine "Coda" des ersten Teils darstellen. Dieser Anschluß wird dadurch bewerkstelligt, daß die "Sequenz der Sequenz", also die zweite Hälfte des Taktes 11 keine wörtliche Sequenzierung des Taktes 10 aufnimmt, sondern ein Teil des "Treppenmotivs" verwendet:

Die "Coda" (Takte 12 und 13) besteht nun in einem "Anschlußstück" und einem "Treppenmotiv" abwärts. Das Anschlußstück:

das sowohl im "Fortspinnungsmotiv" als auch im "Tonleitermotiv" eine Rolle spielt, das im Takt 10 auf Zählzeit 4 vorkam:

und im Takt 11 auf derselben Zählzeit ausgelassen worden ist. Es wird daher in Takt 12 auf Zählzeit 1 sogleich nachgeholt. Danach folgt ein abwärts gewendetes Terzen-Treppenmotiv, jeweils rechts und dann links.

In dem beschriebenen ersten Teil sind alle Elemente vorgekommen, die auch für den zweiten konstituierend sind. Nur scheinbar Neues bringen die Takte 19, zweite Hälfte bis 22 erste Hälfte, wo sich für den zweiten Teil eine Art ausbreitenden Kernstücks zu befinden scheint. Auch die Passage Takt 26 zweite Hälfte plus Takt 27 scheint nur neu zu sein: es ist die hartnäckige Sequenzierung des "Treppenmotivs" und hat seinen Vorläufer in Takt 11 zweite Hälfte.

Sonst ist der zweite Teil leicht zu rekapitulieren: Takt 14 "Anfangsmotiv" mit Sequenz auf der Unterquarte; Takt 15 und 16 "Treppenmotiv" und "Fortspinnungsmotiv" in der Art der Takte 10 und 11 sequenziert; Takt 17 "Treppenmotiv"; Takt 18 und 19 erste Hälfte Halbschlußmotiv; ab Takt 19 zweite Hälfte jene "Kernpassage" von der eben die Rede war: das Treppenmotiv nicht diatonisch sondern dreiklangsmäßig auseinandergezogen, dies aufwärts und abwärts, verbunden mit dem bekannten Verbindungsstück aus "Fortspinnungs"- und "Treppenmotiv":

Takte 22 zweite Hälfte bis 26 erste Hälfte wiederum "Tonleitermotiv", Takt 26 zweite Hälfte und 27 ostinates "Treppenmotiv"; Takte 28 und 29 erste Hälfte "Halbschlußmotiv"; Takt 29 zweite Hälfte und 30 erste Hälfte "Treppenmotiv"; Takt 30 ab Zählzeit 2: "Coda" nach Art des Schlusses vom ersten Teil.

Es ist auffällig, daß jedes von uns so bezeichnete "Motiv" nur in einer Hand (links oder rechts) seine Charakteristik erfährt (das "Halbschlußmotiv" z.B. links, allen anderen "Motive" vorwiegend rechts, das "Anfangsmotiv" wird links imitiert). Es ist dies insofern erwähnenswert, als das ganze Geschehen, das sich hier musikalisch in diesen "Motiven" abspielt, von einer ungemein scharfen, charakteristischen Zeichnung der Einzelteile getragen ist, innerhalb derer keine Doppeldeutigkeit oder Unklarheit vorkommt. Ferner ist in diesem Rahmen die metrische Symmetrie auffällig: der Wechsel der Gestalten setzt nur mit Takt oder Halbtakt ein.

Tabelle der Motive

"Anfangsmotiv" mit Imitation

"Fortspinnungsmotiv"

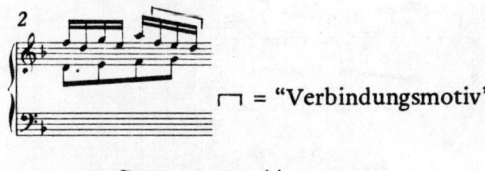

⌐ = "Verbindungsmotiv"

"Tonleitermotiv"

"Coda"

"Treppenmotiv"

"Halbschlußmotiv"

"Kernpassage"

Versuchen wir eine Deutung dieser Komposition, so möchten wir zunächst unserer Faszination Ausdruck geben: wie reibungslos ihre Einzelteile ineinandergreifen, wie ökonomisch sie verwendet werden, wie rational sie auseinander entwickelt sind, wie zweckmäßig, zweckentsprechend alles angeordnet ist, um eine vernünftig sinnvolle Komposition hervorzubringen, dies alles verdient höchste Bewunderung.

Das außerordentlich sinnvolle und nach allen Seiten logisch sich legitimierende Geschehen der Scarlatti-Sonate drängt die Metapher des *Uhrwerks* auf, ihre Charakteristik ist (in einem durchaus positiven Sinne) *mechanistisch,* läuft — ohne Zwang — mit einer gewissen Notwendigkeit ab.

Die "Motive", die wir aufzählten, greifen mit einer perfektionistischen Notwendigkeit ineinander wie Zahnräder, deren Beschaffenheit, Größe und Charakteristik von musik-konstruktiven Gesichtspunkten bestimmt werden. Jedes Teilmoment, (das, was wir mit den vorläufigen Benennungen der "Motive" zu kennzeichnen versuchten), ist von *hinreichender Allgemeinheit,* um überall dort, wo es notwendig ist, auch eingesetzt werden zu können; es ist jedes zugleich auch von *hinreichender Besonderheit,* um in unverwechselbarer Charakteristik gerade und genau an der Stelle seinen Dienst zu tun, an der es gebraucht wird. Jedes der Teilchen ist somit in der Weise gefertigt, daß es mit jedem benachbarten reibungslos ineinanderfaßt ("Verbindungsstück"), es ist aber auch so individuell gefertigt, daß es *nicht* ohne weiteres *austauschbar* wäre.

Wir, die wir durch den Kunst- und Künstlerbegriff des 19. Jahrhunderts geprägt (und verdorben?!) sind, schrecken bei Begriffen wie "mechanistisch", "Uhrwerk", "vernünftig" und "logisch" zusammen, wenn es sich um Kunstwerke handelt. Wir assoziieren dann gleich Unmenschlichkeit, Kälte, Gefühlsarmut.

Nun brauchen Gefühl, Wärme und "Menschlichkeit" nicht unabdingbare Merkmale von Kunst zu sein. Und zum andern ist Scarlattis Kompositionen weder Menschlichkeit, noch Wärme, noch Gefühl abzusprechen, wenn man es im richtigen, d.h. im historisch zutreffenden Sinne versteht. Denn der feudale Absolutismus, dessen gesellschaftlicher Formation ja unser untersuchtes Stück angehört, hatte — gesellschaftlich, politisch wie ästhetisch — sehr dezidierte Vorstellungen von dem, was er unter "Menschlichkeit" und was er unter "Gefühl" verstehen wollte. Und diesen Vorstellungen entspricht die musikalische Ausprägung dieser Scarlatti-Sonate allerdings in einem Maße, daß man von einer "zeitgemäßen Realisation" sprechen könnte.

Eine Seite barocker Ästhetik, ebenso wie ihrer Philosophie, Wissenschaft und ihrer Auffassung von Politik und Gesellschaft, ist geprägt vom perfektionistischen Ideal des Mechanischen, des Funktionierens. Der universale Anspruch barocken Denkens, Fühlens und Wollens zielt auf ein *Instrumentelles,* Verfügbares. Die Idee des Menschen als Automaten ist zugleich der Hintergrund der vielfältigen Bemühungen des rationalistischen Zeitalters, Automaten als Menschen zu konstruieren. Die Spieluhr ("Flötenuhr"), der automatische Musikant (ebenso der schreibende und zeichnende Automat im Menschengewand), in gewissem Sinne auch die Orgel als ein sehr weitgehend mechanisiertes Instrument, sind Ausdruck dieser Idee innerhalb der musikalischen Realisation.[2]

2 Literatur zu diesem Problem in MGG 8, Artikel Mechanische Musikinstrumente (A. Protz und R. Quoika) und Riemann-Lexikon Sachteil, S. 550/551, Artikel Mechanische Musik und Mechanische Musikwerke.

Die *andere* Seite barocker Ästhetik ist nun, daß diese
Idee des Mechanistischen und der Rationalität nicht etwa
Ausdruckslosigkeit, Seelenlosigkeit und Unmenschlichkeit
in der Kunst anstrebte. Im Gegenteil: Ausdruck, Seele und
Menschlichkeit sollten durch sie erst auf eine höhere Stufe
gehoben werden, die erst durch den rationalen Perfektio-
nismus für den Barock erreichbar schien: durch das *me-
chanisch Künstliche* und nicht durch das organisch Natürliche. "Die Natur ist fast immer matt und kleinlich, und
wenn die Vorstellung der Schüler nur von ihr genährt wird,
werden sie niemals etwas wirklich Schönes und Großes
schaffen können, denn die natürliche Welt vermag das nicht
zu bieten," hatte der große Architekt und Bildhauer des
Barock, Lorenzo Bernini vor der Pariser Akademie der
Schönen Künste doziert.[3]

Das Universum, der Gang der Welt als ein grandioses
Uhrwerk, das ein Schöpfer sinnreich erdacht, angestoßen
und dann sich selbst überlassen hat: Leibnizens "Prästabi-
lierte Harmonie"[4] als ein Modell auch der Gesellschaft des

3 Tagebuch des Herrn von Chantelou über die Reise des Cavaliere
   Bernini nach Frankreich. Deutsche Bearbeitung von H. Rose,
   München 1919, S. 238 f.
4 Leibnitz hat dies vor allem in seiner "Monadologie" (Stuttgart:
   Reclam 1954) entwickelt. Zur mechanistischen Auffassung des
   barocken Denkens bei Leibniz folgende interessante Stellen
   (Monadologie § 64:) "daher ist jeder organische Körper (Leib)
   eines Lebendigen eine Art von göttlicher Maschine oder natürli-
   chem Automaten, der alle künstlichen Automaten unendlich
   übertrifft. Eine durch menschliche Kunst verfertigte Maschine
   ist nämlich nicht in jedem ihrer Teile Maschine. So hat zum Beispiel der Zahn eines Messingrades Teile oder Bruchteile, die für
   uns nichts Künstliches mehr sind und die nichts mehr an sich
   haben, was in bezug auf den Gebrauch, zu dem das Rad bestimmt war, etwas Maschinenartiges verrät. Aber die Maschinen
   der Natur, d.h. die lebendigen Körper, sind noch Maschinen in
   ihrer kleinsten Teilen bis ins Unendliche. Das ist der Unterschied zwischen der Natur und der Technik, d.h. zwischen der
   göttlichen Kunstfertigkeit und der unsrigen."

feudalen Absolutismus. Diese glich schon längst nicht mehr der "Pyramide' des mittelalterlichen Feudalismus, in der die Abhängigkeiten einer ständischen Hierarchie von oben nach unten weitergereicht wurden. Der feudale Absolutismus hatte diese Pyramide "eingedrückt": ihre Spitze ist der Fürst, nicht nur von Gottes Gnaden sondern auch gottähnlich, darunter die breite Ebene der "Untertanen," ihrer Größe nach sehr verschiedene, ihrer Funktion nach aber gleiche Räder eines großen Uhrwerks.

Kaum hat Musik je so genau gesellschaftliche Verhältnisse widergespiegelt, als es der Barockmusik möglich war. Dies ist nicht als die vulgärmarxistische direkte Verbindung von gesellschaftlichem Verhältnis und dessen Abbild in der Musik ("Manufaktur und Fuge") mißzuverstehen. Vielmehr sind viele Faktoren zu berücksichtigen, deren dialektisches Aufeinanderbezogensein erst die näherungsweise Erklärung dafür liefert, warum die Musik Scarlattis etwa diesen faszinierend *kongruenten Eindruck ihrer Zeitgemäßheit übermittelt.*

Die Erklärung dürfte zum Teil darin liegen, daß die gesellschaftliche Situation für die Musik günstig ist insofern, als die Mittel gleichsam bereitstehen, um der Musik ihre Sprache zu ermöglichen. Zu diesen Mitteln gehört die Rationalität des Tonsystems, d.h. die Verfügbarkeit des musikalischen Materials, die durch Temperierung, die Fortschritte in der physikalischen und musikalischen Akustik ermöglicht wurde. Über den Zusammenhang zwischen Rationalisierung des Tonsystems und gesellschaftlicher Verhältnisse haben Max Weber[5] und Theodor W. Adorno[6] unterrichtet.

5 Weber, Max: Die rationalen und soziologischen Grundlagen der Musik. München: Drei Masken 1921.
6 z.B. für Bach in Th.W. Adorno: Bach gegen seine Liebhaber verteidigt. In: Prismen. Kulturkritik und Gesellschaft. Berlin und Frankfurt: Suhrkamp 1955, besonders S. 163 ff.

Zu diesen Mitteln gehört aber auch wesentlich die Emanzipation der Instrumentalmusik im 17. Jahrhundert gegenüber dem Vokalen. Auch hier spielt das Moment des Rationalen und Mechanistischen eine Rolle. War abendländische Musikentwicklung bis weit ins 16. Jahrhundert hinein an die Stimme des Menschen und den Verkündigungscharakter des gesungenen Wortes gebunden (gleichgültig, ob es sich um geistliche oder profane Musik handelte), so brachte die bereits im 16. Jahrhundert sich mehr und mehr verselbständigende Instrumentalmusik im 17. Jahrhundert zwei neue musikalische Aspekte zum Tragen: einmal eine "objektivierende" Tendenz insofern, als durch die wortungebundene Instrumentalmusik nun nicht mehr auf semantischen Sinn hin komponiert werden mußte, sondern sich mehr und mehr eine Art Eigengesetzlichkeit nur musikalischer Provenienz, eine musikalische Kunst sui generis herausbildete; zum andern hatte die instrumentale Musik eine integrierende Tendenz: erstens neigte sie aufgrund ihrer mehr "abstrakten" Charakteristik zur Werkbildung, also zu dem, was man später "absolute Musik" nannte; und zweitens hatte instrumentale Musik eine kollektivere Tendenz als vokale: im Concerto grosso z.B., der großen formalen Errungenschaft der instrumentalen Barockmusik, findet sich in der Gruppierung des Musizierens (Gegenüberstellung von Tutti und Concertino, später von Tutti und Solo) die differenzierte Widerspiegelung des Ineinandergreifens und Sichabsetzens der im wahrsten Wortsinn "gesellschaftlichen" Gruppen des feudalen Absolutismus.

In der betrachteten Sonate von Scarlatti ist dies noch differenzierter: es ist die immanente Struktur der Musik selber, die bis in die kleinsten Details hinein den Geist ihrer Zeit nachvollzieht zeitgemäße Ausprägung in der Musik.

Ziehen wir nun zum Vergleich ein gleichzeitiges Stück von J.S. Bach heran, um zu zeigen, daß zur gleichen Zeit, mit den gleichen Material-Mitteln, auf dem gleichen Instrumentarium das Gegenteilige gemeint ist, so müssen wir zunächst — wie bei Scarlatti — eine Struktur- und Gestus-Analyse erstellen, um dies verständlich zu machen.

Die Betrachtung des Einzelnen erst wird zeigen, daß die Einteilung im Großen erst ihren Sinn vom Detail erhält. Nicht das summierende Aufzählen der Einzelteile macht das Ganze (wie es — in durchaus hohem Sinn — bei Scarlatti ausmachte), sondern erst die *Vermittlung zwischen den je einzelnen Teilen gibt auch die Vermittlung des Ganzen* an: das Ganze und die — bis in die kleinste Struktur verfolgten — Teile machen in ihrer dialektischen Wechselbeziehung die Bedeutung des Gestus dieser Musik aus.

Folgen wir zunächst dieser Struktur, betrachten wir die ersten beiden Takte:

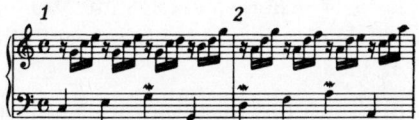

Sie lassen sich auf folgenden vierstimmigen Satz reduzieren:

Gehen wir der Wirkung der einzelnen Harmonien nach, so wirkt Akkord 1, die Tonika in Terzlage, als eine Art vorläufiger Setzung: ein Stück in C-dur beginnt erklärtermassen in dieser Tonart, jedoch in einer relativ unbestimmten Weise: die Oktavlage (also mit c in der Oberstimme) wäre die eindeutige Definition dessen, was man unter "Ausgangstonart C-dur" verstehen würde, die Terzlage (mit e in der Oberstimme) signalisiert einen unentschiedeneren Ausgangspunkt: mithin kann man sagen, daß die Tonika des Akkordes 1 eine Art unverbindlicher These darstellt, voller Vorläufigkeit und Bereitschaft, über sich hinaus zu gehen.

Dies wird von Akkord 2 bestätigt und weitergeführt: Indem in Akkord 2 nun die Terz (e) im Baß liegt, ist das vorläufige der ersten Setzung noch mehr betont. Einem Übergang in eine nächste harmonische Funktion steht nun nichts mehr im Wege. In Akkord 3 nun ist tatsächlich die nächste harmonische Funktion ergriffen, eben *die andere* Funktion gegenüber der Tonika: die Dominante. Ihre Andersartigkeit gegenüber der Tonika aber wird nicht schroff gesetzt sondern vermittelt: der vorbereitende Quartvorhalt c der in Akkord 4 zu h geht, ist noch ein Bestandteil der Tonika, der noch vom Akkord 2 her "herüber"-genommen ist. In Akkord 4 dann stellt sich die Dominante erst "rein" dar, nachdem sie in Akkord 3 in "vermitteltem Übergang" erschien.

Es scheint, als ob in diesem ersten Takt keimzellenhaft exponiert sei, was den höheren Gehalt des Stückes ausmacht: Tonika und Dominante als Thetisches und Antithetisches zu formieren, und beide im vermittelnden Übergang zu zeigen. Eines und Anderes, These und Antithese zeigen sich in den realen Dreiklangsfolgen c-e-g g-h-d, ihre Vermittlung in der differenzierten Art ihrer Darstellung: die Umkehrung (Akkord 2) als Aufhebung affirmativer Setzung ("das ist C-dur!"), der Vorhalt (Quarte c in g-c-d in Akkord 4 g-h-d) als Vermittlung, als vermittelnder Übergang.

Betrachten wir den zweiten Takt, so fällt auf, daß die Entsprechung zum ersten Takt nur ungefähr, nur annäherungsweise ist: der zweite Takt wiederholt die Geschehnisse des ersten von der II. Stufe (d) aus (also statt C-dur/G-dur nun d-moll/a-moll), jedoch mit einschneidenden Unterschieden: Akkord 5 kann nicht mehr Setzung, auch nicht mehr einer vorläufigen, gelten: durch den übergebundenen Vorhalt (g) ist er mit Akkord 4 vermittelt. Und dann sind

Akkord 7 und 8 — wenn sie als Entsprechung zu Akkord 3 und 4 aufgefaßt werden sollen — nicht mehr die wirkliche Dominante von d-moll (Akkord 5 und 6), denn dann müßten sie ja a-*cis*-e und nicht a-*c*-e heißen. Takt 2 ist somit inbezug auf Takt 1 wiederum relativiert, er ist nicht eine wörtliche Nachahmung des ersten Taktes, sondern eine "freie Nachbildung der Idee", wie Schönberg es in seiner Harmonielehre[7] nannte, indem nachgeahmt wird, "was wir bei einem vorbildlichen Anlaß gesehen haben", (nämlich in Takt als Tonika und Dominante), aber nicht wörtlich, um "die Wirkung der Tonalität zu sichern," d.h. um nicht durch fremde Töne (cis statt c) die Tonalität C-dur zu irritieren.

Die Vermittlung nun zwischen den ersten beiden Takten ist auf zweierlei Weise bewerkstelligt: einmal durch die Überbindung (g) und zum anderen durch die "Basis", durch die sinngemäße Phrasierung des Basses.

Die Überbindung von Akkord 4 zu Akkord 5 ist dadurch erreicht, daß absichtsvoll die Regel der Harmonielehre vernachlässigt wurde, daß sich ein Vorhalt in derselben Stimme, in der er sich befindet, auch aufgelöst werden müsse. Statt:

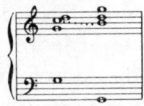

ist auf Zählzeit 3 und 4 des ersten Taktes das aufzulösende c tatsächlich nach h geführt:

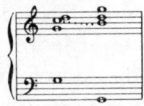

---

7 Schönberg, Arnold: Harmonielehre. Wien: UE 4. Aufl. 1922, S. 34

aber in der "falschen" Stimme: denn während das c Alt ist, ist das "aufgelöste" h Tenor. Das g in Akkord 4 nämlich ist dadurch in der Lage, in die Oberstimme gelegt zu werden und bereitet auf diese Weise den Akkord 5 in Takt 2 vor:

Dieser Vorgang wird erst durch die scheinbar improvisatorische klavierfigurenmäßige Auflösung des vierstimmigen Satzes erreicht, der die Stellung der Einzelstimmen (als Alt, Tenor usw.) bewußt in der Schwebe hält und so die Festlegung einer Stimmenhierarchie nicht zuläßt.

Zum andern zeigt die Phrasierung der Baßlinie in den ersten beiden Takten eine verklammernde Funktion:

Die ersten beiden Takte, die im Verhältnis von Motiv Sequenz stehen, könnte man — natürlich nicht im orthodoxen Sinne der sog. Formenlehre — als eine Art "Exposition" bezeichnen: die Problematik des Stückes ist abgesteckt. Es ist die Problematik des vermittelten Übergangs, der in den beiden ersten Takten (um es noch einmal zusammenzufassen) in folgenden Fakten konkret wird: Übergang von Tonika zur Dominante (als Übergang von einer Setzung zu ihrem Anderssein) durch Vermittlung des Vorhalts. Vorher jedoch schon Übergang der unverbindlichen Tonikaform ("Terzlage") zur vorläufigen des Sextakkords. Übergang vom 1. zum 2. Takt wiederum durch Überbindung eines Vorhalts (g), der vorher durch "unkorrekte Auflösung" (das g kommt in die Oberstimme) vorbereitet wird. Nachahmung (Sequenz) des 1. Taktes durch den 2. auf der II. Stufe als ein schwächeres, das Urbild nicht verdrängende Abbild.

Mit dem Takt 3 treten wir in den zweiten Abschnitt des ersten Teils ein: er reicht bis Takt 6.

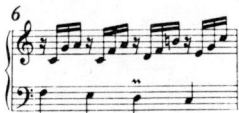

Dieser, eine Art "Durchführungs"-Abschnitt, verläuft in vier Phasen:

die erste ist die Kadenz von e-moll auf Zählzeit 1 des Taktes 3 nach C-dur des Taktes 4, das auf Zählzeit 1, jedoch mit Vorhalt, erreicht ist;

die zweite ist die Modulation nach a-moll, das in Takt 5, ebenfalls mit Vorhalt auf 1, erreicht ist;

die dritte ist die Modulation von a-moll nach F-dur, das in Takt 6 erreicht ist; und

die vierte spielt sich als Kadenz nach C-dur innerhalb des 6. Taktes ab, wobei C-dur nur auf Zählzeit 4 dieses Taktes berührt wird.

Harmonisch stellen diese vier Phasen folgende übergeordnete Kadenz dar: vom e-moll als III. Stufe in Takt 3 aus (das gleichsam suggeriert, als solle eine zweite Sequenz an die der ersten beiden Takte angeschlossen werden: Takt 1 C-dur, Takt 2 d-moll, Takt 3 e-moll) geht die Kadenz über eine Bestätigung der Haupttonart C-dur (Takt 4) über die Tonikaparallele a-moll (Takt 5) die eine Relativierung des Haupttonartcharakters von C-dur darstellt und zugleich eine Mittlerrolle zum nachfolgenden F-dur übernimmt, das die Subdominante der Haupttonart C-dur ist, bis wieder zurück zur Haupttonart C-dur, das aber seinerseits nur sehr berührungsweise erscheint.

Der Verlauf der einzelnen Phasen zeigt nun wiederum, wie sich die Technik der Verbindung und des Übergangs ins kleinste Detail des Stückes fortsetzt:

Phase 1:

Vom e-moll des Taktes 3 (wie gewohnt mit Quartvorhalt bei Akkord 9) ist der Übergang zu C-dur (Akk. 13) über den Akk. 11 bewerkstelligt: Akkord 11 enthält nämlich sowohl die Bestandteile der Subdominante von e-moll (a-c-e) wie der von C-dur (f-a-c). Als Subdominante von C-dur erscheint der Akk. 11 in einer von Bachs bevorzugten Formen der Subdominante: nämlich als Septakkord (f-a-c-*e*, wohl statt des "Rameauschen"-Quintsextakkordes f-a-c-d) jedoch hier zusätzlich verfremdet durch die erste Umkehrung (a-c-e-f). Das erreichte C-dur des Akk. 13 ist wiederum durch den — von der vorhergehenden Dominante — übergebundenen Vorhalt d (die None) in Frage gestellt, seine Auflösung in Akk. 14 bringt durch die Umkehrung (e im Baß) nicht die stabile Bestätigung der Haupttonart.

Phase 2:

Akkord 14 ist Vermittlungsakkord, er schließt die C-dur-Kadenz vorläufig ab, und leitet zugleich die folgende a-moll-

Kadenz ein. Die Akkorde 14 (als Übergang) bis 18 (als neuer Übergang) stellen eine sequenzartige Nachbildung der vorangegangenen C-dur-Kadenz dar, wobei Akkord 15 bemerkenswert ist: auch er wieder ein vollkommenes Bild des Übergangs. Inbezug auf das vorangegangene C-dur wäre nämlich Akkord 15 (fis-a-c-d) die Doppeldominante (mit Septime und Terz im Baß), ein Akkord, von dem bekannt ist, daß er zwitterhaft Subdominantisches und Dominantisches in sich vereinigt. Inbezug auf das nachfolgende a-moll verträte er die Subdominante, die normalerweise jedoch d-moll (d.h. f statt fis im Baß) heißen müßte. Einmal ist das fis jedoch melodischer Übergang zwischen e und gis im Baß, zum andern zeigt das D-dur statt d-moll an dieser subdominantischen Stelle wiederum den transitorischen Charakter, jenen, den schon Akkord 11 in analoger Position innehatte. Die Vorgänge der Akkorde 16 bis 18 entsprechen denen der Akkorde 12 bis 14. Den subdominantischen Akkorden 11 in Phase 1 und 15 in Phase 2 entspricht in der

Phase 3:

der Akkord 19. Er ist die Subdominante mit hinzugefügter großer Septime mit Terz im Baß (wie Akkord 11) von F-dur, das wiederum Subdominante der Haupttonart ist. Diese nun zeigt als Einleitung und Übergang zu

Phase 4:

neue Merkmale des Übergangs. Der Nonvorhalt (g) auf Zählzeit 1 des Taktes 6 wird nun nicht mit der Auflösung in den Sextakkord (Terz im Baß) wie in den Akkorden 14 und 18 überführt, sondern mit der Durchgangsnote e im Baß, die das d im Akkord 23 schon "im Durchgang" anvisiert:

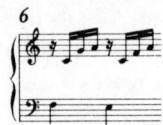

Die Dominante selbst kommt nur in der schwachen Form des "Sextakkords der VII. Stufe" vor (Akkord 23; funktionell als "verkürzter Dominantseptakkord" mit der Quinte im Baß: $\mathbb{D}^7_5$). Ist die Tonika C-dur endlich erreicht, gibt sie ihre tonikale Stellung zugunsten eines nachfolgenden dominantischen "Auflösungsfeldes" (Takt 7 und 8) auf: in diesem werden vier Varianten der dominantischen Funktion vorgeführt, um die eindeutigste, den Dominantseptakkord in Takt 9 auf Zählzeit 1 zu erreichen:

Diese vier Dominantfunktionen über dem Orgelpunkt g (dem Dominantgrundton) sind: 1. die Dominante mit Quartvorhalt, die eine vorläufige tonikale Stellung für dieses Dominantfeld einnimmt. 2. Die Doppeldominante (Dominante der Dominante) mit Doppelvorhalt (6-5 und 4-3). 3. Die Dominante mit Non-Vorhalt. Sie befestigt wiederum gegenüber der vorhergehenden Doppeldominante ihre tonikale Stellung. 4. Die Subdominante mit Nonvorhalt, die — eben durch ihren subdominantischen Charakter — der Dominante wieder ihre dominantische Stellung zuweist und zugleich den Dominantseptakkord in Takt 9 wirkungsvoll vorbereitet. Alle Phasen sind durch harmonischen Übergang und Vermittlung: nämlich durch gemeinsame Töne von Akkord zu Akkord und schrittweise Stimmführung, miteinander verbunden. Mit dem Takt 9 ist der erste Teil zu Ende.

Es folgen zwei Takte, die die genaue Mitte markieren (Takt 9 und 10) und den Dominantseptakkord des Taktes 9 Zählzeit 1 in einer gebrochenen Klaviergirlande ausspielen. Der nun folgende Teil umfaßt, wie der erste, 8 Takte, so daß wir mit den beiden Zwischentakten das Verhältnis 8:2:8 haben: eine symmetrische Form.

Rekapitulieren wir, was den ersten Teil ausmachte: die "Exposition," d.h. das Exponieren der Beziehung Dominante − Tonika und deren Nachbildung von der II. Stufe aus; dann die "Durchführung" in vier Phasen; und schließlich das dominantische Auflösungsfeld.

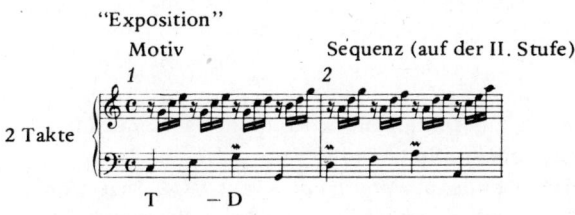

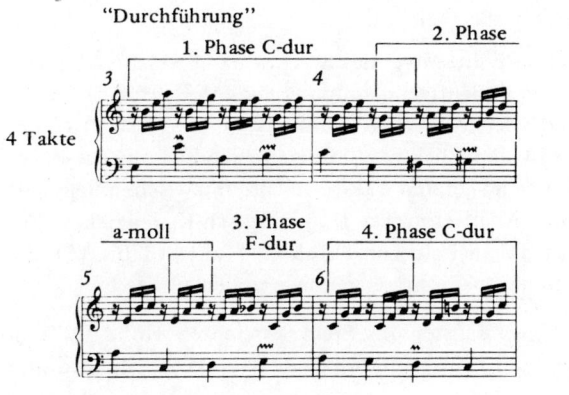

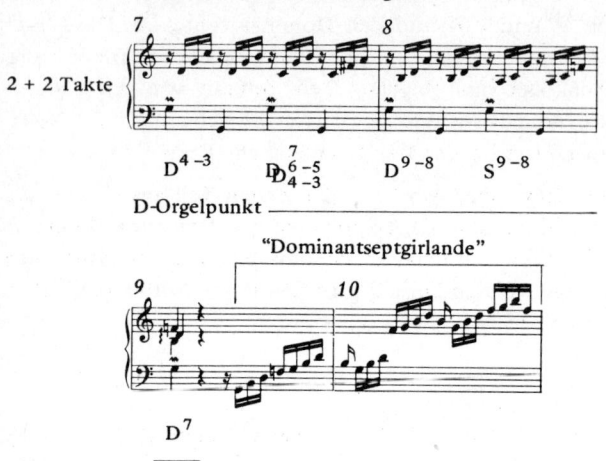

Der Abstieg zur Dominante wird durch das kontinuierliche Fallen der oberen Spitzentöne von Anfang bis Takt 9 markiert. Die Dominantseptgirlande (Takt 9/10) hat Doppelfunktion: durch sie endet der erste Teil, erhebt sich der Bewegungsverlauf aus der dominantischen Talsenke und wird der zweite Teil eingeleitet.

Signalisiert die Mitte des Stückes das Erreichen der Dominante als vorläufigem Endpunkt des Verlaufes der Großkadenz des ersten Teils: Tonika-Dominante, so tritt der zweite Teil den Rückweg Dominante-Tonika an. Diese Tonika ist erst im letzten Takt erreicht. Dazwischen liegt ausserordentlich differenziert Dominantisch-Kadenzielles. Zunächst ist da ein Feld von 5 Takten (Takte 11 bis 15), die wir "Dominantparaphrase" nennen wollen.

Von der höchsten im Stück erreichten Höhe (c''') in Takt 11, vom Dominantvorhaltsquartsextakkord, wird nun in einem breiten Strom verschiedener Dominantvarianten die Funktion des Dominantischen paraphrasiert, zunächst ziemlich großflächig im Wechsel der harmonischen Einheiten nur jede Halbe pro Takt. In den Takten 16 und 17 verzahnen sich dann auf kleinstem Raum die harmonischen Partikel, ständig zwischen dominantischen und tonikalen Funktionen wechselnd, bis endlich Takt 17 auf Zählzeit 3 die endgültige C-dur-Schlußkadenz bringt: ab Takt 16 ein Feld "kadenzieller Aufsplitterung."

Stellen wir den 2. Teil ab Takt 11 im abstrakten vierstimmigen Satz dar, so zeigt sich — wenn wir dies durch die funktionellen Bezeichnungsweisen unterstützen — klar, was wir mit Dominantparaphrase (Takte 11-15) und "kadenzielle Aufsplitterung" (Takte 16 und 17) meinten:

$$D \qquad D^{9^\circ 8} \quad D^{9^\circ}_7 \quad D^7_{4-3} \quad T$$

Untersuchen wir die "kadenzielle Aufsplitterung" der Takte 16 (mit Auftakt) bis 18, so ist sowohl eine immanente Dreistimmigkeit wie auch eine bestimmte motivische Verknüpfung (Sekunde-Terz-Motiv) festzustellen:

Nur durch das Eingehen auch noch auf die detailliertesten Merkmale kann die Analyse herausarbeiten, worum es bei Bach — im Gegensatz zu Scarlatti — geht. Auch sind — das sei vorweg gesagt, um Mißverständnissen vorzubeugen — nicht alle Werke Bachs in der Art organisiert wie das hier analysierte. Im schier unerschöpflichen Spektrum der Musik Bachs gibt es selbstverständlich auch barocke "Uhrwerke" wie auch solche von der Art, die der Monteverdischen Bezeichnung von der Prima Prattica entsprechen.

Aber unser Präludium — beispielhaft für Ähnliches in Bachs Gesamtwerk — entspricht keinem von beiden.

Hier ist etwas komponiert, was als *Vorgriff* angesehen werden muß, Vorgriff auf etwas, das in der Gesellschaft, in der Bach lebte, unmöglich noch zu realisieren war.

Dieser Gesellschaft, der feudal-absolutistischen, entsprach das spekulativ Additive, das kalkulierte Zusammenfügen kleiner und kleinster Teile zum funktionierenden Ganzen, durchschaubare Rationalität vom Tonsystem aufwärts bis zum auszudrückenden Affekt. Unser Scarlatti-Beispiel entsprach dem — wie wir gesehen haben — sehr genau.

Anders bei Bach. Nicht, daß seine Komposition der Scarlattischen gegenüber *irrationaler* wäre, daß sie weniger durchdacht oder gar "gefühlsbetonter" sei. Der Unterschied liegt vielmehr im Verhältnis der Teile zum Ganzen, im Verhältnis des je *Einzelnen* zur *Totalität*. Und dieses Verhältnis sollte man — auch wenn die Bezeichnung starkem Mißbrauch unterlag und noch unterliegt — nicht anstehen, ein *dialektisches* zu nennen.

Wir sahen, daß bereits im ersten Takt das Verhältnis Tonika-Dominante exponiert war, jenes Verhältnis, das auch die Klammer für die ganze Form des Stückes bildet. Wir sahen ferner, wie sich dieses Verhältnis *vermittelte,* d.h. wie es nicht ein additives, sondern ein sich vom Einen zum Andern entwickelndes ist; wir beobachteten Abbildungen von ursprünglichen Formen (Sequenzen auf anderen Stufen), Steigerungen durch verschiedene Phasen, verschiedene variative Erscheinungen ein und desselben Wesens (Dominantparaphrase, Dominantisches Auflösungsfeld, kadenzielle Aufsplitterung); wir stellten immer wieder *Übergänge* verschiedenster Vermittlungsstufen fest (gemeinsame Töne, doppeldeutige Harmonien, übergreifende Phrasierungen, verbindende Mittelstücke [Dominantseptgirlande] usw.); wir sahen schließlich Strukturen, die die Form im Ganzen kennzeichnen: die deutliche Unterscheidung des 1. vom 2. Teil durch die Kompositionsstruktur (im 1. Teil gebrochene Akkorde, im 2. Teil Einstimmigkeit in der rechten Hand, die jedoch als immanente Mehrstimmigkeit auslegbar ist).

Wir brauchen hier nicht global zu wiederholen, weswegen wir ja die detaillierte Analyse angestellt haben. Sie sollte am Gegenstand — also in Konkretion — erweisen, was wir meinen, wenn wir von einem "unzeitgemäßen Modell" innerhalb des feudalen Absolutismus sprachen.

Die dialektische Beziehung zwischen Einzelnem und Gesamten, die Bach an diesem kleinen Stück exponiert, ist nicht mehr im barocken Denken beheimatet. Denn dieses zeichnet sich durch *Hierarchie* der Erscheinungen aus, durch ein durchdacht *gestuftes* System. Bei Bach aber *bedingt* das Einzelne das Ganze und das Ganze wiederum die Teile, die Einzelheit ist nicht zu verstehen, wenn nicht das Ganze ihr den Stellenwert verleiht, und das Ganze ist nicht zu verstehen, wenn es nicht seinen Sinn von den einzelnen Schritten der Detail-Vorgänge erhält. Jedes Teilmoment ist sinnerfüllt, weil es den Entwurf des Ganzen enthält, und das Ganze ist mehr als ein zwingender Rahmen, weil es vom Sinn des Einzelnen ausgefüllt ist. Es ist somit das Bild des *ineinandergreifenden Organismus,* der sich hier musikalisch manifestiert: das Ganze lebt nur aus den Teilen, und die Teile beziehen ihren Stellenwert nur inbezug auf das Ganze.

Dies aber ist der Entwurf, die *Utopie der bürgerlichen Gesellschaft.* Das heißt nicht mehr und nicht weniger, als daß Bach in manchen seiner Werke einen Vorgriff tat hin auf eine bessere Gesellschaft als die, in der er lebte. Bedenkt man, daß Bachs Tod genau die Hälfte des 18. Jahrhunderts markiert, so ist nicht mehr verwunderlich, daß in

Leben, Denken und Schaffen der Protagonisten einer Epoche, in der ohnehin schon der Bürgergeist mehr als nur seine materiellen Rechte geltend machte, durchaus nicht nur Vergangenes und Bestehendes seinen Niederschlag fand. Das erstarkende Bürgertum macht sich vielmehr auf, Kulturbildner und Kulturträger zu werden. Es tat dies, wie alle aufstrebenden Schichten in der Geschichte dies taten: indem es von der vorhandenen Kultur Brauchbares von Unbrauchbarem schied, das Brauchbare nahm und sich anverwandelte. Ist die Anverwandlung der erste kreative Schritt der neuen Kultur, so ist die Weiterentwicklung dessen dann der zweite und entscheidende Schritt: die Ergebnisse des Neuen haben sich von den alten Vorbildern emanzipiert, die alten Vorbilder sind in ihnen im Hegelschen Sinne "aufgehoben".

Diesen Vorgang mag man an Mozarts Bach-Rezeption exemplarisch ablesen. Ab einem bestimmten Zeitpunkt seiner Entwicklung — nämlich als er anfing, sich vom spätfeudalen Musiker zum frühbürgerlichen zu entwickeln — war Mozart das Bedürfnis unabweislich, die stringente Kompositionstechnik Bachs in seine eigene einzubringen. Er vollzog diesen Vorgang in drei Stufen: Er studierte zunächst die Bachsche Technik, indem er Fugen von Bach instrumentierte. Dann schrieb er eigene Fugen, aber im Sinne von Stilkopien, d.h. er schrieb eigene "Bachsche" Fugen. Und schließlich nahm er die Technik in seine eigene musikalische Sprache auf. Die erste Stufe ist durch Mozarts Streichquartettfassungen von Fugen aus dem 2. Teil des Wohltemperierten Klaviers von Bach belegt, die zweite Stufe durch Werke wie etwa die Fuge für zwei Klaviere c-moll oder die kleine Gigue in G-dur, die er bei seiner Reise durch Leipzig[8] dem Organisten der Schloßkirche Engel ins Stammbuch schrieb. Die dritte Stufe schließlich repräsentiert sich durch Ereignisse wie den Gesang der Geharnischten in der Zauberflöte (28. Auftritt, Cantus Firmus des Chorals "Ach Gott vom Himmel sieh darein," bei Mozart "Der, welcher wandelt die sie Straße voll Beschwerden."), die Streichquartette, die Haydn gewidmet sind[9] und die letzten Symphonien (z.B. die Quadrupelfuge im letzten Satz der "Jupiter-Symphonie"). Die erste Stufe, das Studieren und Instrumentieren, ist die Scheidung von Brauchbarem und Unbrauchbarem für die neue Kunst, die zweite Stufe, die Stilkopie, ist die Anverwandlung und die dritte schließlich, das Komponieren mit den übernommenen Mitteln in der eigenen Sprache, ist die eigentliche Kulturleistung, die Weiterentwicklung. Das Bachsche Vorbild ist in Mozarts Spätwerk "aufgehoben".

Man verzeihe die Abschweifung: einerseits ist der Vorgang des bürgerlichen Aufschwungs aus der Kultur des spätfeudalen 18. Jahrhundert für die Musik kaum einleuchtender zu beschreiben, andrerseits ist für das Beispiel Bach ein Mißverständnis gegeben: Bach fungiert gegenüber Mozart als "altes Vorbild," als Repräsentant einer alten — wenn auch technisch "soliden" — Zeit. Was wir jedoch an *Bach* zeigen wollten, ist die Vorzeitigkeit, die Vorausnahme, die Bach seinerseits auf die bürgerliche Kultur in manchen seiner Werke vorgenommen hat.

---

8 "Dem Hoforganisten an der Schloßkapelle, Engel, schrieb er damals eine kleine Gigue für Klavier (K. 574) ins Stammbuch, die in ihrer knappen Fassung von nur 38 Takten, in jedem Zuge Meisterhand ihres Schöpfers offenbarend, die Leipziger Eindrücke altklassischer polyphoner Kunst deutlich wiederzuspiegeln scheint." Paumgartner, Bernhard: Mozart. Berlin und Zürich: Atlantis 1940, S. 514.
9 KV. 404a: 6 dreistimmige Fugen (5 von J.S. Bach, 1 von W.F. Bach) eingerichtet für Streichquartett 1782.

Und da ist der Vorgang zwar komplizierter als bei Mozart, jedoch in der Sache ganz ähnlich. Bach hat die musikalische Sprache seiner Zeit voll beherrscht und voll assimiliert. Dabei ist es wichtig, sich zu vergegenwärtigen, daß eben diese musikalische Sprache seiner Zeit keine ungebrochene Einheit bildete. Sie bestand vielmehr aus verschiedenen "Stilen": z.B. jenen beiden, die die beiden großen Musiknationen Europas präsentierten: den italienischen und den französischen. Der italienische gusto ("Italienisches Konzert", der concerto-grosso-Stil der Brandenburgischen Konzerte) wie der Stile francese (die französische Ouvertüre, die Suite, der Rhythmus des "alla francese") haben bei Bach ihren Niederschlag gefunden. Aber es gab auch zeitlich verschiedene Stile, den "alten" und den "neuen", zum "alten" gehörte das "Gelehrte", zum neuen das "Galante". "Gelehrt" war die Kontrapunktik mit ihren Kunststücken, wie sie die "Niederländer" in die Musikgeschichte Europas heraufgebracht haben, "gelehrt" war aber auch, was Bach an der norddeutschen Orgelschule schätzte und studiert hatte, Buxtehude und Reinken z.B. Auch dies darf man nicht zu einseitig sehen: es war dies durchaus nicht nur steifleinene norddeutsche Kontrapunktik, sondern die norddeutschen Orgelmeister verfügten über Virtuosität, Ausdruck und Eleganz. Da sind die "Süddeutschen" Froberger und Pachelbel, die Einfluß ausüben, und da ist schließlich das rokokohaft "Galante", der Ausläufer des Spätbarock, dem Bach durchaus auch seinen Tribut zollte.

Aus all dem wählte Bach aus, und zwar wählte er so aus, wie das für den jeweiligen Zweck, die jeweilige *Funktion* der Musik angemessen war. Er assimilierte Stilrichtungen verschiedenster Art und entwickelte alles, was er zur Hand nahm, weiter. Man kann ohne Übertreibung sagen, daß er alles, was er weiterentwickelte — das Französische, das Italienische, das Gelehrte und das Galante — zugleich *zu seiner Höchstform* entwickelte und *darüber hinaus:* das soll heissen, daß er bei einigen Möglichkeiten, die die Musik bot, über den Rahmen dessen hinauswies, den seine Gesellschaft setzte.

In unserem "Präludium" sollten wir so ein Beispiel sehen. Es wäre verfehlt — und ganz undialektisch gedacht — darin ein "revolutionäres" Beispiel sehen zu wollen. Seinem äußeren Gestus nach gehört das Stück dem traditionellen Präludien- und Toccatentypus, der präambulierenden Improvisationskunst der Organisten und Cembalisten an.

Aber seiner inneren Organisation nach ist dies kleine Stück vollendetes Vorbild dessen, was erst sehr viel später, beim späten Mozart und bei Beethoven, also auf der Höhe bürgerlicher Musikkultur, das "integrale Werk" ist. Werkcharakter im Sinne des "Gemachten" kannte das Barock auch, Werkcharakter im Sinne aber der sog. Wiener Klassik, im Sinne des nach allen Seiten und auf alle Dimensionen sich erstreckenden Beziehungsreichtums: das ist eine bürgerliche Errungenschaft. Bach hat sie — in ihrer vollkommendsten Erscheinungsform — vorweggenommen. So wurde Bach, später Exponent absolutistischer Kultur, zugleich dadurch zu deren großartigstem Überwinder, daß er vermochte, das Abbild wahrer Gesellschaft als möglich zu komponieren: Musik als deren Verheißung.

2. „Der Dichter spricht"

Robert Schumann: Kinderszenen, op. 15, Nr. 13

Dem nüchternen Betrachter bietet sich das Stück folgendermaßen dar: 8 Takte vierstimmiger Choralsatz, 4 Takte "figurierter" Choral (2 mal 2 Takte Paraphrase über die ersten beiden Takte): dies bildet den ersten Teil; ein instrumentales Rezitativ, das, wiewohl ohne Takt und Taktstriche notiert, dennoch in den vorgegebenen Viervierteltakt sich einpaßt, bildet den zweiten Teil (wollte man seinem Metrum genau nachrechnen, so fehlt ihm zwischen erstem Teil und Rezitativ ein Achtel). Ein Doppelstrich trennt diesen rezitativischen zweiten Teil vom dritten, der Reprise: in der Tat wiederholt dieser den ersten in den ersten acht Takten wörtlich und hängt — statt der 4 Takte figurierter Paraphrase — 4 Takte Coda an. Die Regelmäßigkeit erstreckt sich nicht nur über die dreiteilige "Groß"-Form, sie ist auch in den einzelnen Teilen nachzuweisen: die ersten vier Takte bilden den Vordersatz zu den folgenden vier Takten Nachsatz. Die "figurierte Paraphrase" ist wiederum (2 mal zwei Takte) in Vordersatz und Nachsatz gegliedert. Das Rezitativ — der Mittelteil — ist dreigliedrig: er hat ein "Motiv" (bis halbe Note dis"), eine "Sequenz" (bis zur ersten Fermate) und eine "Evolution" bis zum Doppelstrich. Der dritte Teil wiederholt in Entsprechung die Verhältnisse des ersten Teils.

So harmlos das Stück in seiner symmetrischen Regelmässigkeit anmuten mag, so konzentriert versammelt es in sich den Inbegriff dessen, was man musikalische Romantik nennen könnte. Es ist daher schwierig, eine Analyse dieses Stückes folgen zu lassen, ohne — abgetrennt davon — einen Exkurs über Romantik im allgemeinen und Romantik in der Musik im besonderen dem voranzuschicken. Versuchen wir deshalb, anhand der musikalischen Ereignisse von Schumanns "Der Dichter spricht", das Nötige jeweils einzubringen.

Der Dichter spricht

Die literarischen Romantiker sind die erste Generation nach der Französischen Revolution, die die Gelegenheit gehabt hätte, deren Erbe anzutreten. Es ist jedoch bekannt, wie nach anfänglichem Aufschwung es gerade die romantische Geistesbewegung war, die den Stillstand, die politisch-gesellschaftliche Abstinenz, die innere Einkehr, die Emigration in die Immanenz repräsentierte. Als die Musik — verspätet wie immer — mit ihrer im eigentlichen Sinne ersten romantischen Komponistengeneration heranrückte, mit den um 1810 Geborenen: Mendelssohn, Chopin, Schumann und Liszt, war der erste Ansturm, der entscheidende geistesgeschichtliche Doppelgipfel von Klassik und Romantik um 1800 längst vorüber. Reaktion und Restauration nach 1815, die sog. "Biedermeier-Zeit", machten die romantische Strömung zu dem, was man heute noch klischeehaft unter ihr versteht: selbstgenügsame Rückwärtsgewandtheit, Beschäftigung mit der Ferne, Sehnsucht nach dem Unendlichen, Flucht in die Religion. Und dies alles aus dem Ungenügen an dem Gegenwärtigen, Aktuellen, von dem das Bürgertum politisch ausgeschlossen war. Es ist hier unmöglich der Ort, eine genaue Analyse der romantischen Bewegung in der ersten Hälfte des 19. Jahrhunderts zu geben. Das Angedeutete muß vielmehr genügen, um das Verständnis des vorliegenden Stückes zu erleichtern.

Die Choralstruktur der ersten 8 Takte von Schumanns "Der Dichter spricht" repräsentiert eine wesentliche Strömung in der Musik und Musikauffassung der Romantik: die des *Historismus*. Der musikalische Historismus der 20-er und 30-er Jahre des 19. Jahrhunderts beinhaltet zweierlei: einerseits die Rückbesinnung — wie jede romantische Strömung — auf die "alte Zeit": gediegener vierstimmiger Choralsatz und Kontrapunktik, so wie es die Zeit eben verstand, was sie als Vorzüge der Vergangenheit gegenüber der

Gegenwart ansah. Zum andern aber ist zu berücksichtigen, daß Historismus nicht unbedingt sklavische Imitation historischer Vorbilder bedeutet. Im Gewand des Historischen ist durchaus "Unhistorisches", d.h. für die Romantik Aktuelles möglich und verwirklichbar. Diesen Widerspruch von Altem und Neuem zeigt Schumanns "Der Dichter spricht" in der vierstimmigen Partie der ersten Takte ganz deutlich. Denn einerseits ist diese Partie korrekter, "historischer" vierstimmiger Satz, streng nach der "Harmonielehre". Der musikalische Quasi-Autodidakt Schumann bewunderte an seinem Freund Mendelssohn immer wieder die "vierstimmige Choralgeschicklichkeit"[1]. In der Tat macht z.B. die Verbindung der ersten drei Takte: Sekundakkord der Dominante in den Sextakkord der Tonika im ersten Takt oder der Terzquartakkord der Dominante im zweiten Takt über den Sextakkord der Tonika — mit Terzverdopplung — zum Subdominant-Quintsext-Akkord des dritten Taktes den Eindruck der korrekten Lösung einer Harmonielehraufgabe.

Zum andern jedoch ist Ungewöhnliches zu registrieren, z.B. der Beginn eines Stückes mit dem Sekundakkord: Dominantseptakkord mit Septime im Baß, dazu Terz in der Oberstimme, d.h. beide Leittöne in den exponierten Aussenstimmen. Es wirkt dies wie ein harmonischer Doppel-

1 Brief an Mendelssohn vom 22. Oktober 1845: "Eben an der reinen Harmonie, an der vierstimmigen Choralgeschicklichkeit — da fehlt es ihnen allen. Was kann da für die Dauer herauskommen!" Robert Schumanns Briefe. Neue Folge. Hrsg. v. F.G. Jansen. Leipzig: Breitkopf & Härtel 1886, S. 220.

punkt: die Vorläufigkeit der Dominante, zumal in dieser extrem vorläufigen Form ("Sekundakkord"), ist wie die Aufforderung, musikalisch *zu reden*. Diese "Redeweise" wird unterstützt durch ein — dem Choral fremdes — weiteres Indiz, dem "Doppelschlag" im 3. Takt. Die als "Verzierung" ("Liegendes S") bekannte Figur ist so etwas wie ein Relikt des Rhetorischen, das in der Musik überwintert hat. Indem Schumann sie ausgeschrieben hat, zeigt er zugleich den Wert an, den er ihr für die Komposition beimißt. Weiteres, für den "schlichten Satz" Ungewöhnliches ist sicherlich der auf Zählzeit 3 des 3. Taktes eintretende halbverminderte Septakkord cis-e-g-h.

$$S_5^6 \quad {}_{D}D_7^9 \quad D_{4-3}^{6-5}$$

Die Funktion der Doppeldominante (a-cis-e-g-h mit weggelassenem Grundton) zwischen Subdominantquintsextakkord (c-e-g-a) und Dominantvorhaltquartsextakkord (d-g-h) ist nicht die Sprache der "Alten," also des 17. Jahrhunderts, worauf die musikalische Romantik zu rekurrieren pflegte, sondern eine Errungenschaft erst des 18. Jahrhunderts, der entfalteten Tonalität. Gleiches gilt für den verminderten Septakkord h-d-f-gis am Anfang des 5. wie des 6. Taktes. Beide, der halbverminderte Septakkord des 3. Taktes wie der verminderte Septakkord des 6. Taktes sind sentimentgetragene Höhepunkte, ebenso der wiederum rhetorische Doppelschlag im Takt 6, durch den die Mittelstimme mit einem ausdrucksvollen Sextsprung (gis — e mit kurzem Vorschlag) vom Tenor in den Alt springt.

123

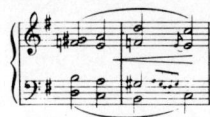

Dem aufgezeigten Widerspruch von "strengem" vierstimmigen Satz einerseits und diesem Satz Fremdem aus romantischem Geist andrerseits folgt nun in den Takten 7 und 8 eine fast manieriert schlichte Kadenz (S^6 - D - T)

S^6 D   T

Überblicken wir hier noch einmal die ersten acht Takte, so wollen sie uns in der musiktheoretisch-historischen Betrachtung bereits als ein kleines Abbild typisch romantischen Verhaltens und Reagierens erscheinen. Schon in der Norm der symmetrisch "Acht-taktigen Periode," aber auch in der Satzstruktur selbst scheint sich eine schlichte, problemlose Glätte darstellen zu wollen, die in höchstem Grade unnaiv und artistisch ist. Was sich hinter dieser Intaktheit suggerierenden Oberfläche an Spannungen und Widersprüchlichkeiten verbirgt, sind die Spannungen und Widersprüchlichkeiten der Gesellschaft selbst, die die romantische Geisteshaltung hervorgebracht hat. Die Flucht vor der präsenten Wirklichkeit in die Vergangenheit, deren Mißbrauch als Lebensersatz sich als falsche historische Darstellung rächt; die Widerspenstigkeit des Aktuellen, das sich nicht in den Rahmen des als heil Suggerierten will einspannen lassen und deshalb immer wieder die glatte Oberfläche da und dort durchstößt: all dieser Widerspruch ist *romantischer Widerspruch*.

Aber fahren wir zunächst in unserer Betrachtung fort. Die Takte 9 bis 12, die wir vorhin als "figurierte Paraphrase" bezeichneten, bringen drei neue Gesichtspunkte hinzu: erstens die gegensätzliche Satzstruktur zu den Takten 1 bis 8, zweitens ein Moment des Fragmentarischen und drittens ein Moment des Unabgegrenzten. Alle drei Gesichtspunkte können wir wieder als typische musikalische Ausprägungen romantischen Lebensgefühls und romantischer Kunstanschauung deuten.

Zu unserem ersten Gesichtspunkt, der geänderten Satzstruktur: Zweifellos handelt es sich hier (ab Takt 9, Achtelbewegung) ja nicht um jene präludienhafte Figurierung, mit der man in der Barockmusik Akkorde — auch gelegentlich als solche notiert — in improvisatorischer Praxis arpeggierend auf dem Klavier darstellte.[2] Dies nämlich, die auflockernd figurierte Darstellung des Choralsatzes, möchte die Stelle offenbar suggerieren. In Wahrheit handelt es sich aber um romantisch farbige Klangentfaltung. Der Klavierklang, seit Beethoven längst als Farbe entbunden, fordert hier, nach den zurückgenommenen ersten acht Takten, sein Recht auf Eigenleben.

Zu unserem zweiten Gesichtspunkt, dem Moment des Fragmentarischen: Takt 9 und 10 ahmt mit der Melodie (fis g c)

2 Vgl. z.B. J.S. Bach, Chromatische Phantasie und Fuge, Phantasie Takt 27—29 und besonders 33 ff.

den ersten und zweiten Takt nach. Die Sinneinheit dessen aber, was im ersten Takt beginnt, endet sicherlich noch nicht auf Zählzeit eins im Takt zwei, sondern ist eigentlich ohne Unterbrechung bis zum vierten Takt zu denken.

Gegenüber dieser Sinneinheit erscheinen die ersten drei Akkorde fragmentarisch (Takt 1 und 2 auf Zählzeit 1), die der — zumindest vorläufigen — Vervollständigung (durch die Takte 2 Zählzeit 4 bis Takt 4) bedürfen. Eben nun jenes fragmentarische Motiv fis g c bildet den Inhalt der Takte 9 bis 12, indem dieses Motiv in den Takten 11 und 12 (dis e a) auch noch sequenziert, also als ein quasi selbständiges Gebilde legitimiert wird. Das jeweilige Ritardando mit Fermate (Takte 10 und 12) bestätigt dies.

Motiv   Sequenz

Das Fragmentarische als Motiv der Romantik, das Fragment als bewußte ästhetische Formung ist als ein wesentliches Kennzeichen romantischer Weltanschauung und Teil romantischer Ästhetik wohlbekannt. Auf die Motive der literarischen Romantik bezüglich des Fragments, etwa der sog. Ruinenpoesie, auf die theoretische Erörterung des Fragments für die romantische Schule, z.B. durch Friedrich Schlegel, und die "offene Form" vor allem der Romane der Frühromantik (Novalis "Heinrich von Ofterdingen," Arnims "Kronenwächter" oder Brentanos "Godwi") sei nur hingewiesen. Der Widerspruch allen romantischen Denkens: der zwischen Unendlichkeit und Konkretion, zwischen Utopie und Wirklichkeit wird im Fragment zum ästhetischen Programm: die Unendlichkeit des Stoffes könnte in konkreter, endlicher Ausgestaltung nur verengt dargestellt werden. Daher scheut romantische Formung exakten Beginn und exaktes Ende: die Form wird "entgrenzt." Dies leitet über zu unserem dritten Gesichtspunkt bei der Betrachtung der Takte 9 bis 12:

Zum Moment des Unabgegrenzten. Durch Harmonie (verminderter Septakkord) und Außerkraftsetzen des Tempos (Ritardando und Fermaten) fasern die Takte 10 und 12 gleichsam aus, verwischen sich hier die Grenzen der Form, die — wie wir gesehen hatten — in den ersten 8 Takten so sorgfältig eingehalten worden war. Das Stück "fließt" hier "über" in einen neuen Aggregatzustand, nämlich den des nachfolgenden Rezitativs. Diese fließenden Grenzen, die wir in den Takten 9 bis 12 repräsentiert sahen, sind auch im Beginn und Ende des Stückes ausgedrückt. Es fängt nicht mit der Tonika an, die, seit es tonale Musik gibt, für den Anfang die thetische Setzung bedeutet, sondern mit dem Akkord des Übergangs, der Bewegung und der Tendenz par excellence, der Dominante.[3] Schumann genügt dabei das Faktum "Dominante" allein noch nicht, er wählt deren trasitorischste Form, den "Sekundakkord," wobei dessen "kritische" Bestandteile, die Leittöne an die

3 Es dürfte eine Sensation bedeutet haben, daß Beethoven seine Erste Symphonie in der Haupttonart C-dur mit dem Dominantseptakkord von F-dur, c-e-g-b begonnen hat. Vom romantischen Brauch, die Dominante zum Anfang zu setzen, unterscheidet sich Beethovens Erste dadurch, daß es der Dreiklang der I. Stufe ist, dem die kleine Septime hinzugefügt ist und dadurch zur Dominante der Subdominante wird. Später begegnet der Brauch bei Beethoven öfter, ein Stück nicht tonikal beginnen zu lassen.

denkbar exponierten Stellen plaziert sind: Septime im Baß, Terz in der Oberstimme. Ein Stück, das solcherart anfängt, *hat* keinen bestimmten Anfang. Es ist, als ob die Musik gleichsam von irgendwo und irgendwann herkommt im Strome eines immerwährenden Bandes der Zeit und beliebig, eben mit dem Sekundakkord der Dominante, in die konkrete Zeit eintaucht. Ebenso ist das Ende. (Es sei erlaubt, vorgreifend die Takte 21 bis 25, die wir oben als "Coda" bezeichneten, in diesem Zusammenhang zu behandeln). Nachdem Takt 13 bis 20 den Beginn (Takt 1 bis 8) notengetreu wiederholt hat, ahmen die Takte 21 und 22 zunächst das nach, was wir weiter oben die "schlichte Kadenz" genannt hatten.

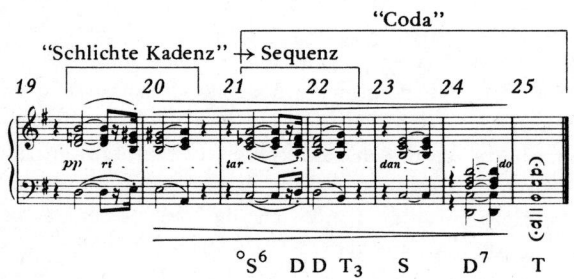

Die "Coda" besteht somit aus der Sequenz der "schlichten Kadenz" (Takt 21 und 22) dann der einfachen Subdominante (C-dur) Takt 23, dem Dominantseptakkord Takt 24

Wir würden nicht anstehen, dies — in zu diskutierenden Grenzen — als romantische Tendenz zu sehen. (Beispiele etwa: Klaviersonate op. 28: beginnt wie die Erste Symphonie mit der Dominante zur Subdominante; Klaviersonate Op. 31 Nr. 2 beginnt mit der Dominante, op. 31 Nr. 3 mit der Subdominante, op. 111 über dem verminderten Septakkord der Doppeldominante. Für die Streichquartette ließe sich dies in interessanter Weise fortsetzen.

und der Schlußtonika. An dieser Coda sind folgende Merkmale wesentlich: die Takte 21 und 22 kadenzieren, im Gegensatz zur "schlichten Kadenz" (Takte 19 und 20 als Reprise von Takt 7 und 8) zur Haupttonart aus, jedoch mit
der Mollsubdominante (in Takt 21: c-es-a als $^0S^6$) und in
Takt 22 nach der Tonika in der — wiederum vorläufigen —
Sextakkordform ($\frac{T}{3}$). Die Mollsubdominante imitiert einerseits das "Mollgeschehen" der Takte 19/20, relativiert aber
auch das "G-dur" der Haupttonart, wie es auch in der Sextakkordform der G-dur-Tonika des Taktes 22 zum Ausdruck
kommt. Mollsubdominante in Dur bedeutet immer auch
(durch die zusätzliche Leittoneinstellung, in unserem Fall
in Takt 21 statt e es und damit die Leittonbeziehung es-d,
die der subdominantischen Funktion gar nicht gemäß ist)
eine Art Grenzverwischung. Ist durch die Sequenzbildung
Takt 19/20 zu 21/22 noch eine motivische Strukturierung
aufrechterhalten, so ist eine solche Strukturierung zum Ende hin (Takt 23-25) bewußt aufgegeben: lediglich akkordisch, und von Takt 22 an auffällig — und im Notenbild
sichtbar — sinkend, "fällt" das Stück gleichsam in den unendlichen Strom der Zeit zurück, dessen Unmeßbarkeit
und Irrationalität durch das seit Takt 19 einsetzende Ritardando (bis zum Schluß), das seit Takt 20 einsetzende
Decrescendo und die lange Fermate im letzten Takt sich
manifestiert.

Bleibt über das Rezitativ in Takt 12 zu sprechen.

Rezitativ heißt Sprechgesang in Oper, Oratorium und Kantate. Seine Verwendung als "instrumentales Rezitativ" ist in gewisser Weise paradox insofern, als Gesangliches und Instrumentales seit der Ausbildung einer selbständigen Instrumentalmusik, also spätestens seit dem Barock, eine antipode Situation bildet. (Bachs Gesangspartien wurden von Zeitgenossen als zu "instrumental" gerügt, während Händel als ein Muster eines gesanglichen Komponisten, auch im instrumentalen Bereich, galt). Ist also ein Rezitativ einerseits ein besonders dem Gesang und der Sprache verpflichtetes Stück Musik (und damit als besonders sprachnahes, ein musikalisches Grenzgebiet), so ist andrerseits mit Erstaunen zu konstatieren, daß der instrumentale Bereich frühzeitig sich des Rezitativischen bemächtigte. In Bachs Chromatischer Phantasie und Fuge findet sich in der Phantasie Takt 49 ff. eine Partie, die das kantatenhafte Rezitativ, das Sprechen und Mitteilen instrumental nachahmt. Später kennen wir das instrumentale Rezitativ wieder bei Beethoven, besonders in seiner Klaviersonate op. 31 Nr. 2 (etwa ab Takt 144 "con espressione e semplice" und sinngemäß Takt 155 ff.), in seiner Klaviersonate op. 110, 3. Satz ("Adagio ma non troppo") Takt 4 ff. ("Recitativo più adagio"), wobei besonders das folgende "arioso dolente" als "sprechender Instrumentalgesang" bemerkenswert ist, und schließlich, besonders ausgedehnt und dem Sinn des Werkes entsprechend in der Neunten Symphonie im vierten Satz.

Fragt man sich, welche Anziehung das Rezitativ als eine besonders typische Ausprägung des Musiksprachlichen auf den instrumentalen Bereich auszuüben in der Lage war, so wird man sehr bald auf einen spezifischen Aspekt der bürgerlichen Musik stoßen. Die bürgerliche Musik des 18. Jahrhunderts bediente sich der beiden durchaus antagonisti-

schen Kräfte in der Musik — des Gesanglichen sowohl wie
des Instrumentalen — wie jede aufstrebende gesellschaftliche Kraft, nämlich ohne viel nach dem immanenten Widerspruch zu fragen. Denn beides: Rezitativ wie selbständige Instrumentalmusik konnten als von der feudal-absolutistischen höfischen Kultur okkupiert gelten. Das Gesangliche und Sprachmäßige in der Musik für das das Rezitativ
einsteht, galt dem Bürgertum nun für ein humanitäres, anti-
höfisches Moment in der Musik. Trotz der feudalen Herkunft des "Sprechgesangs" in Oper und Kirche funktionier-
te die bürgerliche Musik den "sprechenden Gesang" zu ihrer Sache um: einmal, indem sie die ursprünglich höfischen
Formen des Musiktheaters ergriff und in der bürgerlichen
Oper, vor allem aber im bürgerlichen Oratorium und in der
bürgerlichen protestantischen Kirchenmusik: in Kantate
und Passion, für sich verwendete; zum andern aber, weil
die bürgerliche Musik das Gesangliche selber in die Instrumentalmusik hineinnahm. In der sog. "Vorklassik" bei Carl
Philipp Emanuel und vor allem bei Johann Christian Bach,
bei den "Mannheimern," am Vorabend also der bürgerlichen Machtergreifung durch die Französische Revolution,
ist das Kantable und Liedhafte zum Instrumentalen kein
Gegensatz mehr. Die frühbürgerliche Musikästhetik kennt
den Begriff des "singenden Allegro." Bereits hier hatte
sich die bürgerliche Musik die Instrumentalmusik, die aus
den rationalistischen Tendenzen des feudal-absolutistischen
17. Jahrhunderts erwachsen war, als ihre eigene Domäne er-
obert, und zwar so unbedingt, daß der Apologet der bürgerlichen Musik auf ihrem ersten großen Gipfelpunkt,
E.T.A. Hoffmann 1812 schreiben konnte: "Sollte, wenn
von der Musik als einer selbständigen Kunst die Rede ist,
nicht immer nur die Instrumental=Musik gemeint seyn, welche jede Hülfe, jede Beimischung einer andern Kunst (der

Poesie) verschmähend, das eigenthümliche, nur in ihr zu erkennende Wesen dieser Kunst rein ausspricht?"[4]

Und wenn Hoffmann fortfährt: "Sie (die Instrumentalmusik) ist die romantischste aller Künste, beinahe möchte man sagen, allein ächt romantisch, denn nur das Unendliche ist ihr Vorwurf," so führt uns dies direkt zu Schumanns Rezitativ in "Der Dichter spricht" zurück. Denn an diesem Rezitativ wird die *mehrschichtige Vermitteltheit romantischer Weltanschauung* evident, die nur in der dialektischen Bewegung von Widersprüchen zu fassen ist. Denn dieses Rezitativ

bedeutet "sprechen" ("Der Dichter spricht"), jedoch ohne Sprache;

bedeutet "singen", jedoch auf dem Klavier;

bedeutet innerhalb des ganzen Stückes ein Territorium des Ungebundenen, der musikalischen Freiheit, des "ad libitum", und ist doch — wie zu zeigen sein wird — außerordentlich strikt gefügt;

bedeutet die Stelle innerhalb des Stückes, an der der in der Überschrift apostrophierte "Dichter" "spricht", d.h. wo sich demnach die Musik zu einer bestimmten — ihr möglichen — Konkretion aufschwingt, und dennoch ist diese Stelle zugleich "Ausdruck der Unendlichkeit" im Hoffmanschen Sinne. Denn auch sie hat nicht Anfang und Ende.

Weisen wir zunächst die satztechnische Fügung des Rezitativs inbezug auf den Gesamtzusammenhang nach, von deren assoziativem Beziehungsreichtum man nur sagen kann, daß sie auch den Anforderungen einer altmeisterli-

---

4 E.T.A. Hoffmann, Fantasiestücke in Callot's Manier. 2. Aufl. Bamberg: Kunz 1819. Darin: III. Kreisleriana, 4. Beethovens Instrumental=Musik, S. 65.

chen Handwerksideologie in der Musik nichts schuldig bleibt. Das Anfangsmotiv und der nachfolgende Rhythmus ist sicherlich dem "sprechenden" Doppelschlagsmotiv aus Takt 3 und 4 entnommen.

der Sextaufschwung a-fis der Mittelstimme von Takt 6:

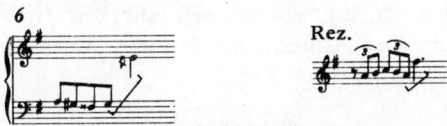

Daß das Anfangsmotiv der Doppelschlagfiguration entnommen ist, zeigt seine Sequenzierung, in der der typische "Quintolen-Doppelschlag" ausgeschrieben ist:

An der Stelle, an der das Rezitativ — paradox in sich — dreistimmig wird, imitiert die Mittelstimme das Anfangsmotiv exakt eine Quarte tiefer:

was einen wohl nicht mit Unrecht an die Fugenbeantwortung erinnert. Die an dieser Stelle dazugesetzte dritte Stimme: ais h cis, ist nach Rhythmus und Intervall, die exakte Umkehrung des Motivs von Takt 2 und 3:

133

Rez

Was die Anfangs- und Endlosigkeit des Rezitativs betrifft, so wirkt die auf dem zweiten Triolenachtel erst begonnene Anfangsfigur ♪ ♪♪ wie irgendwo und -wann zufällig begonnen, zumal sie mit dem a beginnt, das noch vom Anfang des Taktes 12 von Ritardando und Fermate her noch liegengeblieben ist, d.h. als die metrische Zeit "schon außer Kraft war". Der Schluß, der den zu erwartenden Sextsprung:

zu einer Dezime weitet:

läßt gleichsam von "ganz hoch oben" die Doppeldeutigkeit des verminderten Septakkordes die nicht endensollende Struktur dieses Zwischenteils repräsentieren, als würden sie irgendwo fallen und verschwinden. (So erscheint es bei manchen Interpretationen — z.B. der Alfred Cortots — störend, wenn nach dem Doppelstrich gleich attacca der dritte Teil angeschlossen wird. Es scheint doch so, als müsse das Rezitativ erst "verschwinden," ehe mit dem a tempo des Taktes 13 wieder begonnen werden kann). Wenn wir eben von der Doppeldeutigkeit des verminderten Septakkordes am Ende des Rezitativs sprachen, so ist zu beobachten, wie Schumanns empfindliches Gefühl für die Bedeutung der Harmonik das "ais" unter der drittletzten Triole in "b" in der letzten Triole verwandelt. Denn im Zusammenhang der dreistimmigen Stelle des Rezitativs die in h-moll/H-dur zu denken ist, muß in der Tat der dominantische Akkord (fis)-*ais*-cis-e-g heißen, während er in den letzten beiden Triolen, die den D-dur-Akkord der ersten Zählzeit des Taktes 13 vorbereiten, (a)-cis-e-g-*b* heißen muß.

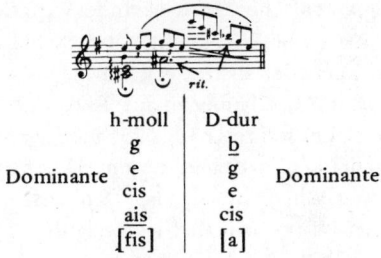

	h-moll	D-dur	
	g	b	
Dominante	e	g	Dominante
	cis	e	
	ais	cis	
	[fis]	[a]	

Die Zwielichtigkeit dieses, von Schönberg zu den "vagierenden Akkorden"[5] gerechneten Akkordes wird so zum Symbol romantisch harmonischer Endlosigkeit.

Der dritte Teil ist nun weder mit der Kennzeichnung "Wiederholung" (nämlich der ersten acht Takte) noch mit "Reprise" (was an die Sonatenform erinnert) angemessen umschrieben. Im Begriff der Reprise steckt die Aktivität der sonatenhaft motivisch thematischen "Arbeit", das Hindurchgegangensein, das Neuerstandene des ursprünglich Gesetzten in einem nun höheren Sinne.

Von all dem kann hier aber keine Rede sein. Eher davon, daß der Takt 13 das Immergleiche, mit dem schon der Takt 1 "irgendwo" begonnen hat (es war ja kein Beginn im tonikalen Sinne), wieder aufnimmt, es fortsetzt und in die Unendlichkeit gleiten läßt. Der dritte Teil ist nicht "Synthese" im Sinne der Sonatenform, sondern er ist *Eingedenken*.

Eingedenken, Erinnerung (was bei Liszt, internationaler als bei Schumann, weltschmerzlich elegant "La Ricordanza" heißt) ist der bezeichnendste Gestus, den romantische Musik ausgebildet hat. Bereits die "figurierte Paraphrase" der Takte 9 bis 12 sind Eingedenken dessen, was am Anfang stand. Es ist dies nicht die weitertreibende Beethovensche Wiederholung, nicht die "entwickelnde Variation" (Schönberg), sondern wehmütig verwehtes, bruchstückhaftes Sich-Erinnern. So auch der dritte Teil inbezug auf den ersten, die Kadenz Takt 21/22 inbezug auf Takt 19/20, so eigentlich auch die Schlußtakte (23 bis 25) inbezug auf das ganze Stück. "Eingedenken" ist eines der unverkennbarsten Kennzeichen romantischen Schaffens, Denkens und Fühlens überhaupt: hier ist es musikalisches Ereignis.

Bleibt noch, auf die Überschrift einzugehen. Die Tatsache einer poetisierenden Überschrift allein zeugt schon für eine Grenzverwischung der Künste, die für die Romantik typisch ist. Daß in der Überschrift gesagt wird, daß einer "spricht", was dichterisch synonym für "singt" stehen könnte, da es sich um Musik handelt, nun aber ein *Instrumental*stück folgt, das vom *Reden* handelt, zeigt jene Grenzverwischung deutlich.

Zudem bleibt der Sinn der Überschrift mehrdeutig. Da das Stück den Zyklus beschließt, der ja "Kinderszenen" heißt, könnte der Sinn von "Der Dichter spricht" sein, daß nun ein Erwachsener, eben "der Dichter" den Kindern etwas erzählt, etwas Geheimnisvolles, von Märchen, oder Sagen, oder etwas "zur Nacht" (was ja alles zum Arsenal der romantischen Motivik zählt). Man denke etwa an den dänischen, zwischen Romantik und Biedermeier stehenden Dichter Hans Christian Andersen, der zu den Bekannten Schumanns zählte, mit dem er in Briefwechsel stand, und

dem er die Lieder op. 40 (nach Andersens Texten) widmete. Von Andersen war bekannt, daß er sich gern in der Attitüde des Märchenerzählers sah, der einen Kreis von Kindern
um sich versammelte.

Aber eine andere Deutung wäre ebenso zulässig. Auch
andere Überschriften der "Kinderszenen" weisen auf Tätig-
keiten oder schauspielerische Aktionen von Kindern hin:
"Ritter vom Steckenpferd," "Fürchtenmachen," "Hasche-
mann" usw. "Der Dichter spricht" könnte daher eine zwei-
fach vermittelte "Szene" sein: ein Kind *spielt* den Dichter.
Damit käme etwas Doppelbödiges in den Sinn dieser Überschrift, der als romantische Ironie öfter in der Literatur
handfest wird, z.B. bie Tieck ("Der gestiefelte Kater":
Schauspieler spielen Publikum, Theater auf dem Theater)
bei Brentano ("Godwi": der Verfasser des Romans stirbt im
Laufe der Handlung) oder E.T.A. Hoffmann ("Kater Murr":
der Roman ist eine "versehentliche" Kontamination von einer ergötzlichen Kater-Biographie und einer tragischen Mu-
sikergeschichte, die Geschichte des Kapellmeisters Kreisler,
eine Figur, die Schumann sehr nahe stand).

Nur hat der Doppelsinn des Kindes als Dichter bei
Schumann nichts Ironisches, verkörpert über gleichwohl
ein zentrales romantisches Motiv: das Motiv der Kindheit.
Romantische Sehnsucht nach Rückwärtsgewandtheit und
Frühe tut sich außer im Vertiefen in Historie und Vorzeit,
als der Frühzeit des eigenen Volkes, auch auf der Suche nach
der Frühzeit des Individuum kund: Kindheit wird ein neuer, glorifizierter Wert an sich, das Kind nicht mehr der kleine, noch unfertige Erwachsene, sondern umgekehrt: das
Kind als das wahre, das Urbild des Menschen. "Das Lied
aus der Kindheit" etwa ist ein psychologisches Schlüsselmo-
tiv bei Eichendorff.

Authentischer und zugleich konzentrierter ist romantische Weltanschauung, ihre Motivik, ihre Problematik kaum
in Musik gesetzt worden als in den wenigen Takten dieses
Stückes.

3. Aus der Frühzeit
des musikalischen Warencharakters

Zum Prélude op. 32 Nr. 1 von Sergei Rachmaninov

Die Kritik der Warenästhetik,[1] die Diagnose des Warencharakters an der Massenkultur, an den Produkten der Kulturindustrie des 20. Jahrhunderts dürfte geradezu eine Pflichtübung kunstsoziologischer Betrachtung heute geworden sein, ja manchmal könnte man den Eindruck gewinnen, als sei für manche Autoren Musiksoziologie und musikalische Warenanalyse geradezu identisch gewesen.

Demgegenüber ist es auffällig, daß die Benennung dessen, was denn "die Ware" in der Kunst, vor allem in der Musik, ausmache, im Einzelnen, d.h. am Detail, immer noch recht spärlich ausfällt.[2] Indem wir unter dem etwas großspurigen Titel "Das musikalische Werk und die Gesellschaft" angetreten sind, hätten wir andrerseits auch die Verpflichtung, den Begriff des Warencharakters am Werk *durch eine detaillierte Analyse* auch wirklich einzulösen.

1 Vgl. z.B. Haug, Wolfgang F., Zur Kritik der Warenästhetik. In: Kursbuch 20, 1970.
Warenästhetik. Beiträge zur Diskussion, Weiterentwicklung und Vermittlung ihrer Kritik. Hrsg. v. W.F. Haug. Frankfurt: Suhrkamp 1975 (= e.s. 657).
2 Eine ausgesprochene musikalische Warenanalyse, die sich auch im Titel so nennt, dürfte Adornos Aufsatz sein:
Adorno, Th.W.: Musikalische Warenanalysen. In: Quasi una Fantasia. Musikalische Schriften II. Frankfurt: Suhrkamp 1963, S. 58 ff.

Zuvor müßte jedoch von dem die Rede sein, was den Charakter einer Ware *nun speziell am Musikwerk* ausmacht.

Vorweg müßte da gleich dem Vorurteil vorgebeugt werden, daß der Warencharakter in der Musik vordergründig sich auf Verkäuflichkeit oder Anpassungsmerkmale beschränkt, die z.B. heute den sog. Schlager, den "Hit" etc. ausmachen. Verkäuflichkeit und Anpassung sind sicher eine Folge des musikalischen Warencharakters, treffen aber nicht sein Wesen.

Das Wesentliche muß vielmehr in der *Übertragung ursprünglich ökonomischer Begriffe auf den ästhetischen Bereich gesehen werden.*

Der Begriff der Ware im umfassenden Sinn, der "Fetischcharakter der Ware," der "Warenfetischismus": dies alles sind Begriffe, die Karl Marx als zentrale Kategorien seinen politisch-ökonomischen Untersuchungen des Kapitalismus zugrundegelegt hat.

Marx sah in der Ware "auf den ersten Blick ein selbstverständliches, triviales Ding. Ihre Analyse ergibt, daß sie ein sehr vertracktes Ding ist, voll metaphysischer Spitzfindigkeit und theologischer Mucken."[3]

"Das Geheimnisvolle der Warenform besteht also einfach darin, daß sie den Menschen die gesellschaftlichen Charaktere ihrer eigenen Arbeit als gegenständliche Charaktere der Arbeitsprodukte selbst, als gesellschaftliche Natureigenschaften dieser Dinge zurückspiegelt, daher auch das gesellschaftliche der Produzenten zur Gesamtarbeit als ein außer ihnen existierendes gesellschaftliches Verhältnis von Gegenständen. Durch dies Quidproquo werden die Arbeitsprodukte Waren, sinnlich übersinnliche oder gesellschaftliche Dinge...

3 MEW (Marx-Engels—Werke Berlin DDR: Dietz 1972) Bd. 23,S. 85.

"...die Warenform und das Wertverhältnis der Arbeitsprodukte, worin sie sich darstellt, (hat) mit ihrer physischen Natur und den daraus entspringenden dinglichen Beziehungen absolut nichts zu schaffen. Es ist nur das bestimmte gesellschaftliche Verhältnis der Menschen selbst, welches hier für sie die phantasmagorische Form eines Verhältnisses von Dingen annimmt. Um daher eine Analogie zu finden, müssen wir in die Nebelregion der religiösen Welt flüchten. Hier scheinen die Produkte des menschlichen Kopfes mit eignem Leben begabte, untereinander und mit den Menschen in Verhältnis stehende selbständige Gestalten. So in der Warenwelt die Produkte der menschlichen Hand. Dies nenne ich den Fetischismus, der den Arbeitsprodukten anklebt, sobald sie als Waren produziert werden, und der daher von der Warenproduktion unzertrennlich ist."[4]

Hatte Marx diese differenzierte Analyse vor allem für den politisch-ökonomischen Bereich gemeint, und hielt er dessen Übertragung auf Ästhetisches zunächst für unnötig oder unmöglich, so haben diese Arbeit der Übertragung auf den Bereich Ästhetischen vor allem Walter Benjamin und Theodor W. Adorno geleistet.

Während für Marx also der Fetischcharakter der Ware ein notwendiges Merkmal einer bestimmten Form der Vergesellschaftung von Menschen, die wiederum in der Form der gesellschaftlichen Arbeit besteht, sich manifestiert, folgt Adorno bei der Konkretion auf das Kunstwerk im wesentlichen dieser Überlegung. Was Marx den "gegenständlichen Schein der gesellschaftlichen Arbeitsbestimmungen" nennt,[5] ist in Adornos Analyse für die Musik der "Schein der Unmittelbarkeit". Für die Veränderungen, denen die mu-

4 MEW 23, S. 86–87 oben.
5 z.B. MEW 23, S. 97 u.a.

sikalischen Werke durch die Waren-Fetischisierung unterliegen, nennt Adorno zwei Merkmale: *Depravation* und *Magisierung.*

"Die Werke, die der Fetischisierung unterliegen und zu Kulturgütern werden, erfahren dadurch konstitutive Veränderungen. *Sie werden depraviert.* Der beziehungslose Konsum läßt sie zerfallen... Die Verdinglichung ergreift ihre inwendige Struktur. Sie verwandeln sich in ein Konglomerat von Einfällen, die durch die Mittel von Steigerung und Wiederholung den Hörern eingeprägt werden, ohne daß die Organisation des Ganzen über diese das mindeste vermöchte. Der Erinnerungswert der dissoziierten Teile, wie er sich den Steigerungen und Wiederholungen verdankt, besitzt in der großen Musik selber seine Vorform an spätromantischen Kompositionstechniken, zumal der Wagnerschen. Je verdinglichter die Musik, umso romantischer klingt sie den entfremdeten Ohren. Gerade damit wird sie zum 'Eigentum'. Eine Beethovensche Symphonie als ganze, spontan mitvollzogen, ließe nie sich aneignen. ..Indem aber der Zerfall der Fetische diese selber gefährdet und virtuell den Schlagern annähert, produziert er eine Gegentendenz, um ihren Fetischcharakter zu bewahren. Zehrt die Romantisierung des Einzelnen am Körper des Ganzen, dann wird der gefährdete galvanisch verkupfert. Die Steigerung, welche eben die verdinglichten Teile unterstreicht, nimmt den *Charakter eines magischen Rituals* an, in dem all die Mysterien von Persönlichkeit, Innerlichkeit, Beseelung und Spontaneität vom Reproduzierenden beschworen werden, welche aus dem Werk selber entwichen sind. Gerade weil das zerfallende Werk der Momente seiner Spontaneität sich begibt, werden diese, stereotyp so gut wie die Einfälle, von außen ihnen injiziert...

Depravation und Magisierung, feindliche Geschwister, hausen gemeinsam in den Arrangements, die über weite Bezirke der Musik angesiedelt sind."[6]

Zielen diese Passagen Adornos vor allem auf die Wiedergabe bekannter, "klassischer," Werke ab, also auf die Reproduktion, so treffen sie ebenso auf die musikalische Produktion selber zu. Adorno wies ja nicht nur den Produkten der Kulturindustrie den Warencharakter nach, sondern auch deren Vorläufern bis tief ins 19. Jahrhundert zurück.

In der Tat treffen die Aspekte des Warenfetischismus, die Adorno hier konzentriert zusammengestellt hat, mit verblüffender Genauigkeit auf ein Stück zu, dessen Analyse wir uns unter dem Titel "Musik als Ware" vorgenommen haben: Rachmaninovs Prélude op. 32 Nr. 1 C-dur.

An ihm hätten wir im Detail nachzuweisen, was Depravation und was Magisierung musikalisch bedeuten kann, wie die Verdinglichung die innere Struktur ergreift und sie zerfallen läßt in beliebig austauschbare Einzelteile, wie aber andrerseits der Schein des Ganzen und Intakten, der Schein von Unmittelbarkeit und Spontaneität aufrechterhalten wird, und wie schließlich das Ganze von außen eine neue, falsche Weihe bekommt.

Obwohl sich das Stück in einer fast ununterbrochen durchlaufenden Bewegung in Triolen darstellt, ist doch die Dreiteiligkeit der Form (A-B-A') deutlich herausgearbeitet. Hörbar und sichtbar setzt sich der Mittelteil (B) (Takte 17 mit Auftakt bis 25 auf 1) durch die höhere Lage und die Verwendung von Kompositionspartikel anderer Struktur vom ersten (A) und dritten Teil (C) ab. Die Großteile A, B und A' sind wiederum in Kleinteile zerlegbar, die zugleich

6 Adorno, Th.W.: Dissonanzen. Musik in der verwalteten Welt. Göttingen: Vandenhoeck & Ruprecht 1956, S. 22 bis 23 oben.

den in den Großteilen vorkommenden Phrasen entsprechen.
Es sind dies

> in Teil A: a a b a' a' b';
> in Teil B: c d e;
> und in Teil A': a a" a''' "Finale" und "Coda."

Bei näherer Betrachtung der Kleinteile zeigt sich, daß diese permanent wenn nicht mit einer C-dur-Kadenz, so doch in C-dur enden (einzige Ausnahme ist Teil d, der auf a-moll endet). So endet in C-dur Takt 2 auf 3, Takt 4 auf 3, der ganze Takt 8; Takt 10 auf 3; Takt 12 auf 3; Takt 16 auf 3; Takt 19 auf 1; Takt 21 (das ist die oben erwähnte Ausnahme des Teils d) auf 1 in a-moll; dann aber wieder C-dur Takt 25 auf 1; Takt 27 auf 3; Takt 29 auf 3; Takt 33 auf 1; Takt 35 auf 1; Takt 37 auf 1; und schließlich selbstverständlich der Schluß Takt 41.

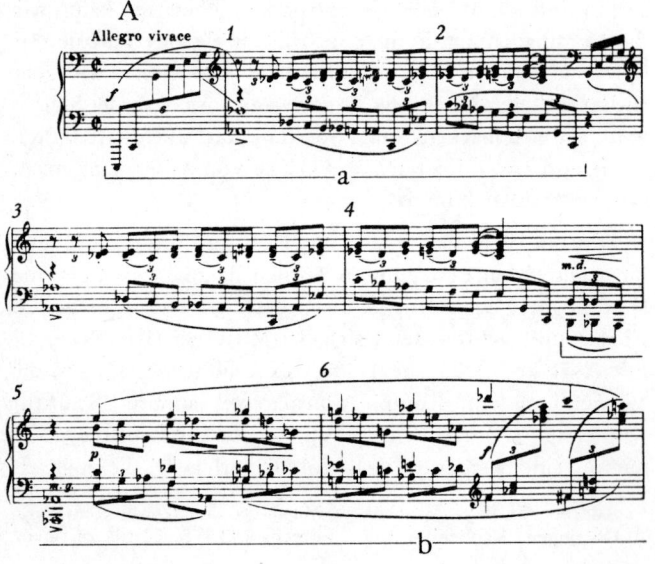

Schauen wir uns a und seine Varianten an. Die Phrase a besteht aus einer Dreiklangsbrechung des C-dur-Dreiklangs mit darüber gesetzter kleiner Sext und einem durchchromatisierten Gang. Dieser mündet sogleich wieder in C-dur. Seine Chromatik ist einer näheren Betrachtung wert. Sie ist nämlich nicht eine Chromatik, die aus einer gehäuften Leittonanwendung resultiert, wie sie in der Harmonik Liszts[7] und Wagners vorkommt, wo die Leittontechnik "neue Dominanten" schafft und somit neue Beziehungen von Akkord zu Akkord darstellt ("unendliche Harmonie"), sondern der chromatisierte Gang ist nur ein durchschiebender Trübungsprozeß der reinen Harmonie C-dur "mit schwarzen Tasten", um dadurch umso einleuchtender wieder zum anfangs gesetzten C-dur sich abklären zu können:

7 Als Beispiele unter vielen mögen hier dienen: Liszt, Sonate h-moll, Peters-Ausgabe Klavierwerke Band VI, S. 303, nach dem zweiten "Recitativo." Oder Liszt, Sonetto 123 del Petrarca, Peters-Ausgabe Klavierwerke Band VI, S. 225, Takte 35–38.

Dieses a nun wiederholt sich wörtlich (Takt 3 und 4) und ruft dadurch schon hier den Eindruck des Tautologischen hervor: zuerst meint man, es geschähe etwas, es ginge weiter, aber dann bleibt doch alles wie beim ersten Mal. Das Insistierende der rhythmischen Repetition versteckt diesen Eindruck des "Auf-der-Stelle-Tretens", den Eindruck einer "Entwicklung", die nicht vom Fleck kommt, einer Bewegung von C-dur nach C-dur.

Bereits der Vergleich aller a-Varianten zeigt eine wesentliche Verfahrensweise dieser Komposition: nämlich *mit Versatzstücken* zu arbeiten.

Brachte a über der Dreiklangsbrechung die kleine Sext as, so erscheint in a' der Vorhalt b vor as. Diese Variante ermöglicht wiederum a", den chromatischen Gang auch von b aus anzusetzen.

Bei der Betrachtung von b und b' wird die Arbeitsweise mit Versatzstücken noch klarer. Zunächst werden diese Teile mit einer Unisono-Triole eingeleitet, die ein nicht zu überhörendes Signal darstellt dafür, daß nun etwas vom Vorhergehenden Verschiedenes eintritt:

Auf diese Unisono-Triole folgt bei b und b' eine Folge von gerückten Sext- und Quartsextakkorden, wobei je durch Vorhalt und Vorausnahme das Ohr beschäftigende Dissonanzen entstehen, die aber nur verschleiern helfen, wie unverbindlich in der Faktur diese Stelle gemacht ist:

Es zeigt sich, daß vom Verlauf des Stückes und dieser Stelle her beurteilt es ganz gleichgültig wäre, wieviele Akkorde nun stufenweise an den Kadenzbeginn von C-dur herangeschoben werden. Bei b' nämlich setzt die ganze Folge einfach einen Ganzton höher an und mündet trotzdem in die C-dur Kadenz. Die Ersatzteile lassen sich so — je nach Bedarf — beliebig einsetzen:

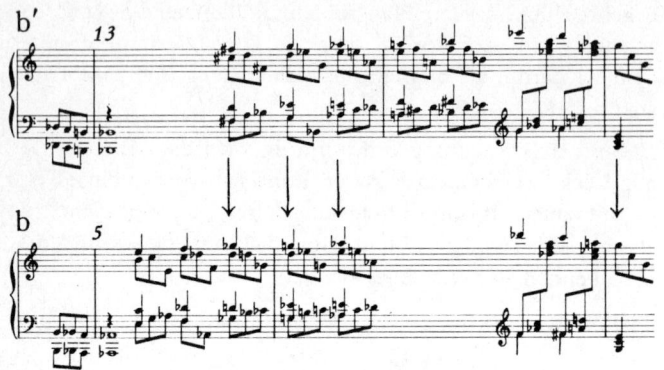

Zwei Merkmale dessen, was wir in der Anfangserörterung über den Warencharakter in der Musik festgestellt hatten, sind hier musikalisch konkret geworden: einmal die "Dissoziation", die Verfügbarkeit von Teilmomenten, die nicht mehr ihre Legitimation durch das Ganze, durch den Zusammenhang erhalten, sondern die austauschbar sind. Adornos Kennzeichnung "Kongomerat von Einfällen, die durch die Mittel der Steigerung und Wiederholung den Hörern eingeprägt werden, ohne daß die Organisation des Ganzen über diese das mindeste vermöchte", wird hier musikalische Wirklichkeit. Zum andern aber entlarvt sich der Schein der Unmittelbarkeit, der unabdingbar zum Warencharakter gehört, der dem Stück mit dem Gestus des Spontanen, Eruptiven, wie improvisierten Präludierens aufgeprägt ist, als pure Manipulation.

Die Musik ist in der Tat entfremdet, dissoziiert. Sie zerfällt in lauter Einzelteile, die durch Übergangs-Versatzstücke aneinandergeklebt sind.

Musikalischer Zusammenhang hieß dereinst – z.B. bei Beethoven – nicht einfach Ähnlichkeit oder Nicht-Ähnlichkeit einander zugeordneter Teile, sondern Beziehung aller Teile zum Ganzen und umgekehrt die sinnstiftende Zuweisung, die das Ganze vornahm, um jedem Teil seinen Platz zu sichern. Erst die Dialektik von Totalität und Detail machte den zwingend logischen Sinn, aber auch den menschlich sprechenden Ausdruck der Musik der Wiener Klassik aus.

Mit dem Verlust dieser Dialektik, die zugleich der Verlust der historischen Dimension ist, mit dem alles und jedes überziehenden Warencharakter, muß ein anderes einsetzen, um dieses Verlustes nicht innezuwerden. Das, was Adorno als galvanische Verkupferung ansprach: die Gegentendenz gegen das Zerfallen in dissoziierte Einzelteile als magisches Ritual, als verdinglichende Beschwörung des Ganzen, des Zusammenhaltens, wo es nichts zum zusammenhalten gibt: auch dies ist an Rachmaninovs Prélude nachzuweisen: als Verfremdung und Weihe.

Die interessante Neuheit, der Verfremdungseffekt muß sich mit dem Allzu-Bekannten die Waage halten, wenn der Schein der Ganzheit bewahrt werden soll. Der Teil c im Großteil B z.B. wechselt mit verblüffender Schnelligkeit die Tonalität (mit den unteren und oberen Terzverwandten von C-dur: As-dur und E-dur), um sich ebenso schnell wieder in C-dur einzufinden:

As-dur   E-dur C: °S   D T

Auch die durch chromatische Gegenläufigkeit erreichte aparte Harmonik übermäßiger Dreiklänge in Teil d geht kein Risiko ein, landet sie doch zielsicher in a-moll, dem nächsten Verwandten von C-dur:

In eben diesem Sinne leichter Verfremdung bringt der Vorhaltsakkord in Takt 23 vor dem Neapolitaner im Teil e mit seiner verzögerten Auflösung ein Hauch von slawischer Tristesse in diese Takte, die aber dann wiederum in eine breit angelegte C-dur-Kadenz münden:

Die Kurzzügigkeit der Motivik und das ständige Einlenken auf die Grundtonart C-dur bilden gleichsam Orientierungsmarken, die das Zurechtfinden des Hörers im zwar aufwendig aufgemachten, im kompositorischen Prinzip jedoch absichtlich einfachen Stück nach Art eines musikalischen Baukastensystems erleichtern soll.

Dissoziation aber bemächtigt sich nicht nur des Materials, sondern auch der Zeit, die von der Musik bewältigt werden soll. In Rachmaninovs Musik scheint die Zeit außer Kraft gesetzt, weil sie nicht mehr vollzogen ist: so ist die Musik denn immer zu lang und dennoch nicht lang genug, zu lang, weil ihre Dauer nicht zwingend bemessen; nicht lang genug, weil Zeit nicht kompositorisch bewältigt, im musikalischen Sinne nicht richtig vergangen ist. In unserem

Stück ist die Triolenbewegung der Kitt zwischen den auseinanderfallenden Teilen.

In den von uns mit "Coda" bezeichneten Takten setzt sich Magie und Ritual dieser Musik besonders durch:

In dieser Schlußkadenz mischt sich das Archaisierende mit dem Neuen in einer zwielichtigen Weise. Archaisierend ist das Ansetzen auf der — der Tonalität nicht mehr ganz integrierbaren — III. Stufe, jeweils mit der VI. Stufe als "Zwischengeläut", "neu" sind die Errungenschaften, die vom Impressionismus den direkten Weg in die Unterhaltungsmusik fanden: Nonakkord der Doppeldominante, Septakkord auf der erniedrigten II. Stufe (uneindeutig zwischen neapolitanisch-subdominantischer und alteriert dominantischer Wirkung verharrend). Schließlich stellt der Dominantseptakkord in Takt 40 auf 1 mit seiner chopinhaft unaufgelösten Vorhaltssexte den C-dur-Schluß eindeutig und endgültig wieder her. Das Donkosaken-Chorhafte, quasi Religiöse des Schlusses mit seiner Glockenwirkung signalisiert so etwas wie Versöhnung nach dem aufbäumenden Gestus des Stückes.

Aber so sehr dieses Aufbäumen äußerlich bleibt, Manipulation ist, so wenig ist auch Versöhnung vonnöten. Das fatalistisch Ergebene dieser Stelle oder der bei e (Takte 21

bis 25), wo rudimentäre melodische Ansätze in der Oberstimme gleichsam ein Bedauern bekunden, rührt daher, daß
das Subjekt, statt vermittelnd und vermittelt in den Prozeß
der Musik einzutreten, hinter dem vordergründigen und
übermächtigen Mechanismus längst dispensiert ist. Wenn
auch die heranrollenden Klaviertonmassen:

den Gestus auftrumpfenden, schicksalhaften Zuschlagens
an sich tragen — es ist Theaterdonner, und der Zuhörer
kann sich beruhigt mit der Aggression von Musik und Interpreten identifizieren.

Selbstverständlich macht die Ritualisierung der musikalischen Warenwelt nicht vor der Musik halt, sie bezieht auch
den Interpreten ein und gibt sich bei Rachmaninov in der
unzeitgemäß-zeitgemäßen, (Adorno nannte das:) "falsch
auferstandenen" Personalunion von Komponist und Interpret zu erkennen. War es etwa bis zur Wiener Klassik in gewissem Sinne eine Selbstverständlichkeit, daß der Komponist auch sein eigener Interpret war, so machte die fortschreitende Arbeitsteilung, die die Ökonomie der bürgerlichen Gesellschaft verlangte, sich auch auf dem Gebiet der
Musik und des Musiklebens bemerkbar. Spezialisierung: d.h.
der immer differenzierter werdende Kompositionsprozeß
auf der einen, und die immer höher werdenden Anforderungen an die Reproduktion (Interpretation, Virtuosität) auf
der anderen Seite trieben den Beruf des Komponisten und
den des Interpreten arbeitsteilig auseinander. Dennoch wurde die Einheit Komponist/Interpret im 19. Jahrhundert

nocheinmal beschworen: vor allem von Liszt, der sich als Interpret mit einer gewissen Heilsbringergeste betraute. Solche romantische Irrationalität ist bei Rachmaninov nicht mehr vonnöten: als Pianist hielt er an seinen eigenen Stücken das *Monopol;* ihr Duktus ist zugleich die eigene Reklame für ihre Schwierigkeit, ihre Attitüde ist autoritär: Musik für Riesenflügel und Säle von Sportveranstaltungsgröße, eben für jene Verhältnisse, vor allem in USA, für die sie Rachmaninov in seinen Tourneen als Komponist-Pianist vorgesehen hatte.

Rachmaninovs Musik dürfte prototypisch dafür genommen werden, wie sich Musik seit der zweiten Hälfte des 19. Jahrhunderts unter gesellschaftlichen Verhältnissen entwickelt hat, die alles und jedes bedingungslos den Aspekten von Tausch und Ware unterwerfen. Eine solche Musik — und welche wäre es nicht? — ist in einem Dilemma: ernste Musik, die das reflektieren wollte, würde sich kaum verständlich machen können, und "verständliche" Musik, die deshalb verständlich ist, weil sie dies *nicht* reflektiert, ist nicht mehr ernst. Bei Hegel heißt es, Kunst sei eine Entfaltung von Wahrheit.[8] Man kann es auch umdrehen: Kunst kann nicht umhin, den Wahrheitsgehalt ihres gesellschaftlichen Zusammenhangs — auf ihre Weise — aufzudecken.

8 Hegel, G.W.F.: Vorlesungen über die Ästhetik. Hrsg. v. H. Glockner. Stuttgart 3. Aufl. 1954, Bd. 3 S. 580.

Dritter Teil
Studien

Vorbemerkung

Die "Studien" stellen auf den ersten Blick relativ selbständige Aufsätze dar. Dies hat insofern seine Berechtigung, als sie eine Art Nutzanwendung des in den beiden ersten Teilen Gesagten zu ziehen versuchen.

Auf den zweiten Blick stellen sie dann doch einen Zusammenhang untereinander her.

Den Auftakt macht "Über das Erklären von Musik", dessen Thema in gewisser Weise die Thematik des ganzen Buches ist. Es folgen Entwicklungsgeschichten, "Biographien", deren entwickelnde Bewegung immer im Blickfeld der Gesellschaft gehalten ist, die sie hervorgebracht hat:

die Biographie eines Werdegangs zwischen zwei gesellschaftlichen Formationen (Haydns Weg zum bürgerlichen Realismus); die Biographie eines — für die Musik relevanten — kulturgeschichtlichen Motivs (Das Prometheus-Motiv in der Musik); die Biographie zweier musikalischer Werke (Anmerkungen zu Beethovens Neunter; Zum deutschen Requiem von Johannes Brahms); und die Biographie des Niedergangs eines musikalischen Standards (Trivialmusik).

Ihre Selbständigkeit bedingt, daß sich in den Aufsätzen gelegentlich ein Gedanke wiederholt. Der Verfasser hat dies um der Einheitlichkeit des Einzelstücks willen in Kauf genommen.

Über das Erklären von Musik

Definiert man, daß Musiksoziologie sich mit dem Verhältnis von Musik und Gesellschaft befasse, so ist eines wichtigen Bindegliedes zwischen beiden zu gedenken: der Sprache nämlich, wenn sie sich erklärend der Musik annimmt. Das erklärende Beschreiben von Musik wird so zu einem musiksoziologischen Problem.

In seinem 1886 zum ersten Mal erschienenen "Führer durch den Concertsaal" nimmt Hermann Kretzschmar[1] die Auswahl, nach der er die Musikwerke beschreiben will, unter zwei Gesichtspunkten vor: 1. nach ihrer "Stellung im heutigen Repertoire" und 2. nach ihrer "kunstgeschichtlichen Bedeutung". Die gute Aufnahme und die zahlreichen Auflagen des Werks, ferner die schier unübersehbare Nachfolge in "Konzertführern" und musikalischen "Einführungen" bis auf den heutigen Tag, zeigt eine offenbare Notwendigkeit im Musikleben an, die in dieser Form wohl erst seit dem 19. Jahrhundert datiert: Musik vorab erklären zu müssen, damit sie auch verstanden wird. Daß Kretzschmar bei der Auswahl der zu erklärenden Musik sich zunächst vom Bestand der immer wieder im Konzert gespielten Werke und dann erst von ihrer "kunsthistorischen Bedeutung" leiten läßt, erscheint bezeichnend und könnte im folgenden seine Erklärung finden.

1 Kretzschmar, Hermann: Führer durch den Concertsaal. 3 Bde., Leipzig: Liebeskind 1888—1890.

Das Problem der Musikerklärung enthält zwei Fragen, die zur Klärung wohl beantwortet werden müßten: einmal, *warum muß* Musik überhaupt erklärt werden, und zum andern, *wie kann* Musik denn erklärt werden.

Daß Musik erklärungsbedürftig sei, dafür sind immer wieder Argumente zu hören: etwa dies, daß Musik weniger gegenstandsbezogen sei als andere Künste. Während es die Malerei z.B. mit Bild*inhalten,* mit gegenständlichen Darstellungen zu tun habe, die Baukunst mit bestimmten Zwecken, die Literatur mit sprachvermittelten Aussagen, so sei die Musik inhaltlich unbestimmt, freischwebend, schon ihrem Material, den Tönen, nach ungreifbar, eben nach Hanslicks oft mißdeutetem Ausdruck "tönend bewegte Formen". Zunächst wäre hier zu konstatieren, daß der Vergleich zwischen Musik auf der einen und bildender Kunst und Literatur auf der anderen Seite bezüglich des Inhalts auf diese Weise kein Argument liefert, Musik müsse besonders erklärt werden. Denn zweierlei ist hier nicht berücksichtigt: einmal, daß Musik genauso einer inneren Logik gehorchen kann wie andere Kunst auch, und zwar nach Regeln oder — wenn man so will — Gesetzen, die grammatikalischen oder denen der Perspektive beispielsweise durchaus ähnlich sind, Musik damit eine bestimmte Sprachähnlichkeit hat und damit "verständlich" ist; und zum andern, daß es umgekehrt ja bei bildender Kunst und Literatur am wenigsten der dargestellte Inhalt (oder Zweck) ist, der die Bedeutung "als Kunst", die ästhetische Bedeutung ausmacht. Das hieße somit, daß, wenn Musik interpretationsbedürftig wäre, es Literatur und bildende Kunst dann auch sind.

Die Notwendigkeit, über Musik erklärend zu sprechen, bestand durchaus nicht immer. Man könnte sagen: je eindeutiger die Musik ihre Funktion innerhalb der Gesellschaft zugewiesen bekam, desto weniger war darüber hinaus Bedürfnis vorhanden, noch zusätzlich etwas über Musik zu befinden. Das heißt jedoch ganz und gar nicht, daß Musik nicht immer von Theorie und Reflexion begleitet gewesen wäre. Nur hatten Theorie und Reflexion eine andere Funktion als das, was hier mit "Erklären von Musik" gemeint sein soll. Im Mittelalter beispielsweise bestand nicht das Bedürfnis, jemandem, der Musik hörte, zu erklären, aus welchen Gründen er diese Musik für schön oder wertvoll halten könne. Von den zahlreichen Funktionen, die die Musik im Mittelalter hatte, war die überwiegendste die der kirchlichen Musik, d.h. die Funktion der Ausbreitung, der Stabilisierung und der Repräsentation der Ideen und der Organisation der römischen Kirche. Theorie und Reflexion, das Reden und Schreiben über Musik hatte darin zwei Aufgaben: entweder war es Spekulation oder Lehre (oder beides in einem). Spekulation soll bedeuten, daß die Musik im theologisch-philosophischen System ihren Platz zugewiesen bekam, und Lehre, daß außer vom philosophisch-theologischen Standpunkt über Musik nur als Unterweisung gesprochen wurde, zum "Anlernen" des Musikers. Das eine, die Spekulation, wurde von Theologen-Philosophen betrieben, die von dem, was wir unter Musik verstehen, nämlich Musik als klingende Erscheinung, wohl kaum etwas verstanden und das auch gar nicht meinten. Sie meinten damit eher ein universales Weltenprinzip, von dem Klang nur die allerletzte, allerunterste Ausprägung war. Das andere, die Lehre, eher "Musiktheorie" im heutigen Sinne, war innerfachliche, exklusive Musikerdiskussion. Von "Musik jemandem näherbringen" konnte bei keinem von beiden die Rede sein.

Auch der Komponist im 18. Jahrhundert, wie Bach oder noch Haydn, schrieb seine Musik in einer festgelegten gesellschaftlichen Funktion, im Auftrage entweder eines Fürsten, in dessen Dienste er stand, oder der Kirche. Da meist der höfische Auftraggeber selber Kenner der Materie, oft sogar mitausübender Künstler war, bei einer höfischen Musik ja auch nicht etwa "Publikum", sondern nur ein von vornherein ausgewählter Kreis mehr oder weniger Eingeweihter teilnahm; da in der Kirche einzig die im weitesten Sinne "geistliche" Verwendbarkeit der Musik ausschlaggebend war und nicht etwa das — ästhetische — Urteil der anhörenden Gemeinde; da also das, was im modernen Sinne "Publikum" ist, entfiel, war auch das Problem des Musikerklärens noch nicht relevant.

Erst mit der vollen Entfaltung des öffentlichen Konzertwesens, die mit der politischen und ökonomischen Machtergreifung des Bürgertums zusammenfällt, tritt auch die Musik selber in ein neues, gesellschaftliches Stadium. Der Künstler — Komponist wie Interpret — steht nun einem anonymen Publikum gegenüber. Der Komponist schreibt nun nicht mehr (trotz gelegentlicher persönlicher Aufträge) für einen bestimmten Auftraggeber, sondern für einen freien Markt, wobei er sich der musikalischen Fachkundigkeit seiner Abnehmer nicht mehr gewiß sein kann: sind es doch jetzt meist Laien, die in der nach Arbeit und Freizeit unterscheidenden arbeitsteiligen Gesellschaft Erholung in der Musik vom profanen Werktag suchen. Mit dem gesellschaftlichen Wandel ändert sich aber zugleich auch das Künstlerbild: war der Musiker noch in der feudal-absolutistischen ersten Hälfte des 18. Jahrhunderts Lakai, musikalischer Handwerker oder eine Art Gelehrter, so bringt die bürgerliche Gesellschaft den Künstlertypus des Genie hervor, dessen Schöpfungen sich nicht mehr als Produkt von Gelehrsamkeit, Handwerk und Geschmack, sondern von Inspiration, höherer Eingebung, verstehen wollen. Dadurch wird nun so etwas wie Vermittlung nötig: denn einerseits ist nun jeder, der sich mit seiner Eintrittskarte seine Anwesenheit beim Konzert erkaufen kann, zur Musik zugelassen, was früher nur der durch seine Zugehörigkeit zur elitären Kennerschaft dazu Auserwählte war; andrerseits wird durch den hohen Künstler- und Kunstanspruch der Abstand zwischen Komponist und Hörer immer größer. Nicht zufällig fällt daher das Deuten, Erklären, Beschreiben, Interpretieren von Musik mit jener beschriebenen Tendenz in der Musik der bürgerlichen Gesellschaft zusammen.

Betrachten wir einige prägnante Beispiele von Musikbeschreibung, wobei das Augenmerk darauf gerichtet sein soll, wie der jeweilige Autor die Funktion der Musik, die er beschreibt, zur Gesellschaft sieht.

E.T.A. Hoffmann dürfte wohl einer derjenigen gewesen sein, der sich am frühesten schriftstellerisch für die neue bürgerliche Musik eingesetzt hat. Da Hoffmann sowohl Fachmusiker wie auch zugleich Dichter war, sind von ihm daher auf diesem Gebiet besonders aufschlußreiche Aspekte zu erwarten.

Hoffmann (1776—1822) war Zeitgenosse und Verehrer Beethovens, was dieser in einem Brief an Hoffmann geschmeichelt zur Kenntnis nimmt.[2] 1809 erscheint Beethovens 5. Symphonie im Druck, 1810 rezensiert Hoffmann das Werk in der Leipziger "Allgemeinen musikalischen Zeitung." Diese Rezension und Beethovens "Fünfte" schienen es wert, als Grundlage einer grundsätzlichen Erwägung über den Sinn zeitgenössischer Musik zu dienen: 1813 läßt Hoffmann den Aufsatz "Beethovens Instrumentalmusik" erschei-

---

2 "Sie nehmen also, wie ich glauben muß, einigen Anteil an mir. Erlauben Sie mir, zu sagen, daß dieses von einem mit so ausgezeichneten Eigenschaften begabten Manne Ihresgleichen mir sehr wohltut." Beethoven am 23.3.1820 an E.T.A. Hoffmann, In: Beethovens sämtliche Briefe. Hrsg. v. E. Kastner. Leipzig: Hesse & Becker (1910). Nr. 955, S. 649.

nen, der auf dieser Rezension basiert.[3] Die Rezension unterscheidet sich von dem grundsätzlicheren Aufsatz dadurch, daß in ihm — durch Notenbeispiele und konzentrierte fachliche Diskussion — der Fachmusiker angesprochen wird, während Hoffmann in dem Aufsatz "Beethovens Instrumentalmusik" das rein Fachliche eliminiert und damit die Argumentation allgemeiner und allgemeinverständlicher hält.

In der Rezension hält Hoffmann ziemlich strikt die allgemeinen Erwägungen von rein musikalischen auseinander. So heißt es nach dem Zitat der verminderten Septakkorde in der Durchführung der "Fünften" (Takt 44 der Durchführung "nach dem Doppelstrich"): "Es sind Laute, womit sich die Brust, von Ahnungen des Ungeheuren gepreßt und beängstigt, gewaltsam Luft macht, und wie eine freundliche Gestalt, die glänzend, die tiefe Nacht erleuchtend, durch die Wolken zieht, tritt nun ein Thema ein, das im 59. Takt des ersten Teils von dem Horn in Es-dur nur berührt wurde. Erst in G-dur, dann in C-dur tragen die Violinen alla 8va dieses Thema vor, während die Bässe eine abwärtssteigende Figur ausführen, die gewissermaßen an den im 44. Takte des ersten Teils vorgekommenen Tuttisatz erinnert."[4]

Hoffmann beschreibt auf der einen Seite ziemlich akribisch den harmonisch-melodischen Vorgang des Werkes, mit Notenbeispielen und Angaben der Instrumentation, daneben oder immer wieder eingestreut, finden sich Interpretationen dieses musikalischen Geschehens: "Wie eine holde Geisterstimme, die unsere Brust mit Trost und Hoffnung

3 Hoffmann, E.T.A.: Fantasiestücke in Callot's Manier. Erster Theil. Bamberg: C.F. Kunz 2/1819, S. 65 ff.
4 E.T.A. Hoffmanns musikalische Schriften. Hrsg. v. E. Istel, Stuttgart: Greiner & Pfeiffer o.J., S. 169 f.

erfüllt, tönt hierauf das liebliche (und doch gehaltvolle) Thema von dem Andante in As-dur 3/8-Takt, welches Bratsche und Violincello vortragen."[5]

Was uns heute wohl als unerträglicher Konzertführerjargon vorkommen würde, muß man wohl aus der damaligen Zeit heraus sehen. Zur Hoffmanns (und Beethovens) Zeit war es vermutlich durchaus unüblich, den Verlauf einer Musik in dieser Art zu beschreiben (ein Blick in die Kompositions- und Harmonielehren der Zeit bestätigen dies). Hoffmann sah daher vermutlich zunächst die Notwendigkeit, den real-musikalischen Vorgang in Worte zu fassen, ehe er zur Beschreibung von dessen Bedeutung überging. Auch unterschied er zwischen der Rezension, die sich (zumindest auch) an Fachmusiker wandte und daher mit Notenbeispielen und Fachausdrücken nicht sparte, und dem mehr grundsätzlichen Aufsatz ("Beethovens Instrumentalmusik"), wo die Interpretationen allgemeiner Art vorherrschen und das rein Musiktheoretische mehr in den Hintergrund tritt. Wir können darin Hoffmanns Willen zur Allgemeinverständlichkeit seiner ästhetischen Ansichten erblicken.

Für unsere Betrachtung auf jeden Fall ist wichtig, daß das Fazit der Beschreibung der 5. Symphonie Beethovens durch Hoffmann ein für uns heute durchaus überraschendes ist: Hoffmann sieht nämlich in Beethoven den *romantischen* Musiker par exellence, und zwar in zweierlei Hinsicht: erstens sieht er in Beethoven *den* Komponisten von ("absoluter") Instrumentalmusik, die ihm als die "romantischste aller Künste" gilt, und zum andern ist ihm Beethoven unter den drei Inauguratoren der neueren Instrumentalmusik Haydn-Mozart-Beethoven wiederum der "romantischste". Hoffmann zur Instrumentalmusik selbst: "Sollte, wenn von

5   Ebenda, S. 172.

der Musik als einer selbständigen Kunst die Rede ist, nicht immer nur die Instrumentalmusik gemeint seyn, welche jede Hülfe, jede Beimischung einer andern Kunst (der Poesie) verschmähend, das eigenthümliche, nur in ihr zu erkennende Wesen dieser Kunst rein ausspricht? — Sie ist die romantischste aller Künste, beinahe möchte man sagen, allein ächt romantisch, denn nur das Unendliche ist ihr Vorwurf."[6]

Ist für Hoffmann die Instrumentalmusik selber bereits Ausprägung musikalisch-romantischen Geistes, so ist für ihn das Dreigestirn Haydn - Mozart - Beethoven, das er nur unter dem Aspekt der Entwicklung der Instrumentalmusik am Ende des 18. und am Beginn des 19. Jahrhunderts sieht, die dreifache (wenn auch in sich unterschiedliche) Ausprägung dieses romantischen Geistes. Hoffmann sieht in Beethoven die höchste Steigerung der Stufenleiter Haydn - Mozart - Beethoven: "Die Instrumentalkompositionen aller drei Meister athmen einen gleichen romantischen Geist, welches in dem gleichen innigen Ergreifen des eigenthümlichen Wesens der Kunst liegt; der Charakter ihrer Kompositionen unterscheidet sich jedoch merklich. — ... Haydn faßt das Menschliche im menschlichen Leben romantisch auf; er ist commensurabler, faßlicher für die Mehrzahl. Mozart nimmt mehr das Uebermenschliche, das Wunderbare, welches im innern Geiste wohnt, in Anspruch. Beethovens Musik bewegt die Hebel der Furcht, des Schauers, des Entsetzens, des Schmerzes, und erweckt eben jene unendliche Sehnsucht, welche das Wesen der Romantik ist. Er ist daher ein rein romantischer Komponist..."[7]

Hat man sich von seinem ersten Erstaunen erholt, daß Hoffmann auch zu zählen ist, also jener, die um die Siebzi-

6 Hoffmann, Fantasiestücke... S. 65.
7 Ebenda, S. 68 f.

ger Jahres des 18. Jahrhunderts geboren sind: die Schlegels
zeichnet, so beginnt man wohl nach der Absicht zu suchen,
die hinter der Musikbeschreibung Hoffmanns und dann hinter deren Interpretation verborgen ist.

Die literarischen Romantiker, zu deren erster Generation
Hoffmann auch zu zählen ist, also jener, die um die Siebzi-
ger Jahre des 18. Jahrhunderts geboren sind: die Schlegels,
Tieck, Wackenroder, Novalis, sind zugleich die erste Generation von Intellektuellen, die das Geistesleben der Epoche
nach der Französischen Revolution bestimmen, die ersten
Vertreter einer bürgerlichen Geistesgeschichte. Diese Generation kannte durchaus den revolutionären Elan der neuen,
zur Macht gekommenen Gesellschaftsklasse, nur scheint es,
daß sie ihn frühzeitig hat erlahmen lassen, sei es durch die
Anzeichen von Reaktion und Restauration, die sich schon
im ersten Jahrzehnt nach 1800 bemerkbar zu machen begannen, sei es durch die allzeit in Deutschland parate Ein-
sicht, daß der Geist gegen die Macht nichts ausrichte. Wie
dem auch sei, die deutsche Romantik zeigte Anzeichen dessen, was man wohl später die "innere Emigration" genannt
hätte: Konzentration auf Privates, höchst Subjektivisches
bis zur Steigerung in Krankhaft-Hysterisches hinein, auf
dem Gebiete des Religiösen sind die vielen Konversionen
zum Katholizismus neue Signale, kurz: das Romantische ist
nicht mehr das Allgemeine, Gesellschaftliche, Politische,
sondern das Subjektive, Individuelle, Private.

Aus dieser Sicht muß man Hoffmanns Interpretation der
Wiener Klassik Haydns, Mozarts und Beethovens als "Romantik" verstehen. Haydns Weg zum bürgerlichen Realismus, schon durch seinen Lebensweg vom quasi Leibeigenen
zum freien bürgerlichen Komponisten vorgezeichnet, wird
umgedeutet in ein kindlich-spielerisches Bild eines romantischen Genius: "Der Ausdruck eines kindlichen heitern Ge-

müths herrscht in Haydn's Kompositionen. Seine Sinfonien führen uns in unabsehbare grüne Haine, in ein lustiges buntes Gewühl glücklicher Menschen. Jünglinge und Mädchen schweben in Reihentänzen vorüber; lachende Kinder, hinter Bäumen, hinter Rosenbüschen lauschend, werfen sich neckend mit Blumen. Ein Leben voll Liebe, voll Seligkeit, wie vor der Sünde, in ewiger Jugend..."[8] Ähnlich bei Mozart, obwohl Hoffmann nicht den unbeschwerten Götterjüngling, sondern den "problematischen" Mozart meint, den des Don Giovanni, des d-moll-Klavierkonzert und der g-moll-Symphonie, den Mozart, wie ihn Mörike durch "Ein Tännlein grünet wo..." am Schluß seiner Novelle "Mozart auf der Reise nach Prag" darstellt: "In die Tiefen des Geisterreichs führt uns Mozart. Furcht umfängt uns, aber ohne Marter ist sie mehr Ahnung des Unendlichen. Liebe und Wehmut tönen in holden Geisterstimmen; die Nacht geht auf in hellem Purpurschimmer, und in unaussprechlicher Sehnsucht ziehen wir nach den Gestalten, die freundlich uns in ihre Reihen winkend in ewigem Sphärentanze durch die Wolken fliegen."[9]

Beethovens Instrumentalmusik schließlich öffnet für Hoffmann "das Reich des Ungeheurn und Unermeßlichen. Glühende Strahlen schießen durch dieses Reiches tiefe Nacht, und wir werden Riesenschatten gewahr, die auf= und abwogen, enger und enger uns einschließen und uns vernichten, aber nicht den Schmerz der unendlichen Sehnsucht, in welcher jede Lust, die schnell in jauchzenden Tönen emporgestiegen, hinsinkt und untergeht, und nur in diesem Schmerz, der Liebe, Hoffnung, Freude, in sich verzehrend, aber nicht zerstörend, unsre Brust mit einem voll-

8 Ebenda, S. 67.
9 Ebenda.

stimmigen Zusammenklange aller Leidenschaften zersprengen will, leben wir fort und sind entzückte Geisterseher."[10]

Es ist das Subjektiv-Dämonische schließlich, was Hoffmann bei Beethoven betont, die Nachtseite des Psychologischen an dieser Musik.

Hoffmann bringt in der Beschreibung sowohl wie in der Interpretation der klassischen, vor allem aber der von ihm besonders geliebten Musik Beethovens ein neues musikalisches Weltbild zum Ausdruck, das zugleich das des Bürgertums seiner Zeit ist: keine Rede mehr davon, daß Musik noch etwas mit der Allgemeinheit der Gesellschaft, auch nur mit Allgemeinverständlichkeit zu tun haben könnte ("Den musikalischen Pöbel drückt Beethovens mächtiger Genius; er will sich vergebens dagegen auflehnen."[11]) Musik höchster Qualität ist zugleich höchster Ausdruck individueller Subjektivität, nur dem Eingeweihten zugänglich, wobei darunter nicht so sehr nur der Fachmusiker zu verstehen ist als vielmehr der seelisch Gleichgestimmte. In einem parodistisch gemeinten Aufsatz "Gedanken über den hohen Werth der Musik"[12] kennzeichnet Hoffmann diese seelisch Gleichgestimmten als solche, die meinten, "die Kunst ließe dem Menschen sein höheres Prinzip ahnen und führe ihn aus dem thörichten Thun und Treiben des gemeinsamen Lebens in den Isistempel, wo die Natur in heiligen, nie gehörten und doch verständlichen Lauten mit ihm spräche."

Fast ein Jahrhundert später hat Paul Bekker in seinem berühmten Beethoven-Buch von 1911 Hoffmanns Standpunkt gleichsam korrigiert. Was der Zeitgenosse Beethovens sowohl wie des Napoleonischen Zeitalters versäumt hat,

10 Ebenda, S. 68.
11 Ebenda, S. 69.
12 Ebenda, S. 60.

nämlich das Werk Beethovens auf die gleichzeitigen stürmischen Ereignisse des nachrevolutionären bürgerlichen Zeitalters zu beziehen (stattdessen wich er auf ein romantisch-poetisches Phantasiereich aus): Paul Bekker holt es nach, indem er Beethovens "Eroica" — wir wählen sie als ein Beispiel unter anderen — als eine musikalische Manifestation subjektiv-persönlichen Heldentums deutet: historisch insofern, als das Werk sich Bonaparte als Vorbild nimmt, persönlich-subjektiv jedoch, indem Bekker in Bonaparte nur den gleichsam zufälligen Vorwurf sieht: "Wäre Beethoven einige Jahrzehnte früher geboren worden, so hätte er vielleicht einen historischen Stoff, wie Goethe im Götz, oder einen sozial phantastischen, wie Schiller in den Räubern, aufgegriffen."[13]

Und so erklärt Bekker Beethovens 3. Symphonie sehr konkret: "Das Widmungsblatt (an Napoleon. Anm. PR) konnte Beethoven zerreißen — das Werk selbst war vollendet. Und die charakteristischen Züge, die auf einen Helden der Weltgeschichte als lebendiges Vorbild weisen, ließen sich nicht mehr zerstören. Der allgemeine Heldenbegriff hatte eine durchaus individuelle Fassung empfangen. Es ist kein philosophisches, kein religiöses Heldentum, das Beethoven schildert. Sein Held ist eine von ungemessener Energie erfüllte, streitbare, rastlos schaffende Erscheinung, die, frei von faustischen Elementen, nur nach schrankenloser Betätigung aller ihrer eigenen Kräfte strebt. Dieses Heldentum der Tat in der Mannigfaltigkeit der symphonischen Formen darzustellen, aus der einen grundlegenden Idee vier verschiedene Kundgebungen schöpferischen Willens abzuleiten — das ist die Aufgabe, der sich der Dichter Beethoven jetzt zuwen-

13 Bekker, Paul: Beethoven. Berlin: Schuster & Loeffler (2/1912). S. 210.

det... Mit dichterischer Freiheit wird eine Heldennatur in den verschiedensten Entwicklungsmöglichkeiten dargestellt: als siegend streitender Kämpfer, als Gefallener, als schöpferisch Vollbringender. So empfangen die einzelnen Sätze besondere, ihrem Formcharakter entsprechende poetische Bedeutung, und die Symphonie bleibt in der bisherigen Gestalt erhalten."[14]

Bekkers Programm von Musikbeschreibung – speziell natürlich der Beethovens – enthält demnach zwei Komponenten. Einmal eine gesellschaftlich relevante, indem Bekker ein Werk Beethovens auf ein historisch-gesellschaftliches Phänomen, nämlich Bonaparte, bezieht; zum andern aber eine subjektiv-individuelle, indem Bekker den Vorwurf des Bonaparte-Themas als zufällig erklärt, und statt dessen "das Heldische" allgemein in verschiedenen Ausprägungen als Thema von Beethovens 3. Symphonie annimmt, und somit die Möglichkeit freistellt, daß der Komponist selbst – Beethoven – sich mit diesem Helden, und schließlich jeder Hörer ebenso damit identifiziert. Bekker scheint somit um einen Ausgleich zwischen diesen beiden Komponenten bemüht zu sein: um einen Ausgleich zwischen gesellschaftlich-allgemeiner und individuell-besonderer Interpretation der Beethovenschen Musik – und damit mindestens von bürgerlicher Musik überhaupt.

Bekker hatte, so subjektivistisch – und deshalb auch umstritten – seine Erklärungen von Musik sich ausnahmen, dennoch immer das dahinterstehende Gesellschaftliche miteinbezogen, und trotz individuell psychologischer Deutung doch nie Zweifel daran gelassen, daß sich das Geschehen der Musik nicht in dieser selbst abspielt, sondern von

14 Ebenda, S. 210 f.

übergreifenden Kräften und Ereignissen historisch-gesellschaftlicher Dimension gesteuert wird, deren Exponent der Komponist ist.

Bei Hermann Kretzschmar dagegen, den man mit seinem "Führer durch den Concertsaal" nicht nur als den Vater aller weiteren Konzertführer, sondern auch von deren Jargon bezeichnen könnte, begann jene Musikbeschreibung in der zweiten Hälfte des 19. Jahrhunderts, in der das Bürgertum vergaß oder vergessen wollte, daß seine ihm eigens zugehörige Musik, die der großen "Wiener Klassik", in den Stürmen und Widersprüchen seines eigenen Aufstiegs entstanden war. War E.T.A. Hoffmanns grimmige Abwendung nach innen mit einem programmatisch-gesellschaftlichen Akzent gemeint, so ist selbst dies bei Kretzschmar vollständig getilgt. Kretzschmar schreibt im "Führer durch den Concertsaal" über Beethovens I. Symphonie: "Im ersten Satz der C-dur Symphonie (Op. 21) schließt sich Beethoven in der Erfindung der Themen Mozart an. Das Hauptthema ... hat nicht blos den allgemeinen, spannenden Charakter, welchen Mozart für seine Ouvertürensinfonien gern einhält, es ist geradezu eine Variante zum Hauptthema des ersten Satzes der Jupitersymphonie. Es wird in zweimaliger Sequenz weiter getragen: ein kräftiges Forte krönt den breiten Aufbau, ganz so wie wir das bei Mozart oft gesehen haben. Auch das zweite Thema ist ganz Mozart'sch. Der jubelnde Nachgesang, welcher ihm folgt, kommt wörtlich so in der Jupitersinfonie...vor. Gleich danach tritt aber Beethoven selbst in das Orchester. Es ist an der Stelle, wo die brausende G-durCadenz so ganz plötzlich von einem pianissimo abgelöst wird, wo die Bässe still über das erste Motiv des zweiten Themas sinnen und die anderen Instrumente in dunklen und unruhigen Harmonien festliegen. Die Oboe findet den Ausgang aus der unheimlichen Verzauberung. Das ist zum ersten Mal das dämonische Element Beethovens in der Sinfonie."[15]

Kretzschmar reduziert die Allgemeinheit der Musikbeschreibung auf drei Kategorien: was Beethoven von schon Dagewesenem — in diesem Fall von Mozarts Jupitersinfonie — übernommen habe, was original — "eigenster Beethoven" — sei, und schließlich eine vage strukturelle Beschreibung ("Ein kräftiges Forte krönt den breiten Aufbau"). Werke, Musikentwicklung, ja die ganze Musikgeschichte wird im Grunde so reduziert auf die Fragen der traditionellen Kontinuität und dessen, "was neu hinzukommt", wobei sich beides im engen musikalischen oder allenfalls musikhistorischen Rahmen (Mozart — Jupitersymphonie — Themengleichheit — ein Thema, das anders ist als bei Mozart, eben "typischer" Beethoven) bewegt. Sucht man nach übergreifenden, im weitesten Sinne gesellschaftlichen Kriterien, dann wäre allenfalls noch das zu finden, daß in den Musikwerken sich immanent ein Historisches ausdrückt: ein Gewordensein sowohl wie ein Werden.

Kretzschmars Schüler Hans Mersmann hat diese Methode der Musikbeschreibung nach der objektivierenden Seite hin ausgebaut, indem er die Genauigkeit in der Beschreibung der innermusikalischen Phänomene steigerte und zwar dadurch, daß er sie psychisch nachvollziehbaren Vorgängen parallelsetzte ("gespannter punktierter Aufschwung," "gesammelte Kraft des Grundtons"). Bei Mersmann heißt es über Beethovens erste Symphonie: "Dieses fünftaktige Thema ist von unerhörter Konzentration, seiner Art nach ein Evolutionsthema…Seine Kraftquelle ist (dem Vordersatz der Jupitersymphonie Mozarts vergleichbar) der Grundton…

15 Kretzschmar, Führer… A.a.O.S.

Dieses Thema ist wie eine Folge schwerer Hammerschläge, vollendetes Symbol einer Stauung von Kräften. Die unerbittliche Gewalt des Grundtons schließt jedes melodische und harmonische Wachstum in gleichem Maße aus. Dafür konzentriert sich die ganze Kraft auf den Rhythmus...Dieser wird zum Träger der Evolution. Er formt die im Grundton verborgenen Kräfte aus: das erste Mal in gespanntem, punktiertem Anschwung, das zweite Mal die gesammelte Kraft des Grundtons in Bewegung aufbrechend, in welcher die zweimal wiederkehrende auftaktige Quarte das einzige melodische Intervall ist."[16]

Musik ist zwar hier aus sich selbst erklärt, jedoch nicht nur aus ihrem Vordergrund. Die vielen Ausdrücke des Bewegens, die Mersmann verwendet ("Wachstum," "Kraftquelle," "Anschwung," "verborgene," "gespannte," "gesammelte" Kräfte etc.), gleichsam solche kinetischer wie potentieller Energie in der Musik, weisen darauf hin, daß Mersmann das Moment des Mobilisierens und Motivierens in der Musik, das dem gesellschaftlichen Hintergrund eigen ist, in die Musik selbst verlegt hat. Insofern kann man sagen, daß Mersmanns Musikanschauung eine spätbürgerliche ist, da er zwar "Kräfte" annimmt, die die Musik vorwärts treiben, diese aber nicht beim Namen nennt: Mersmann ist hier in der Verleugnung der musikalisch motivierenden Kräfte noch einen Schritt weiter gegangen als Ernst Kurth. Der Anfang von Kurths berühmtem Buch "Romantische Harmonik und ihre Krise in Wagners Tristan" benennt den Ursprung von Mersmanns "Kräften": "Harmonien sind Reflexe aus dem Unbewußten. Alles Erklingende an der Musik ist nur emporgeschleuderte Ausstrahlung weitaus mächtigerer Urvorgänge, deren Kräfte im Unhörbaren kreisen. In ihnen liegt auch die

16 Mersmann, Hans: Musikhören. Potsdam-Berlin: Sanssouci 1938, S. 162.

Naturgewalt aller Harmonik, nicht aber im Tönespiel, dessen farbig leuchtende Bewegtheit überhaupt nur in Spiegelungen psychischer, aus dem unterbewußten Tiefenbereich ausbrechender Energien ersteht."[17]

Sucht psychologische Deutung (Kurth) und "abstraktes Kräftespiel" (Mersmann) in der Musik immer noch die Problematik der Subjekt-Objekt-Beziehung, d.h. wird Musik immer auch als ein Ergebnis höherer übergreifender Beziehungen gewertet, so kennt die neopositivistische Betrachtungsweise an der Musik nur noch den Objekt-Charakter: "Ein Werk der Musik stellt wie jedes zusammengesetzte Ding eine Elementenmenge dar. Die Elemente der Menge sind in bestimmter Weise angeordnet. Die Menge hat eine Struktur. Es sollen im folgenden formale Eigenschaften von Strukturen musikalischer Werke besprochen werden. Dabei werden wir uns immer an die geschriebenen Partituren halten...Die folgende Untersuchung bedient sich mathematischer Hilfsmittel, der Mengenlehre, Statistik und Informationstheorie. Wir werden betrachten: Töne und Tonpaare — seien sie synchron, also gleichzeitig erklingend, oder konsekutiv, also aufeinanderfolgend, — und auch längere Folgen von synchronen oder konsekutiven Tönen, Tonfolgen."[18] Schon der alleinige Rekurs auf die geschriebenen Noten zeigt bei allem wissenschaftstheoretischen Aufwand die Plattheit in dieser Art musikalischer Erkenntnisfindung. Im Notenbild steht noch kein Klang, nichts vom Interpreten, nichts vom Hörer, eben nichts von den

17 Kurth, Ernst: Romantische Harmonik und ihre Krise in Wagners "Tristan". Berlin: Hesse 1923, S. 1
18 Fucks, Wilhelm: Über formale Struktureigenschaften musikalischer Partituren. In: Experimentelle Musik. Hrsg. v. F. Winckel, Berlin: Mann 1970 (= Schriftenreihe der Akad. d. Künste. 7) S. 33/34.

vielfältigen Beziehungen, die Musik erst dann zu Musik machen, wenn man dem Notenbild Interpretation im weitesten Sinne des Begriffs zukommen läßt: dazu zählt außer der klanglichen Realisierung noch eine Menge anderer Dinge, zu denen mindestens Einschätzungen, Urteile, Emotionen, spontane Stilüberlegungen etc. aller an Musik Beteiligten gehören, eben das, was man als selbstverständlich bei der Musik mitdenkt, und was man heute wohl "das Umfeld" nennen würde. Dieses "Umfeld" nun – selber barbarischer Begriff aus der Sphäre ästhetischer Objektivierungstendenzen – wird bei einer musikalischen Untersuchung, die "sich mathematischer Hilfsmittel, der Mengenlehre, Statistik und Informationstheorie" bedient, schlichtweg abgeschnitten. Es wird so getan, als sei das schriftlich fixierte Zeichen die Musik selber und nichts anderes darüber hinaus. Es scheint dies die Endphase spätbürgerlicher Musikerklärung zu sein, wenn auch im Widerspruch zum schlecht idealistischen Jargon der Konzertführer. Endphase deshalb, weil diese Musikerklärungsmethode ein optimales Maß an Ausschluß oder Verdrängung nicht-musikimmanenter Bedingungen, die bei der Erklärung von Musik anzunehmen wären, garantiert. Die mathematisch-naturwissenschaftliche Methodik erlaubt es, alles Psychologische, Soziologische, Historische, selbst Usuelle in den Bereich des Unwissenschaftlichen, der "Begriffsdichtung" zu verbannen. Die Betrachtung des rein Musikalischen schlägt um in reine Sinnlosigkeit.

Im Zeitalter der Massenkultur und des Massenkonsums müßte die Aufgabe des Musik*er*klärens übergehen in eine des *Aufklärens*. Der Zustand des Musiklebens, von dem wir beim Begriff der Erklärung von Musik ausgegangen waren: der Spaltung von einer "ernsten" und einer "unterhaltenden" Musik im 19. Jahrhundert, ist gegenwärtig in ein Stadium eingetreten, in dem wie nie zuvor das Sprechen über

Musik und ihre Funktion nur sinnvoll ist, wenn die gesellschaftlichen Bedingungen aufgewiesen werden, die diese Spaltung hervorgebracht hat; wenn ferner diese Untersuchung in dieser Richtung so weit getrieben wird, daß eben diese Spaltung (von "U- und E-Musik") als eine nur scheinhafte erkannt wird, d.h. daß die Erkenntnis betrieben wird, daß der "seriöse" wie der "unterhaltende" Sektor der Musik nur zwei Seiten einer und derselben Sache sind, nämlich die musikalischen Erscheinungen der Industrie- und Verwertungsgesellschaft; und wenn schließlich die Musikerklärung an den Musikwerken unserer Zeit als den Produkten dieser Gesellschaft ansetzen würde: und dies könnte sie sinnvoll wiederum nur, indem sie an ihnen den Anteil dessen ausmacht, was inzwischen ausnahmslos alle Produkte dieser Gesellschaft auszeichnet: den Charakter der Ware. Erst die Analyse der heutigen Produkte der Musik auf ihren Warengehalt und die Analyse der historischen Musik daraufhin, wie sie sich unter dem Druck der Warengesellschafts-Bedingungen zum Charakter der Ware hin verändert hat, gibt dem Erklären von Musik inbezug auf seinen Wahrheitsgehalt eine Chance.

Haydns Weg
zum bürgerlichen Realismus

Bedürfte die These, daß Kunst und Künstler in engster Relation zu den Bewegungsprozessen der Gesellschaft stehen, eines Beweises, so wäre das Werk und die Person Joseph Haydns dafür wohl einer der schlagendsten. Für einen solchen Beweis wäre Haydn zudem ein günstiger Sonderfall: sein Erscheinungsbild steht so deutlich im Übergangsfeld zwischen zwei Gesellschaftsformationen, und er vollzieht dies in seinem Werk wie in seiner Person so exemplarisch nach, daß man – den berühmten Titel von H.A. Korffs Werk über die Goethezeit abwandelnd – von den Sechziger Jahren des 18. Jahrhunderts bis zu dessen Ende als vom "Geist der Haydn-Zeit" sprechen könnte. Es soll dies die Entwicklung der Musik und des Komponisten von einer Gesellschaftsordnung zur anderen bezeichnen, von der im Absterben begriffenen feudal-absolutistischen zu der nun die Macht ergreifenden bürgerlichen. Doch ist das glatter gesagt, als es dann in der Realität aussah: noch bis tief in den ästhetischen, in den technisch-künstlerischen Bereich hinein zittern jene Antagonismen und Widersprüche nach, die den Weg der neuen, im Aufbruch befindlichen Gesellschaftsklasse begleiten.

Seinem Geburtsjahr 1732 nach gehört Haydn gerade noch zu jener Komponistengeneration, die mit den Bachsöhnen und den "Mannheimern" landläufig mit dem Verlegenheitsausdruck "Vorklassik" bedacht wird. Der Unterschied zu Haydn besteht jedoch zunächst darin, daß diese Generation, zu der ja auch Lessing und Kant, Klopstock und Wieland, der Aufklärer Nicolai und der Aufrührer Schubart gehören, Jahrzehnte vor der Französischen Revolution in ihrem Denken, Schreiben, Komponieren bereits frühen Bürgergeist praktizieren, abgesetzt gegen die absolutistische Atmosphäre ihrer Zeit. Schon in der Musik Johann Sebastian Bachs, dem noch der Weg vom Köthener Hofkapellmeister zum Leipziger Thomaskantor als sozialer Abstieg erschien, ist da und dort bereits urban-bürgerlicher Geist unüberhörbar.

Nichts davon zunächst bei Haydn. Mag sein, daß seine Abstammung aus handwerklich bäuerlichem Milieu, aus Niederösterreich auch landschaftlich eher von der Peripherie des damaligen europäischen Geisteslebens, eine Rolle spielte. Jedenfalls beginnt Haydn seine Laufbahn als Musiker geradezu prototypisch im Sinne des feudalen Absolutismus: nach dürftiger Sängerknaben- und stellungsloser Gelegenheitsmusiker-Existenz zuerst Anstellung beim Wiener Grafen Morzin und dann, von 1761 bis 1790, fast ein ganzes produktives Leben lang, im Dienste der Esterhazys. "2do wird er Joseph Heyden als ein Haus-Officier angesehen, und gehalten werden," heißt es im Vertrag als Vizekapellmeister bei Esterhazy, und "solle er Vice-Capel-Meister samt denen subordinierten allezeit in Uniform...erscheinen."[1] Wie sehr Haydn das Unrecht und die Kränkung des quasi Leibeigenendaseins empfand, geht schon daraus hervor, daß er um die Ausnehmung von der Domestiquenan-

1 Zitiert nach Geiringer, Karl: Joseph Haydn. Der schöpferische Werdegang eines Meisters der Klassik. Mainz: Schott 1959, S. 36 und 37.

rede "Er" kämpfte. In dem erwähnten Vertrag Haydns ist zwar kaum von Rechten, aber minutiös und demütigend von allen Pflichten die Rede, die das Amt eines solchen Hofmusikers mit sich bringen konnte: "5to wird er Joseph Heyden alltäglich . . . vor und nach-Mittag in der anti-chambre erscheinen, und sich melden lassen, allda die Hochfürstl. Ordre ob eine Musique sein solle? abwarthen, alsdann aber nach erhaltenem Befehl, solchen denen andern Musicis zu wissen machen, und nicht nur selbst zu bestimmter Zeit sich accurate einfinden, sondern auch die andern dahin ernstlich anhalten, die aber zur Musique entweder späth kommen, oder gar ausbleiben, specifice annotiren."

Was seine Kompositionsverpflichtungen betraf, so spiegeln sie exemplarisch die feudalistische Produktionsweise wider: "4to Auf allmaligen Befehl Sr. Hochfürstl. Durchlaucht solle er Vice-Capelmeister verbunden seyn, solche Musicalien zu Componiren, was vor eine Hochdieselbe verlangen werden, sothanne neue Composition mit niemand zu Cummuniciren, viel weniger abschreiben zu lassen, sondern für Ihro Durchlaucht eintzig, und allein vorzubehalten, vorzüglich ohne vorwissen, und gnädiger erlaubnuß für niemand andern nichts zu Componiren."

Welch willkürliche Massenproduktion das Komponieren für einen solchen Hof bedeutete, geht schon aus dem Verzeichnis seiner Werke hervor, das Haydn 1805 seinem Diener Elßler (dem Vater der berühmten Tänzerin Fanny Elßler) aus dem Gedächtnis diktierte: allein 163 Stücke für oder mit Baryton, einem Instrument aus der Gambenfamilie, das der Fürst Nikolaus Joseph Esterhazy zu spielen verstand. Aus diesem Wust aber kristallisiert sich etwas heraus, das dazu angetan war, dieser Produktionsweise zu widersprechen und schließlich geradezu zum Ausdruck eines neuen, bürgerlichen Musikbewußtseins zu werden: das

Streichquartett und die Symphonie. Zunächst, in einem gleichsam feudalen Frühstadium, sind beide noch nicht ganz zu unterscheiden, es ist mehr eine aufführungspraktische, eine Besetzungsfrage, ob es sich um Kammer- oder Orchestermusik handelt. Auch sind die ersten "Quadri," wie Haydn sie nennt, noch dem Charakter von Suite und Divertimento verhaftet. Doch bleibt das Quartett konsequent Haydns Experimentierfeld hin zu einer neuen Musik. Individuierung, ein sicheres Zeichen des Erwachens bürgerlicher Kunst, beginnt sich durchzusetzen, subjektiver Ausdruck erscheint als das Gegenteil jener typisierenden Produktionsweise in der Musik, die das Kennzeichen des Generalbaßzeitalters ist. Mit den 6 Quartetten op. 33, den sog. "Russischen" von 1781, ist ein kritischer Punkt erreicht. Haydn selbst fand sie "auf eine gantz neue, Besondere art" geschrieben, womit er wohl sein Bewußtsein davon umschrieb, nach einigermaßen umständlichen und schmerzlichen Umwegen einen neuen, verbindlichen Stil gefunden zu haben, der von nun an den Maßstab setzen sollte. Streichquartett und Symphonie gehen bei Haydn Hand in Hand, in beiden muß er von den dürftigen Voraussetzungen ausgehen, die man in der Nach-Bachischen Ära vorfindet, und bringt durch ständiges Experimentieren und vorsichtiges Konsolidieren des Gefundenen die Form auf den Standard, der dann seit Mozart und vor allem für Beethoven verpflichtend wurde. Die Sonatenform wird zum Prinzip ernsthafter Musik schlechthin. Diese ist nun nicht mehr wie bisher krichlicher Kultus oder höfisches Amusement. Sie bekommt vielmehr zwei nur scheinbar sich widerstreitende Eigenschaften: sie ist zugleich allgemeinverständlich und "gearbeitet." Allgemeinverständlichkeit strebt sie an, seit das Bürgertum in der Kunst das "Einfache" und "Natürliche" entdeckt und gegen das Höfische ausgespielt hat.

Doch die Musik (wie auch die Dichtung) bleibt nicht bei Empfindsamkeit und Sturm und Drang stehen. Sondern in der motivisch-thematischen Arbeit, an der nicht nur die Oberstimme, sondern alle Stimmen zunehmend beteiligt werden ("durchbrochene Arbeit"), sowie die Geschlossenheit der Form durch strikte Beziehung aller Teilmomente auf das Ganze, bekommt die Musik erst jenen allgemeinverbindlich demokratischen Charakter, dessen Ideal wir in der sog. "Wiener Klassik" verwirklicht sehen. Dennoch ist es nicht die Regelhaftigkeit der Aufklärung, sondern der neue, warme Menschheitston, die Sprachähnlichkeit der Musik, die zugleich ihre Verständlichkeit und "Richtigkeit" ausmacht. Nach seinem System, seinen Regeln befragt soll Haydn (nach einem seiner frühesten Biographen, Albert C. Dies) geantwortet haben: "Daran habe ich im Feuer der Komposition nie gedacht. Ich schrieb, was mich gut dünkte und berichtigte es nachher nach den Gesetzen der Harmonie. Andere Kunstgriffe habe ich nie gebraucht. − Ein paar Mal nahm ich mir die Freiheit, zwar nicht das Ohr, aber doch die gewöhnlichen Regeln der Lehrbücher zu beleidigen... Ich fragte meine Gegner, ob sie nach dem Gehör beweisen könnten, daß es ein Fehler sei. Sie mußten mit Nein antworten... Auch mein Ohr...hört in jenen Stellen keinen Fehler, vielmehr glaube ich, etwas Schönes zu höwenigen Mitteln so große Wirkungen hervorzubringen," soll Beethoven einmal gesagt haben. Es ist, als habe es Haydn getan und erfüllt in seinen Oratorien "Schöpfung" und "Jahreszeiten". Sind die "Jahreszeiten" der gelungene Versuch, den beispiellosen Erfolg der "Schöpfung" zu wiederholen, so ist dennoch die "Schöpfung", mögen auch manche Anregungen Händelsch sein, eine kaum überbietbare originale Leistung Haydns. Man vergegenwärtige sich: wir befinden uns mit der Jahrhundertwende geistesgeschichtlich auf dem Doppelgipfel von Klassik und Romantik. Auf diesem schmalen Grat ist Haydn einer jenen seltenen Augenblicke in der Kunst gelungen, in dem Verständlichkeit und Volkstümlichkeit im Einklang steht mit den artifiziellen, in sich vollkommen beherrschten und auf der Höhe der Zeit befindlichen Mitteln. Wenn Hermann Kretzschmar von der berühmten Stelle in der "Schöpfung" "Es werde Licht" sagt: "Es ist ein Akt des kecksten Realismus. Aber weil er von einem überlegenen Geschmack in engen Grenzen gehalten, erreicht er seinen Zweck; er wirkt mit der Macht des Naturereignisses, das er schildern will," so ist daran soviel richtig, daß Haydns neuer bürgerlicher Realismus keinen Naturalismus bedeutet. Die unprätentiöse und dabei aus der Musik heraus gedachte Schilderung, die Haydn in den vielen großen und kleinen Bildern der Oratorien gelingen, zieht ihre Kraft aus dem neuen Verhältnis zur Natur, das mit dem Bürgertum heraufkommt und das gelegentlich Züge der kommenden musikalischen Romantik vorwegnimmt.

Die ambivalente Einschätzung Haydns in der Folgezeit, einmal als altfränkischer "Papa" Haydn im 19. Jahrhundert, zum andern, als Reaktion darauf, als alleiniger Initiator der Instrumentalmusik, resultiert wohl daraus. daß nach jener glückhaften Vereinigung von Volkstümlichkeit und Kunstleistung, die außer der Schöpfung und den Jahreszeiten siren." Wenn auch dieser Text im philologischen Sinn nicht sehr authentisch klingt, mehr schon die Sicht der Beethoven-Zeit wiedergibt, so zeigt er doch deutlich, was der Zeit wichtig war: Musik ist von Menschen für Menschen gemacht, das "Ohr" steht gegen die "Regel."

Obwohl nun die Instrumentalmusik wirklich nicht "wie Minerva aus dem Haupt des Zeus (entsprang) schön und bereits vollkommen fertig, dem Gehirn eines einzigen Menschen," wie Haydns Biograph Carpani schrieb, so war

Haydn doch inzwischen als Initiator einer neuen Instrumentalmusik eine solche Berühmtheit geworden, daß es sich
sogar lohnte, auch Werke, die nicht von ihm stammten, unter seinem Namen auf den immer mehr aufblühenden Verlagsmarkt zu werfen. Als die Esterhazysche Kapelle 1790
aufgelöst wird und Haydn nach Wien übersiedelt, ist hier-
mit auch rein äußerlich die späte Wende in seinem Leben
vom feudalabhängigen zum bürgerlichen Komponisten sichtbar. Es ist gerade noch das "josephinistische" Wien, das mit
Toleranz und Aufklärung, mit Aufhebung der Leibeigen-
schaft und fortschreitender Säkularisation einen merkwürdigen Vorgriff auf bürgerliche Freiheit im Gewande noch
feudaler Staatsraison darstellt. Dies und die Londoner Rei-
sen in den Neunziger Jahren bringen Haydn, der fast
dreißig Jahre im burgenländischen Eisenstadt verbracht hat,
endlich mit der großen Welt, in London noch mehr als in
Wien mit der bürgerlichen Welt zusammen. In England, das
den Künstlern vor allem in Österreich, wie später noch Beethoven, als geradezu *das* Land von Freiheit und Demokratie
erscheint, lernt Haydn die Händelschen Oratorien unmittelbar und lebendiger kennen als in Wien durch die Vermittlung des Baron van Swieten, vor allem nämlich in ihrer
schlagenden Wirkung und Volkstümlichkeit. "Händel ist der
unerreichte Meister aller Meister! Geht hin und lernt mit
cher auch beispielsweise Mozarts Zauberflöte einschließt,
die Wege wieder sich entschieden trennten. Für das 19.
Jahrhundert bis in unsere Zeit gilt, daß wirkliche "Kunst"-
musik nicht mehr verständlich, und wirklich verständliche
Musik nicht mehr "Kunst" seien. Zur Überwindung dieses
Widerspruchs ist von Haydn zu lernen.

Das Prometheus-Motiv in der Musik

Daß Sagen und Märchen, Götter- und Heldengestalten als überzeitliche Symbole der Menschen deren Wünsche, Hoffnungen und Probleme widerspiegeln, ist nicht erst seit der Beschäftigung der Psychologie mit diesem Gebiet bekannt. Allein schon die Tatsache, daß ein bestimmtes Repertoire an Sagen- und Märchenstoffen in leichten Varianten bei vielen Völkern und Zeiten wiederkehrt, zeigt die Gültigkeit dieser Annahme. Weniger jedoch ist bislang darauf hingewiesen worden, daß jener Identifikationsprozeß mit diesen Motiven gelegentlich auf bestimmte eingrenzbare Epochen der Kulturgeschichte sich konzentriert, auf gewisse gesellschaftliche Verhältnisse, bis hin auf einzelne Individuen.

So ist die Prometheus-Sage zwar immer wieder in Dichtung und bildender Kunst behandelt worden, nirgends aber so emphatisch wie im Übergang vom 18. zum 19. Jahrhundert, zu einer Zeit also, als die neue gesellschaftliche Klasse des Bürgertums ihren Aufschwung nahm. In der Tat gibt es kaum eine motivische Konstellation, die so wie die prometheische auf diese Zeit paßte, sie soweit zur Identifikation anregte, daß der Titan Prometheus geradezu zum Symbol der Künstlerfigur des Bürgertums wurde.

Die antike Überlieferung und mit ihr die große Trilogie des Äschylos kennt zwei Versionen. Nach der einen ist Prometheus der Schöpfer der Menschen, die er aus Ton knetete und ihnen seinen lebensspendenden Atem einblies; nach der anderen bringt er den Menschen das ihnen von Zeus vorenthaltene Feuer. Zur Strafe fesselte Zeus den Prometheus an einen Felsen und sandte einen Adler, der ihm täglich die Leber (nach antiker Auffassung der Sitz der bösen Begierden) abfressen mußte, die nachts immer wieder nachwuchs. Auch gilt Prometheus als Erfinder der Künste, die das Leben der Menschen verschönern sollen.

Der Prometheus-Motivkomplex enthält demnach drei Komponenten, die im Hinblick auf die bürgerliche Identifikation festgehalten werden müssen:

Prometheus erscheint als der Schöpferische, der kraft göttlicher Herkunft Lebewesen hervorbringt;

er ist ferner der Aufrührerische, der, im Symbol des Feuers, seinen Geschöpfen gegen den Willen der etablierten Mächte Lebensraum verschafft;

er ist schließlich der Leidende, der sich für eben jene von ihm geschaffene Welt selbst zum Opfer machen läßt.

In all dem spiegelt sich symbolisch in eklatanter Weise das neue bürgerliche Selbstverständnis. Hierbei ist hinzuzufügen, daß Prometheus aus dem von allen Zeiten her ursprünglichen Geschlecht der Titanen herstammte, das von Zeus als dem neuen Götterherrscher und gleichsam Emporkömmling verdrängt wurde. Genauso aber verstand sich das aufstrebende Bürgertum gegenüber dem feudalen Adel und dem fürstlichen Absolutismus im 18. Jahrhundert: Er sah sich — im ökonomischen wie im ästhetischen Sinne — als Werte Schaffendes, als Schöpferisches schlechthin, im Gegensatz zum Feudaladel, dem Arbeit als schändend erschien. Das Bürgertum war ferner bereit, jede Fessel zu sprengen, die es eben an dieser seiner schöpferischen Entfaltung hinderte, d.h. seine Kreativität war zugleich aufrührerisch. Und schließlich war das Künstlergenie, jenes überhöhte bürgerliche Ideal, Abbild des Titanen: nämlich von göttlicher Schöpferkraft und zugleich leidend, erhoben durch diese Kraft und zugleich gestraft durch sie.

In kaum einer anderen Künstlerfigur kulminierte diese Auffassung so wie in Beethoven: der schaffende Titan, der Gottheit trotzend, an seinem Werk leidend, so sah er sich selbst, so sah ihn seine Zeitgenossenschaft, so sah ihn auch die Musikgeschichtsschreibung des 19. Jahrhunderts. Es mag daher nicht als Zufall erscheinen, daß der Weg Beethovens vom Prometheus-Motiv ein ganzes Stück weit begleitet wird.

Es mag überraschend sein, daß es dies in Form zweier *instrumentaler* Themen tut, die aufeinander bezogen sind, Themen, deren "prometheische" Bedeutung wir zunächst nur deshalb erkennen können, weil Beethoven eines von ihnen programmatisch verwandt hat, nämlich in der Ballettmusik "Die Geschöpfe des Prometheus." Später tauchen sie an für das Werk Beethovens bedeutenden Stellen wieder auf, einmal als Themen der Klaviervariationen op. 35, der sog. "Eroica-Variationen," und zum anderen bestreiten sie den letzten Satz der 3. Symphonie, der Eroica.

Die Metapher sei gestattet, daß Beethovens Schaffensprozeß etwas vom Kneten des Prometheus hatte. Aus unbedeutendem Material, gleichsam von der Erde aufgelesen, erscheint in einem Skizzenbuch oder bei einem Gelegenheitswerk eine musikalische Gestalt, so als erprobte sie dort ihre Lebensfähigkeit. Dann — oft viel später — greift Beethoven sie anderen Orts wieder auf, gibt ihr eine andere Beleuchtung, eine neue Bedeutung. Schließlich — bekannt und doch unerwartet — steht sie in voller Entfaltung vor uns, versehen mit dem Atem eines allseits integrierten Werks, mit allen Möglichkeiten einer Entwicklung versehen, wie sie nur das Humanitätsideal der Kunst der bürgerlichen Ära bereitstellte. Aus dem kleinen Brocken Ton ist der lebendige Organismus hervorgewachsen.

In einer ziemlich belanglosen Gelegenheitsarbeit Beethovens, in den "12 Contretänzen," erscheint das Prometheus-Eroica- Thema als Nr. 7.

Entgegen Nottebohm, der diese Nr. 7 als "dem Finale des Balletts 'Die Geschöpfe des Prometheus' entnommen" ansieht, erscheint es wahrscheinlicher, daß das Thema in den "Contretänzen" zum ersten Mal auftaucht, oder doch von Beethoven hier zum ersten Mal wie unverbindlich, erprobt wird. Der begleitende Baß heißt nämlich hier noch so:

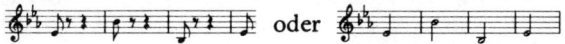

und nicht, wie später als selbständig kontrapunktierende Stimme, so:

Mit dem Ballett "Die Geschöpfe des Prometheus," dessen erste Aufführung am 28. März 1801, im Wiener Burgtheater stattfand, nahm Beethoven zum ersten Mal Beziehung zur Bühne auf. Über die zweiaktige Handlung des Balletts, dessen Schöpfer der vom österreichischen Kaiserhof begünstige Tänzer und Komponist Salvatore Viganò war, sind wir nur noch durch den Theaterzettel informiert. Darin wird Prometheus als ein erhabener Geist aufgefaßt, der die Menschen in einem Zustand der Unwissenheit antraf, sie durch Wissenschaft und Kunst verfeinerte und ihnen Sitten beibrachte. In der merkwürdigen Vermischung von schematischer Handlung im Sinne der barocken Allegorie und dem bürgerlichen Humanitätsideal sind deutlich die Nachwirkungen des Zeitalters Joseph II. in Österreich zu spüren.

In den Contretänzen wie im Finale der Ballettmusik zu den "Geschöpfen des Prometheus" erscheint nur das eine, das gesangliche, das "Humanitätsthema" in Es-dur, jener Tonart, der wir auch in Mozarts Zauberflöten-Ouvertüre, in der Bildnisarie Taminos oder im Duett "Bei Männern welche Liebe fühlen" wiederfinden, dem Beethoven wohl nicht zufällig seine schönen Cello-Variationen widmete. Das andere Thema, das tappende, sich erst Gestalt ertastende, das in den Eroica-Variationen und im letzten Satz der 3. Symphonie das Thema anführt, erscheint hier unmittelbar noch nicht.

Dennoch würde es wundernehmen, wenn dies Thema, das doch gewissermaßen das erste Erwachen und die erste Bewegung des Menschen programmatisch darstellt, nicht schon in der Ballettmusik vertreten gewesen wäre. In der Tat finden wir nach der Ouvertüre folgende Stelle:

Die Ouvertüre zu "Geschöpfe des Prometheus" enthält selbst das spezielle Thema nicht, in der Art ihrer langsamen Einleitung jedoch stellt sie die Idee der Werkwerdung in ähnlicher Weise dar, wie es in der kurz zuvor entstandenen Ersten Symphonie der Fall ist. Die Parallelen sind auffällig: die Tonart C-dur, der Beginn der langsamen Einleitung jedoch mit dem Dominantseptakkord zur Subdominante F-dur, die Ausweichung in die Doppeldominante D-dur sowie dann die Struktur des Themas im Allegro zeigen die Beethovensche Tendenz, den Werkvollzug vor dem Hörer erstehen zu lassen.

Doch sei das Prometheus-Eroica-Motiv weiterverfolgt. In den "Variationen mit einer Fuge op. 35" vom Jahre 1802 tritt nun der gesamte Vorgang plastisch vor Augen: es könnte scheinen, als habe Beethoven erst in der Sphäre der "absoluten" Musik des Klaviers die Prometheus-Idee ganz verwirklicht, die im Ballett, einfach aufgrund der darzustellenden Handlung, noch zu programmatisch ausgefallen ist. Die "Eroica"-Variationen beginnen mit dem passacaglia-artigen Thema, das wir oben als die Darstellung des Erwachens der werdenden Geschöpfe bezeichnet hatten. Vorher bereitet ein Fortissimo-Es-dur-Akkord den Boden für dieses musikalische Niemandsland:

und, gleichsam um dies Thema lebensfähig zu machen, wird es dreimal mit anderen Stimmen kontrapunktiert, steigend und steigernd in der Stimmenzahl:

Nun erst erscheint die musikalische Gestalt mündig geworden, um als Baßstütze den Menschheitsgesang zu tragen:

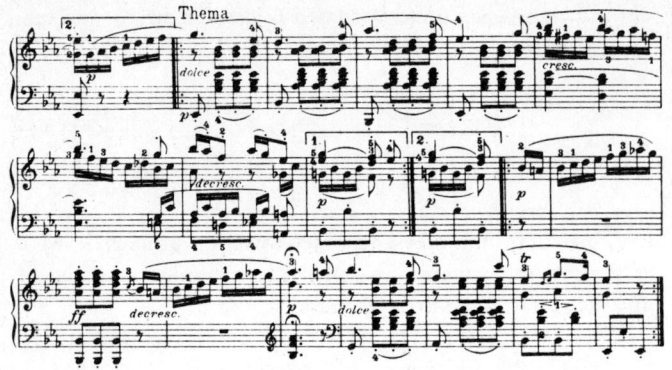

Humanitätsideal und Ethos der Arbeit sind die Kennzeichen jenes Hochpunktes idealistisch-bürgerlicher Ära, die Beethoven in der Musik repräsentiert. Am Schluß der Variationen greift Beethoven zur Fugenform, um das Thema in den letztgültigen, den Fährnissen des Werdens enthobenen Zustand zu erheben. Obgleich am Bachschen Geist geschult, handelt es sich hier doch um eine Kompositionstechnik in anderer, neuer Bedeutung: die Fuge wird hier Ausdruck der strikten Beteiligung aller Stimmen am Ganzen, höchste Steigerung der "durchbrochenen Arbeit" und des "obligaten Akkompagnement" der Wiener Klassik, Verarbeitung im ursprünglichen Sinn des Begriffs.

Der letzte Satz der Dritten Symphonie ist zwar Krönung und Abschluß der eben aufgezeigten Ideen, bringt aber kaum eine neue Bedeutung über die Eroica-Variationen hinaus. Paul Bekker weist in seinem Beethoven-Buch bei der Besprechung der "Eroica" stets auf die Prometheus-Symbolik hin: "Die aus der Erscheinung Napoleons gewonnenen Anregungen waren bereits mit dem 1. Satz erschöpft. Schon beim Trauermarsch wechselte Beethoven mit der Person des Helden. Es lag kein Grund vor, eine solche Vertauschung nicht zum zweitenmal vorzunehmen und im Finale den Helden als Befreier und Kulturspender, symbolisiert durch die Erscheinung des Prometheus zu verherrlichen." Und zum letzten Satz: "Beethoven benutzt also ein Thema, das in seiner Phantasie nachweislich mit der Vorstellung heroischer Kulturtaten verbunden ist. Doch der Zusammenhang beschränkt sich nicht auf das Thema allein. Bereits die Einleitung des Finales spinnt die Beziehungen weiter. Der stürmische, scheinbar unerklärliche Unisonolauf mit den in gebieterischer Erwartung abschließenden Akkorden gibt das Bild des von Gebirgshöhen herniedereilenden Prometheus, der seine selbstgeschaffenen Menschenstatuen mit dem geraubten himmlischen Feuer berührt. Die sinnfällige Ähnlichkeit mit der entsprechenden Stelle in der Ballettpartitur schließt jeden Zweifel aus über die Bedeutung dieses Vorspiels. Die lebendige Anschaulichkeit dieses Vorgangs wird noch gesteigert durch den überraschenden Einsatz in der fremden g-moll-Tonart, die das Herabstürzen des Titanen aus fernen Regionen andeutet. Der Prometheische Befehl wird erfüllt: die neue Lebenskraft regt sich in der ersten Statue. Ein einfaches zwischen Tonika und Dominante tappendes Thema erscheint — es ist der primitive Keim des Satzes, gleichsam die einfachste Urform allen Lebens."

Finale

In der Poco-Andante-Variation schließlich findet das Thema
zu jener ausdrucksvollen Gesanglichkeit, jenem Hochton
der musikalischen Gebärde, die Beethovens Prometheus-
Idee als Ausprägung des Deutschen Idealismus ausweist.

Die Musik des 19. Jahrhunderts hat sich noch einige Male mit der Prometheus-Thematik beschäftigt. Voran wären die Vertonungen von Goethes Sturm- und Drang-Gedicht aus dem Jahre 1773 "Bedecke deinen Himmel, Zeus, mit Wolkendunst" zu nennen, vor allem durch Franz Schubert und Hugo Wolf. Daß das Prometheus-Motiv die Grundlage auch zur symphonischen Dichtung abgab (wir denken an Franz Liszts "Prometheus" von 1855 und Alexander Skriabins "Prométhée. Le poème du feu" von 1911), hat wohl nicht nur seine Ursache in der starken Dramatik und Symbolträchtigkeit des Stoffes. Der große Aufwand beider Orchesterwerke kann nicht verdecken, daß die Prometheus-Problematik nach dem großen Aufschwung des Bürgertums bezeichnenderweise nicht mehr aktuell war. Den Weg, den Beethoven in den ersten Jahren des Jahrhunderts selbst gewiesen hatte, nahm bereits in seinen späteren Werken eine andere Richtung. Beethoven meinte in seiner titanischen Utopie nicht nur Geschenk sondern auch Forderung an die Menschheit. Als die bürgerliche Gesellschaft das humane Postulat der französischen Revolution nach Freiheit, Gleichheit und Brüderlichkeit im Verlaufe des 19. Jahrhunderts dann nicht nur nicht einlöste, sondern ihm geradezu entgegenwirkte, war Beethoven bereits auf dem Wege in die innere Emigration seines Spätwerks. Das mag die Ursache dafür sein, daß alles, was über Beethoven in der Prometheus-Motivik hinausging, eher doch schöne Poesie blieb.

Anmerkungen
zu Beethovens Neunter

Geschichtsschreibung spricht gerne von "Marksteinen". Es sind dies Ereignisse, die, wie beispielsweise Luthers Thesenanschlag, stellvertretend die ganze Bedeutung einer Epoche aufgebürdet bekommen und die so den Anfang, den Höhepunkt oder — am beliebtesten — das Ende einer Epoche signalisieren sollen. In der Geschichte der Künste sind diese Marksteine die "großen Werke," die deshalb meist blinde Verehrung genießen: die Pilgerströme zu Leonardos Mona Lisa oder zur Sixtina Michelangelos beweisen dies ebenso wie die bibliothekenfüllende Literatur über Goethes Faust. In der Musik übernehmen diese Marksteinrolle Werke wie Bachs Matthäus-Passion oder Mozarts Zauberflöte, besonders aber Beethovens Neunte Symphonie. In Verbindung mit dem Begriff Symphonie bekam die Zahl neun sogar eine geradezu magische Bedeutung, deren Rahmen Bruckner ängstlich einhielt und die Gustav Mahler abergläubisch zu überschreiten trachtete, um nicht das Ende seines Lebens und Schaffens zu beschwören.

Nichts aber ist schädlicher für die großen Werke als blinde Verehrung, nichts auch zugleich ihrem wahren Verständnis abträglicher. Indem sie wie Fetische gleichsam auf Podeste erhoben und museal in Glasschränke verbannt dem verstehenden Zugriff entzogen sind, indem sie aus dem sich stets weiterentwickelnden schöpferischen Prozeß, dessen Symptome sie ja nur sind, herausgelöst werden, fallen sie einer Versteinerung anheim, die kaum mehr nur ahnen läßt, welche vital geschichtlich-gesellschaftlichen Kräfte von ihren Schöpfern in sie hineingelegt wurden.

Das Schicksal der Fetischisierung hat Beethovens Neunte in einem besonderen Maße ereilt, wobei wohl ihr letzter Satz, der Schlußchor "An die Freude", den Ausschlag gibt und nicht eigentlich die ersten drei Sätze, die vermutlich mehr im Gefolge der Popularität des letzten mitmarschieren. Wo immer Völkerverbindendes auf dem Programm steht, bei nationalen Feierlichkeiten wie an Sylvester, selbst seinerzeit einmal in der Diskussion um eine neue bundesrepublikanische Nationalhymne, tritt die Neunte auf den Plan und ruft allenthalben Andacht hervor, von der selbst noch ein Schlager wie "Song of joy" profitierte.

In dem Betrachter des Problems tut sich ein Konflikt auf: der Verdacht drängt sich auf, ob die Komposition an diesem ihrem Schicksal wohl selber nicht ganz unschuldig ist. Andrerseits wiederum scheint die Symphonie ihrer eigenen Verdinglichung so sehr zu widerstehen, daß man eher an ein Mißverständnis zu glauben geneigt ist.

Da wir unter dem Zeichen der Musiksoziologie angetreten sind, Probleme wenn nicht zu lösen, so doch deren Orientierung in eine bestimmte Richtung zu weisen, gilt es zu überlegen, was mit dem hier in Rede stehenden Werk, Beethovens Neunter, *gemeint sein könnte* und was von dem *Gemeinten heute verstanden wird.* Ordnen wir unsere Fragestellungen, so müssen sie lauten:
Geben die uns bekannt gewordenen Fakten vom Kompositionsprozeß und seiner Vorgeschichte Aufschluß?
Was sagt uns die innermusikalische Faktur?
Welchen Aufschluß gibt die Rezeptionsgeschichte?

Unter das, worunter man im landläufigen Sinne Musiksoziologie versteht, würde wohl nur die letzte Frage fallen. Hier ließe sich sogar mit Aufführungsorten und -häufigkeiten Statistik treiben. Die erste, die Frage der Vorgeschichte zumindest, beinhaltet immer noch einiges "Musiksoziologische": vielleicht die Frage des Auftrags, der Anzahlung usw. Was nun den Kompositionsprozeß und die innermusikalische Faktur betrifft, so denkt der sauber nach Fächern scheidende Wissenschaftler nicht an Musiksoziologie, sondern an Musikästhetik, Musiktheorie, Satzlehre oder was sonst man an nur-musikbezogenen Fächern noch nennen könnte.

Bereits die kleine Aufgabe, die wir uns mit den drei Fragen an Beethovens Neunte gestellt haben, zeigt schon an diesem Punkt, wie verzahnt "Musik" und "Gesellschaft" ineinander sind und wie wenig es andererseits für die Beantwortung unserer Fragen bringen würde, musiksoziologische Probleme von denen der Musik zu trennen.

Kehren wir zur Betrachtung des Beethovenschen Werkes unter dem Blickwinkel dieser Fragen zurück.

Der Arbeitsprozeß an der Neunten Symphonie war langwierig und nach Beethovens Art begleitet von vielen Vorbereitungen, Skizzen und Tagebuchaufzeichnungen. Zweifellos holte er zu einem Hauptwerk aus. Jedoch war dies für ihn kaum ein solch exemplarisches und einzigartiges, daß es, wie Richard Wagner, anzunehmen berechtigt hätte, hier sei eine ganze Gattung zu ihrem Ende geführt. Vergleicht man Beethovens Äußerungen zu eigenen zurückliegenden und zu geplanten Werken, so scheint er in je einem Werk die partikulare Verwirklichung einer allgemeinen übergeordneten Kompositionsidee gesehen zu haben, die Kette seiner Werke wurde ihm so zur Kette der Stationen, die diese Idee durchlief. Mindestens darin war er ein naher Verwandter Hegels.

Als Erweis für diese Auffassung mag einstehen, daß Beethoven eine zehnte Symphonie plante, er in dieser Kette also bereits weiterdachte, und andrerseits, daß ihn einmal abgeschlossene Werke nicht mehr sonderlich interessierten, es sei denn, daß er sie gerne verbreitet und aufgeführt sehen mochte, was verständlichen Komponistenwünschen entspricht. Daß die Komposition einer zehnten Symphonie über Skizzen hinaus nicht mehr zur Aufführung kam, kann kaum als Beleg dafür gewertet werden, wie wiederum Richard Wagner es getan hat, daß eben nach der Neunten keine Symphonie mehr möglich sei, auch einem Beethoven nicht. Mithin können wir vorläufig feststellen, daß Beethoven am Mythos der Einzigartigkeit dieser Symphonie *nicht* mitgearbeitet hat.

1823 schloß Beethoven die Komposition seiner neunten Symphonie ab, 1824 wurde sie in Wien mit sensationellem Erfolg uraufgeführt. Wie bei vielen anderen Werken Beethovens reichen die Ideen zur Neunten weit zurück. Man weiß, wie genau Beethoven in seinen Skizzenbüchern über seine Einfälle Buch führte, wie haushälterisch er damit umging und wie er noch über Jahrzehnte hinweg einmal notiertes Material verwendete. In der Tat findet sich bereits 1793 eine auf Schillers Ode bezügliche Notiz "Laßt uns die Worte des Unsterblichen Schiller singen!" In der Chorphantasie op. 80 von 1808 hat das Thema auffällige Ähnlichkeit mit der Melodie von "Freude schöner Götterfunken," wie wir überhaupt diese Fantasie ihrem Gestus nach als eine Art Vorstudie zur Neunten werten können.

Die Neunte Symphonie war übrigens eine Auftragskomposition. Die London Philharmonic Society bestellte 1822 mit einer beträchtlichen Anzahlung eine Symphonie, und noch über die Originalpartitur setzte Beethoven den Namen des Orchesters. Den erst 1826 erschienenen Erstdruck widmete er dann Friedrich Wilhelm III. Liest man die Berichte, etwa den Anton Schindlers, über die Uraufführung 1824 am Wiener Kärntner-Theater recht, so läßt sich schon ein Bild davon rekonstruieren, was man heute auf musiksoziologisch "Rezeption" nennt. Bei der Aufführung, die der fast gänzlich taube Beethoven gleichsam symbolisch leitete, indem er neben dem Dirigenten im Orchester stand und das Tempo der einzelnen Sätze angab, ist wohl kaum das spektakuläre Ereignis, die imponierende Gestalt Beethovens, die für die Wiener schon eine Art Denkmalscharakter angenommen hatte, und die Wirkung des ungewöhnlichen Werkes selbst auseinanderzuhalten — braucht auch nicht auseinandergehalten zu werden. Zeigt doch alles zusammengenommen, daß das Bewußtsein von etwas Exeptionellem überall vorhanden war.[1]

Auch von den späteren Aufführungen der Symphonie wissen wir, daß sie gerne zum Maßstab genommen wurde, zur Markierung und Erhöhrung besonderer Ereignisse. Berühmte Komponisten versuchten sich als Dirigenten an ihr, gleichsam als Legitimation, allen voran Mendelssohn (Robert Schumann in einer Rezension über die Aufführung 1841: "Scheint es doch, als finge man endlich an einzuse-

1 Schindler, Anton: Biographie von Ludwig van Beethoven. Hrsg. von S. Ley. Bonn: Glöckner 1949, S. 305 f.: "Was den künstlerischen Erfolg dieses denkwürdigen Abends betrifft, so konnte er wohl mit jedem bis dahin in diesen altehrwürdigen Räumen Erlebten einen Vergleich aushalten. Leider, daß der allverehrte Mann, dem er gegolten, nichts davon gehört hatte. Er zeigt dies, indem er bei dessen Ausbruch am Schlusse der Aufführung der begeisterten Versammlung den Rücken zukehrte. Da hatte Karoline Unger den guten Gedanken, den Meister nach dem Proszenium umzuwenden und ihn auf die Beifallsrufe des Hüte und Tücher schwenkenden Auditoriums aufmerksam zu machen. Durch eine Verbeugung gab er seinen Dank zu erkennen. Dies war das Signal zum Losbrechen eines kaum erhörten, lange nicht

hen, daß in ihr der große Mann sein größtes niedergelegt hat."),[2] dann Otto Nicolai 1842 in den Wiener Philharmonischen Konzerten, Spohr 1845 bei der Einweihung des Beethoven-Denkmals in Bonn, schließlich Wagners Dresdner Aufführung 1846, von deren Hindernissen Wagner so beredt zu berichten wußte, und der auch nicht müde wurde, über die Neunte in seinen Schriften zu reflektieren.[3]

Jetzt erst scheint es so, daß einerseits der Mythos um diese Symphonie beginnt, andererseits es sich zeigt, daß das aufwendige und als monströs empfundene Werk dem Verständnis des breiten Publikums Schwierigkeiten entgegensetzt. Im Programmheft der Dresdner Aufführung wollte Wagner diesen Schwierigkeiten mit Goethe-Zitaten abhelfen, die er den einzelnen Sätzen voranstellte. Wagner war

enden wollenden Jubels und freudigen Dankgefühls für den gehabten Hochgenuß.

Den künstlerischen Erfolg dieses denkwürdigen Maiabends nachdrucksvoller noch darstellen vermögen einige Sätze aus dem Wiener Berichte in der Allg.Mus.Ztg. S. 437 u. ff.: 'Aber wo soll ich Worte hernehmen, meinen teilnehmenden Lesern Bericht zu erstatten über diese Riesenwerke...(Der Eindruck war) unbeschreiblich groß und herrlich, der Jubelruf enthusiastisch, welcher dem erhabenen Meister aus voller Brust gezollt wurde, dessen unerschöpfliches Genie uns eine neue Welt erschloß, nie gehörte, nie geahndete Wundergeheimnisse der heiligen Kunst entschleierte!' "

2 Schumann, Robert: Gesammelte Schriften über Musik und Musiker. Hrsg. v. H. Simon. Leipzig: Reclam 3. Bd, S. 89.

3 Besonders in: Bericht über die Aufführung der neunten Symphonie von Beethoven im Jahre 1846 in Dresden, nebst Programm dazu. Wagner, Richard: Gesammelte Schriften und Dichtungen. Hrsg. v. W. Golther. II, 50 ff.
Beethoven, Ebenda, IX, S. 98 ff.
Zum Vortrag der neunten Symphonie Beethovens. Ebenda, IX, S. 231 ff. Vgl. auch Kropfinger, K.: Wagner und Beethoven. Untersuchungen zur Beethoven-Rezeption Richard Wagners. (= Studien zur Musikgeschichte des 19. Jahrhunderts. 29.) Regensburg: Bosse 1975.

auch der erste, der der Neunten die Rolle eines Wendepunktes in der Musikgeschichte aufbürdete ("Nicht also das *Werk* Beethovens, sondern jene in ihm enthaltene unerhörte künstlerische *Tat* des Musikers...").[4] Im letzten Satz habe Beethoven die Grenzen der nur-instrumentalen Musik überhaupt gesprengt und die Neunte sei somit die letzte Symphonie schlechthin, der Abschied einer ganzen musikalischen Gattung, zugleich aber Ausgangspunkt für Wagners Ideen zum Musikdrama. Wagner holte sich so bei der IX. Symphonie die geschichtliche Legitimation seiner Ideen, indem er sich als — richtig verstandener — Erbe Beethovens darstellte, und damit zugleich alle symphonischen Komponisten *nach* Beethoven zu Epigonen stempelte.

Fakten zur Vorgeschichte und zum Kompositionsprozeß selber, Fakten ferner zu einem Stück entscheidender Rezeptionsgeschichte der IX. Symphonie, zeigen wohl einen bestimmten Grad von gesellschaftlicher Besonderheit des Stückes an, man würde heute sagen: seine "musiksoziologische Relevanz". Erklären tun sie diese Besonderheit jedoch nicht. Es ist dies der oben schon angesprochene Punkt, an dem die Betrachtung, will sie Auskünfte über die Musik auch unter ihrem gesellschaftlichen Aspekt, *in die innermusikalische Faktur selbst* eindringen muß. Zweifellos ist es hier wiederum der letzte Satz der Neunten, der der Hauptgegenstand der Untersuchung wird sein müssen, weil letztlich er das Indiz für Besonderheit und Mythos dieser Symphonie abgibt. An den ersten drei Sätzen sind zwar auch immer wieder deren Besonderheiten diagnostiziert worden, sie stellen sich aber bei genauerer Betrachtung als Besonderheiten von Beethovens Spätwerk insgesamt heraus. So ist der leere Quintklang des Anfangs, gleichsam aus dem

4   Wagner, a.a.O. IX, S. 112.

Nichts aufsteigend, immer wieder besprochen worden. Nun haben die einleitenden Takte vor dem Hauptthema, die im Verlauf der Symphonie wieder aufgenommen werden (z.B. T.36 ff, 160 ff., 301 ff.)[5] eine doppelte Funktion: einmal führen sie quasi den Entstehungsvorgang, die Gestaltgewinnung des Hauptthemas vor, zum andern werden diese Takte zum Markierungsmotiv besonderer Formteile. So leiten sie etwa (ab Takt 160) die Durchführung ein. Beide Funktionen aber, das Werden eines Themas gleichsam vor den Ohren des Hörers vorzuführen und gleichzeitig architektonische Momente der Form damit zu bestimmen ist ein Verfahren, das Beethoven besonders in seinen Klaviersonaten sehr früh entfaltete. Überhaupt ist der gesamte erste Satz durchaus im Rahmen von Beethovens symphonischer Arbeit zu sehen, mit allen seinen konsequenten Modifikationen jener Sonatenform, die Beethoven insonderheit seit seiner mittleren Schaffenperiode ausgebaut hat. Von einem Endpunkt symphonischer Form kann überhaupt nicht die Rede sein, da in dem Verfahren, die gesamte Höhe der verfügbaren motivisch-thematischen Arbeit aufzubieten, um den Satz in sich schlüssig zu machen, eher noch der mittlere Beethoven, etwa der der "Appassionata" oder vielleicht des "Erzherzogtrios" zu erkennen ist als der der letzten Streichquartette. Dies gilt genauso von den beiden folgenden Sätzen, dem scherzoartigen zweiten und dem langsamen dritten. Da normalerweise der zweite Satz in einer Symphonie der langsame ist, hat die Vertauschung der Plätze des zweiten mit dem dritten Satz in der Neunten zu vielen Spekulationen Anlaß gegeben. Sieht man einmal davon ab, daß die Satzfolge Sonatenhauptsatz-Langsamer Satz-Menuett/Scherzo-Rondo der Haydn-Mozart-Tradition,

5 Beethovens IX. Symphonie ist hier zitiert nach Edition Eulenburg, Nr. 411.

weder für Haydn noch für Mozart verpflichtend, von Beethoven vielfach *vor* der Neunten Symphonie durchbrochen worden ist, so scheint für die Neunte die zwingendste Erklärung dafür wohl die zu sein, daß Beethoven vor dem letzten Satz, mit dem er freilich Besonderes im Sinn hatte, den Kontrast eines langsamen brauchte.

Es ist demnach der *letzte* Satz, an dem sich Zweifel und Verehrung, Ideologie und Mythos, Spekulation und Mißverständnis verdichten.

Es ist schon oft beschrieben und immer wieder interpretiert worden: Der Beginn mit der unvermittelt krassen Dissonanz und einem Gestus, als müsse etwas beiseitegeräumt werden; dann die rezitativartige Melodie von Celli und Bässen, die den Eindruck macht, als wollten sich die Instrumente ihrer Gebundenheit an die absolute Musik entledigen und zu sprechen anfangen. Aber nicht genug, daß Instrumente sich zu sprachähnlicher Verständlichkeit durchringen wollen, die reine, "absolute" Instrumentalmusik der vorhergehenden Sätze soll auch noch widerrufen werden. Sie wird es dadurch, daß nun aus dem Zusammenhang gelöste Zitate aus dem ersten, zweiten und dritten Satz vorgeführt werden, unterbrochen von Baßrezitativen, die gleichsam die Brauchbarkeit dieser Themen für einen weiteren Satz ablehnen. Vor dem Hörer entsteht dann jene neue Melodie, die später als "Freude schöner Götterfunken" gesungen wird. Es folgen jedoch, nachdem diese Melodie von Bässen ganz vorgetragen worden ist, zunächst einmal instrumentale Variationen. Erst dann greift Beethoven mit der Sprache und der menschlichen Stimme in das Geschehen ein. Nach dem nochmaligen Aufgreifen der schrillen Dissonanzen singt der Baß: "O Freunde, nicht diese Töne, sondern laßt uns angenehmere anstimmen und freudenvollere!" (In seinen Plänen hatte Beethoven auch andere Einlei-

tungstexte erwogen, wie "Heute ist ein feierlicher Tag —
dieser sei gefeiert mit Gesang" oder das schon früh erwoge-
ne "Laßt uns das Lied des unsterblichen Schiller singen!").[6]

Hier nun beginnt der eigentliche Kantatensatz, der eine
erweiterte Variationsform darstellt, in dem zwei Themen,
"Freude schöner Götterfunken" und "Seid umschlungen,
Millionen" zuerst gegeneinander exponiert und dann miteinander kontrapunktiert werden.

Dies alles ist, wie gesagt, bereits unter dem Aspekt mehrfach beschrieben worden, daß es sich hier bei Beethoven, in
diesem Werk und in der Geschichte der Symphonie um etwas Außergewöhnliches handele. Dieses Außergewöhnli-
che, im Verein mit der großangelegten Fassade, zugleich
aber auch mit der eingängigen Melodie hat dies Werk zu
dem gemacht, wie es heute im Bewußtsein der Konsumen-
ten besteht und wie wir es am Anfang beschrieben haben:
festlich, völkerverbindend, menschheitsumarmend, mark-
steinsetzend.

Hört, liest und versteht man diesen Satz aber recht, so
müßte bald deutlich werden, daß dies ein Mißverständnis
ist, und zwar eines, daß von Beethoven zweifellos selber
inauguriert ist.

Man vergegenwärtige sich, daß es die *Instrumentalmusik*
war, die das heraufkommende Bürgertum als sein musikalisches Spezifikum ausbildete und die ihm zum musikalischen Symbol seines historischen Selbstverständnisses wurde. (Man denke an E.T.A. Hoffmanns Aufsatz über Beethovens Instrumentalmusik). Bereits im Schoße der absolutistischen Kultur bereitet sich durch die Instrumentalmusik früher Bürgergeist vor: freiströmend Sprachliches, weder ans

6 Vgl. Riezler, Walter: Beethoven. Zürich: Atlantis 7/1951, S.
240 f.

Wort und seine Allegorie noch an die allzu symmetrischen Schemata der üblichen Barockmusik gekettet, macht sich da und dort bemerkbar, bei Vivaldi etwa, in seinen "Quattro stagioni," in Bachs Orchesterouvertüren oder einigen, wiener-klassischen oder romantischen Gestus vorwegnehmenden Stücken des Wohltemperierten Klaviers. Ebenso ist es die Instrumentalmusik wieder, in der sich am Vorabend bürgerlichen Aufstiegs, bei den "Mannheimern" oder bei Johann Christian Bach etwa, die neue Ära ankündigt und von Haydn und Mozart endgültig eingeleitet wird: und zwar mit der Idee des allseitig durchgebildeten *Werks*. Das die hochbürgerliche Ära in der Musik kennzeichnende Werk ist geprägt durch die motivisch-thematische Arbeit, den integralen Zusammenhang seiner Bestandteile, die sinnvolle Beziehung zwischen dem Detail und dem Ganzen, das als Totalität in einem dialektischen Sinn verstanden ist: so wie die Teile das Ganze erst machen, so gibt das Ganze den Teilen erst ihren Stellenwert. Die Werkidee, in der Sonatenform der Sinfonie, des Streichquartetts und der Kammermusik überhaupt präsent, ist die wahre Ausprägung des bürgerlichen Musikideals als musikalischer Ausdruck von Allgemeinverbindlichkeit und Verständlichkeit im humanen Miteinander aller Kräfte am Ganzen.

Beethoven hat an der Höhe der späten Quartette Haydns, der letzten Symphonien Mozarts angeknüpft, hat sie in seinen früheren Werken, den Klaviersonaten bis op. 22, den Streichquartetten op. 18, den ersten beiden Symphonien ständig neu sich wandelnd vollzogen und brachte die Idee in seiner mittleren Schaffensperiode zu einer gewissen Vollendung, wovon vor allem die sog. Rasumoffsky-Quartette op. 59, "Waldstein"- und "Appassionata"-Klaviersonaten, am deutlichsten vielleicht die V. Symphonie zeugen.

Inzwischen aber war der große Aufschwung des Bürgertums zum Stillstand gekommen, die Hoffnungen, die die Französische Revolution mit ihren Versprechungen von Freiheit, Gleichheit und Brüderlichkeit weckte, hatten getrogen, die restaurative Phase der neuen, an die Macht gekommenen Gesellschaftsklasse begann. Auch die Musik zeichnete diesen Vorgang nach, ganz exemplarisch bei Beethoven. Mag sein, daß der Widerspruch schon in der Musik des bürgerlichen Aufschwungs vorgezeichnet war, der Widerspruch von Verständlichkeit und Komplikation, von "volkstümlich" und "gearbeitet." Denn das "Werk" als musikalischer Indikator der bürgerlichen Gesellschaft mußte ja beides sein: allgemeinverbindlich, d.h. verständlich, d.h. allen zugänglich, zugleich aber auch "gearbeitet," d.h. in sich stimmig, seiner innermusikalischen Qualität nach kontrollierbar.

Dieser Widerspruch aber brach nun auf. Denkt man die Werkidee konsequent zu Ende — und Beethoven dachte sie zu Ende — so wird zwangsläufig die innermusikalische Komplikation die Verständlichkeit überwiegen. Die Musik konnte noch von ihrer Freiheit sprechen, die Gleichheit und Brüderlichkeit mußte sie preisgeben. Der schmale Grat, auf dem Mozarts Zauberflöte sich befand: ernst *und* unterhaltend, verständlich *und* gearbeitet zu sein, war endgültig verlassen.

In dieser Situation muß der letzte Satz von Beethovens Neunter gesehen werden. In ihm will Beethoven — gleichsam gewaltsam — nocheinmal zurückholen, was der bürgerlichen Musik auf ihrem ersten, frühen Höhepunkt scheinbar so mühelos gelungen war: die Identät von Musik und Gesellschaft. Was in der Instrumentalmusik der Leonoren-Ouvertüre, der Egmont-Ouvertüre sich noch manifestiert hatte, in der Instrumentalmusik der ersten drei Sätze der Neunten will es sich nicht wieder einstellen. Daher die "Ablehnung" jener einzelnen Themen dieser Sätze für den letzten Satz und daher auch das "O Freunde, nicht diese Töne". Nur ist das "Angenehmere" und "Freudenvollere", das nun folgen soll, nur noch sehr teilweise von freiheitlichem Geist getragen. Zwar ist noch die "Freudenmelodie" vom Typus jener "Menschheitsgesänge", die seit Sarastros Arie das gehobene Melos der Wiener Klassik prägen und die als Symbol für das Humanitätsideal dieser Musik einstehen; zwar hat schon — wie im Trompetensignal in der Leonorenouvertüre — das "Alla Marcia" des letzten Satzes der Neunten und das nachfolgende Tenor-Solo "Froh, wie seine Sonnen fliegen" den Charakter des Fanals der Freiheit, ein sieghaft revolutionäres Pathos. Aber wie bereits Schillers Text Passagen enthält, die der Intention einer wirklich befreiten Gesellschaft, und nicht nur einer "in Elysium", entgegenstehen, so gerät Beethovens Vertonung des Freudengesangs um ein Vielfaches zu affirmativ, zu laut sich selbst bestätigend. "Doch wer's nie gekonnt, der schleiche weinend sich aus diesem Bund" konzipiert eine Gesellschaft, deren Brüderlichkeit nicht soweit reicht, daß sie nicht zum Ausschliessen bereit wäre. Und unerreichbar weit *über* ihrer Freiheit thront ihr metaphysisches Prinzip: "Such ihn überm Sternenzelt, über Sternen muß er wohnen." Was im Fidelio noch unmittelbare, konkrete Freiheit ankündigte, Befreiung aus Kerker, psychischer und physischer Pein, Wiedergutmachung von Unrecht, hier in der Neunten ist es über Sternen entrückt, und Beethoven hat in der Tat eine geradezu fatal angemessene Musik für diese Stelle gefunden, die an die auch der musikalische Realität entrückten Sphärenklänge der elektronisch erzeugten Musik gemahnt (T. 56 ff. des Andante maestoso). Es ist, als ob das, was an der Befreiung des Menschen hier und jetzt fehlt, durch überlaute Bestätigung, es sei doch so, sich immer und immer wieder vorgesagt werden müßte (T. 1 ab Prestissimo).

Beethoven hat hier eine Epoche zu Ende geführt, die Epoche musikalischer Verwirklichung der humanen, freiheitlichen, fortschrittlichen Ideale, die die bürgerliche Gesellschaft bei ihrem Antritt postuliert hatte. Nach der Neunten ist Beethoven dann zu anderen Wegen in seinen späten Quartetten und Klavierstücken aufgebrochen, von denen kaum mehr eine offene Botschaft an die Menschheit kam.

Seit der IX. Symphonie aber datiert tatsächlich eine Wende in der Musikgeschichte, eine andere freilich als die eines Endes der symphonischen Gattung. Die Neunte bezeichnet den Punkt, von dem an die Außenseite von Musik, ihre Fassade, für das Ganze genommen werden kann. Dies macht das Mißverständnis in der heutigen Rezeption dieser Symphonie aus, daß sie in ihrer Plakathaftigkeit so geglaubt wird, wie sie sich von außen darstellt. Statt dessen müßte der affirmative und zugleich überredende Charakter mißtrauisch machen und sollte vielmehr darauf verweisen, die Wechselbeziehung zwischen innen Gemeintem und außen Erscheinendem zu hören. Einer solchen Betrachtung enthüllt sich der Charakter dieses ebenso groß gedachten wie konsequent komponierten Werkes als der des *Scheiterns* und der *Ohnmacht.* Man verstehe dies recht: es ist nicht das Scheitern von Beethovens individuell kompositorischer Fähigkeit und nicht die Ohnmacht seines Wollens. Gemeint ist vielmehr das Gegenteil: daß Beethoven seismographisch empfindlich auskomponierte, was für die objektiv historisch-gesellschaftliche Situation noch möglich war. Indem die Neunte nach drei Sätzen Instrumentalmusik abbricht, im vierten Satz diese Instrumentalmusik sozusagen mit ihren eigenen Mitteln zunächst ablehnt, mit dem Wort dann in diese krisenhafte Situation eingreift und schließlich in dem nun beginnenden Satz eine neue utopische Welt konzipiert, ist sie in einem doppelten Sinne gescheitert: als Musik sowohl wie in ihrer gesellschaftlichen Konzeption. Beethoven wollte in der Neunten zu viel und zu wenig: zu viel, weil er die Widersprüche, die ja gesellschaftliche sind, wie durch einen Handstreich in der Musik einer Lösung zuführen wollte; zu wenig, weil er glaubte, es *durch Musik* tun zu können. Aber so wenig es dem Bürgertum als dem Erben der französischen Revolution gelungen ist, alle Menschen zu Brüdern zu machen und die Millionen zu umschlingen, so ohnmächtig wird der Klang dieses erst durch seine Ohnmacht wahrhaft authentischen Werkes bleiben.

Zum Deutschen Requiem
von Johannes Brahms

Hört man Brahms' Deutsches Requiem recht, so hört man wohl die Problematik mit, gegen die ein solches Werk in der zweiten Hälfte des 19. Jahrhunderts antrat. Damit soll keineswegs gesagt sein, es sei nicht Brahmsens Beruf gewesen, in geistlicher Musik ein gewichtiges, ein entscheidendes Wort mitzureden. Im Gegenteil: zweifellos zieht dies Werk seine Wirkung zum Teil aus eben jener Schwierigkeit. Wer jedoch über Größe und Grenzen dieses Requiems nachdenkt, wird nicht umhinkönnen zu sehen, daß religiöse Musik zu schreiben die Komponisten seit der Wiener Klassik vor schier unlösbare Aufgaben stellte. Daher führt denn auch der Weg der Kirchenmusikgeschichte zwischen Mozarts und Brahms' Requiem fast ausnahmslos an "problematischen" Werken vorbei. Warum — so fragt man sich — ging dem Klein- und auch den Großmeistern des sogenannten musikalischen Barock die kirchliche Musik soviel leichter von der Hand?

Die Antwort muß im Bereich des Gesellschaftlichen gesucht werden. Die Musik des Barock stützte sich auf die beiden Grundpfeiler des Absolutismus, auf Hof und Kirche. Dennoch bedeutete dies für die Musik nur bedingt eine Zweiteilung: bei relativer Verschiedenheit des Tons (von den Theoretikern hinlänglich abgehandelt) von weltlicher und geistlicher Musik etwa bis zu Bachs Tod kann eine gewisse Einheitlichkeit der Musiksprache angenommen werden. Auf der gemeinsamen musikalischen Grammatik des Generalbaß bewegten sich sowohl Kontrapunkt wie konzertierender Stil. Selbst wenn man annimmt, daß der "strenge" kontrapunktische Satz mehr der Kirche, der konzertierende Stil mehr der höfischen "Kammer" zugeordnet sei, so zeigt die Musik des Barock doch in ihren verschiedenen Ausprägungen eine lebhafte wechselseitige Durchdringung.

Diese "Einheit in der Mannigfaltigkeit" ist mit der schrittweisen Machtübernahme des Bürgertums und seiner Kultur in der zweiten Hälfte des 18. Jahrhunderts dahin. Der Dualismus Höfisches-Kirchliches wird abgelöst vom ehernen Gesetz bürgerlicher Ökonomie: dem von der Teilung allen Lebens in Arbeit und Freizeit. In der Kultur der Freizeit, in der das Bürgertum seine Selbstdarstellung betrieb, war zunächst für Kirchenmusik kein Platz. Die Kirche hatte ihre allbeherrschende Stellung verloren. Dort aber, wo auf dem Höhepunkt bürgerlichen Aufschwungs Kirchenmusik wieder aktuell wurde, wenn Beethoven etwa die überlieferten Formen der Kirchenmusik in die Hand nahm, dann gab er ihnen den säkularisierten Charakter seines Zeitalters. "Von Hertzen — möge sie wieder zu Hertzen gehen" war das Motto über der Missa solemnis, einer Messe für den Konzertsaal. Kirchenglaube ist darin abgelöst durch den an die Menschheit: "Alle Menschen werden Brüder" und "Seid umschlungen Millionen" ist der neue Glaube.

Sehr bald jedoch kam dieser bürgerliche Aufschwung zum Stillstand. Als Reaktion und Restauration nach 1815 ihr Werk taten, ging die Generation, die nach der Französischen Revolution die Geistesgeschichte trug, die Romantiker, in die Emigration der Innerlichkeit: Katholizismus und die Konversion zu ihm wurden wieder en vogue. Innerhalb einer breiten Strömung von Historismus, musikalisch im sogenannten "Cäcilianismus" und der "Palestrina-Renaissance", hatte die Musik für die Kirche wieder eine ernsthafte Chance.

Als in der Mitte des Jahrhunderts schließlich die bürgerliche Revolution gescheitert war und sich Thron und Altar zu jenem reaktionären Bündnis zusammenschlossen, das die zweite Hälfte des 19. Jahrhunderts kennzeichnen sollte, da hatte die Kirchenmusik ihren gesellschaftlichen Grundpfeiler wiedergewonnen, freilich in einem anderen Sinne als ehemals im Barock. Denn eine Einheitlichkeit der musikalischen Sprache gab es nicht mehr, der Stil des Kirchenmusikalischen war genauso ziel- und ratlos wie der auf dem Gebiet der sakralen Baukunst, in der man die Konzeptionslosigkeit durch Rückgriff auf historische Stile ("Neogotik") und wilhelminischen Bombast ersetzte.

* * *

Die beiden Parteiungen, die das Musikleben in der zweiten Hälfte des 19. Jahrhunderts spalteten, zeichneten zugleich auch der geistlichen Musik die beiden möglichen Wege vor. Im Lager der "Neudeutschen," in dem man der musikdramatischen Gesamtkunstwerk-Idee Richard Wagners, der Symphonischen Dichtung und der chromatisch-enharmonischen Harmonik anhing, war es Franz Liszt, der die geistliche Musik vertrat. In seinem (Brahms' Requiem ziemlich gleichzeitigen) Oratorium "Christus" oder auch in seiner "Legende von der heiligen Elisabeth" setzte er die arriviertesten Mittel der Tonsprache seiner Zeit mit historischen, altkirchlich-liturgischem Material in Verbindung im Sinne einer empfindsamen internationalen Katholizität. Zu jener spezifischen Christlichkeit neudeutscher Provenienz kann sicher auch Wagners Parsifal hinzugerechnet werden.

Schroff dem entgegen stellte sich Brahms und seine Gefolgschaft. Ihm war — in ganz anderer Weise als Liszt — die Tradition der Linie Bach — Beethoven Verpflichtung im konsequenten Zuendedenken der motivisch-thematischen Arbeit, der innerstrukturellen Entwicklung des musikalischen Werks. Weil sich dies wesentlich im "absoluten," im instrumentalen Bereich abspielte, mußten für Brahms die Direktiven für das Gesangliche, die Vokalkomposition und somit auch für die geistliche Musik außerhalb dieses Bereiches liegen: im Volksliedhaften, in der geistlichen Musik Bachs und sogar weiter zurück bei Heinrich Schütz, zu dessen Entdecker er lange vor der Schütz-Renaissance im 20. Jahrhundert wurde. Im Harmonischen fand er für sein Requiem die Mittel in einer — gegenüber der neudeutschen Schule — eher zurückhaltenden Diatonik mit gelegentlichen Ausgriffen auf Kirchentonalität und in einer gleichsam holzschnittartigen Kontrapunktik. Auch in der Form greift Brahms auf Bewährtes zurück: auf Kantatenhaftes, Chorteile mit a-cappella-Charakter, Motettisches im Wechselspiel von Chor und Instrumenten, ferner Chorfugen, alles Mittel, wie sie aus der Kirchenmusikgeschichte besonders des 17. und beginnenden 18. Jahrhunderts bekannt sind.

Im Gegensatz zu Liszts "südlich" gelagerter, lateinischer Katholizität gelang Brahms damit ein sehr norddeutsch herber Protestantismus im Ton, der jedoch bei aller Innenwendung und Herbststimmung vital bleibt und damit den Gefahren protestantischer Ästhetik entgeht: die Strenge und der Ernst dieser Musik hat weder Asketisches noch Bigottes an sich.

* * *

Suggeriert der erste Satz, "Selig sind, die da Leid tragen", im Orchester durch Aussparung der Violinen und Klarinetten und später unter reichlicher Verwendung der Harfe einen eher nazarenischen Totensonntags-Ton Mendelssohnscher Prägung, so nimmt das "Langsam, marschmäßig" des zweiten, "Denn alles Fleisch, es ist wie Gras," die düsteren Märsche Mahlers vorweg. Der Dreivierteltakt erlaubt die typisch Brahmsschen Verschiebungen der Taktschwerpunkte, die dem gleichsam endlosen Totenzug ein unerbittliches Gepräge verleihen. Nur der Ges-dur-Teil, als Trio des Marsches zu verstehen, "Seid nun geduldig", hellt die Stimmung etwas auf. Kernstück aber des ersten Teils, von dem man mit Recht gesagt hat, er sei der Vergänglichkeit, dem Memento mori, gewidmet, ist der dritte Satz, in dem zum ersten Mal durch die Einzelstimme, das Bariton-Solo, die menschliche Subjektivität zu Wort kommt: "Herr, lehre doch mich, daß ein Ende mit mir haben muß." Sie wird aufgehoben in der gewaltigen Allgemeingültigkeit der großen figurierten Fuge über einen ständig ausgehaltenen Orgelpunkt über d: "Der Gerechten Seelen sind in Gottes Hand."

Mit dem vierten Satz beginnt der zweite Teil des Werkes, der sich gemäß evangelischer Auffassung von Tod und Auferstehung der theologischen Bedeutung von Trost und Hoffnung widmet. "Wie lieblich sind deine Wohnungen" ist von jener gedeckten ruhigen Heiterkeit, die Brahms bei Schumann erfahren haben mag. Es ist die Gestik des 6. Intermezzo aus op. 116, zu der er dann griff, um den Sopran das helle "– und eure Freude soll niemand von euch nehmen" anstimmen zu lassen. Das würdige Gegenstück zum dritten Satz, eine aus Bachschem Geist gemeißelte C-dur-Fuge, "Herr, du bist würdig zu nehmen Preis und Ehre", bringt der Schluß des sechsten Satzes, der vorher noch einmal die Mahnung der letzten Posaunen hat erschallen lassen. Friedevoll und in Ton und Motivik den Anfang wiederaufnehmend bildet der siebente mit "Selig sind die Toten" den Schlußstein des wahrhaft groß gedachten und würdig empfundenen Werkes.

* * *

Brahms' Deutsches Requiem wurde 1868 zum ersten Mal aufgeführt. Es ist dies ein Jahr für das Verständnis des Musiklebens in der zweiten Hälfte des 19. Jahrhunderts kennzeichnender Ereignisse: in ihm werden Wagners Meistersinger, Bruckners Erste Symphonie und Max Bruchs berühmtes Violinkonzert uraufgeführt; es ist dasselbe Jahr, in dem auch die Gründungen des "Allgemeinen deutschen Cäcilienvereins" zur Belebung katholischer Kirchenmusik, sowie der "Gesellschaft für Musikforschung" durch Robert Eitner zur Veröffentlichung alter Musik stattfanden.

Die Aufführungsgeschichte des Brahmsschen Requiems bietet noch einen zeittypischen Hintergrund dar: Bei einer Voraufführung der ersten drei Sätze im Dezember 1867 in Wien kam es merkwürdigerweise zu einem kleinen Skandal. Eduard Hanslick berichtete darüber: "Während die beiden ersten Sätze des Requiems trotz ihres düsteren Ernstes mit einhelligem Beifall aufgenommen wurden, war das Schicksal des dritten Satzes ein sehr zweifelhaftes. Brahms braucht sich darum nicht zu grämen — er kann warten. Daß eine so schwer faßliche, nur in Todesgedanken webende Composition keinen populären Erfolg erwartet und viele Elemente eines großen Publikums unbefriedigt lassen wird, ist begreiflich. Aber selbst dem Widerstrebenden, so glauben wir, müßte sich eine Ahnung von der Größe und dem Ernste des

Werkes beimischen und Respekt auferlegen. Dies scheint nicht der Fall bei einem Halbdutzend grauer Fanatiker der alten Schule, welche die Unart begingen, die applaudirende Majorität und den vertretenden Componisten mit anhaltendem Zischen zu begrüßen, ein 'Requiem' auf den Anstand und die gute Sitte in einem Wiener Concertsaale, das uns auf das bedauerlichste überrascht hat."[1] Der Bericht Hanslicks, den man wohl heute als "Chefideologen" der Brahmsanhängerschaft bezeichnen würde, ist im übrigen insofern denkwürdig, als Hanslick hier nun seinen Schlag einmal nicht nach der "neudeutschen" Seite, sondern nach der konservativen austeilen konnte, nach jener Seite also, auf die er sich selbst von seinen Gegnern in der neudeutschen "Fortschrittspartei" gedrängt sah. Welch ultrareaktionäre Haltung muß sich demnach in dem Wiener Zischen kundgetan haben.

Auch die eigentliche Uraufführung im April 1868 in Bremen unter Anwesenheit der Prominenz der "Brahms-Partei" (Clara Schumann, Joseph Joachim, der Sänger Stockhausen, Max Bruch u.a.) brachte das Requiem noch nicht in seiner vollständigen siebensätzigen Gestalt. Anstelle des fünften sang — merkwürdig genug — die Frau Joseph Joachims aus Händels Messias "Ich weiß, daß mein Erlöser lebt" und spielte Joachim — noch merkwürdiger — das "Abendlied" von Robert Schumann. Erst im Februar 1869 erklang die vollständige Fassung, für die Brahms das fünfte Stück "Ihr habt nun Traurigkeit" mit dem Sopran-Solo nachkomponiert hatte, im Leipziger Gewandhaus.

* * *

1   Niemann, W.: Brahms. Berlin: Schuster und Löffler 1920, S. 87 f.

Trotz des protestantisch zuversichtlichen Charakters, den diese evangelische Missa pro defunctis in ihrem Weg über Düsternis und Trauer zu Trost und Hoffnung durchschreitet, ist ein leiser resignativer Zug nicht zu überhören, jener Ton, der Brahmsens Schaffen insgesamt leicht überschattet. Es ist, als wolle die Gestik dieser Musik gewaltlos die Möglichkeit künstlerischen Schaffens beschwören, und dies für eine Zeit, in der die Probleme und Schwierigkeiten für solches Schaffen anfingen, jene krisenhaft symptomatischen Zeichen von Unüberwindlichkeit zu zeigen, wie sie dann in unserem Jahrhundert offen ausbrach. Brahms greift im Requiem nicht nach vorn aus, tastet eher vorsichtig in die Geschichte zurück. Das erwähnte Hanslick-Zitat "Er kann warten" und die von Brahms selbst ausgewählte Bibelstelle "Siehe ein Ackermann wartet..." weisen eher darauf hin, daß Hoffnung und Trost dieser Musik dahin abzielt, daß überhaupt noch Hoffnung und Trost sein möge.

„Trivialmusik"

Daß die Modeströmungen, die verschiedenen "Wellen" der totalen Warengesellschaft auch den scheinbar entlegendsten Bereich unseres Lebens und der Umwelt nicht verschonen, ist kaum mehr neu. Was die sog. Nostalgie-Welle inzwischen erreicht hat, ist bekannt. Für den mit "E-Musik" Befaßten mag es jedoch interessant sein, daß für ihn — der vielleicht glaubt, mehr als andere von Modeströmungen unabhängig zu sein — die "Nostalgie" ebenfalls einigen seiner Bereiche eine neue Aktualität beschert hat. Zwar hat das zum Konservativen neigende "seriöse" Musikleben ohnehin seine eigene nostalgische Periodik: auf einen Barock-Trend folgt beispielsweise ein Mahler-Trend, "historische" Aufnahmen mittelalterlicher und Renaissance-Musik können ebenso en vogue werden wie plötzlich wieder Wagner. Von dieser Art Periodik aber soll hier nicht die Rede sein. Vielmehr wollen wir konstatieren, daß die Nostalgie-Welle einen musiksoziologisch außerordentlichen interessanten Bereich aktualisiert hat, der *zwischen* denen liegt, die man heute (barbarisch, aber dem gegenwärtigen Standard des Musiklebens durchaus angepaßt:) E-Musik und U-Musik nennt. Es ist dies die zwischen der "klassischen Musik" und dem "Schlager" von einst liegende Grauzone einer unterhaltenden ernsten oder einer ernsten Unterhaltungsmusik, die — seit die Caféhaus-Musik fast ausgestorben ist — bislang nur in Wunschkonzerten und Kurorchestern ein Dasein am Rande des Musiklebens fristete.

Wie sieht das Repertoire aus, das auf den rauschenden und knackenden 78-Schellack-Platten festgehalten ist, Tonträger, für die kaum noch Abspielgeräte im Handel erhältlich sind, die man kaum einer heutigen Stereoanlage zumuten darf? Wie ist eine Musik einzuschätzen und zu bewerten, deren alte Aufnahmen — klanglich geschönt — man wieder in Langspiel-Neuauflagen kaufen kann, Interpretationen, dereinst in abenteuerlichen Verfahren auf Klavierwalzen und Lochstreifen aufgenommen? Was mag heute wieder internationale Virtuosen bewegen, dergleichen neben ihrem Standardrepertoire zu spielen?

Versuchen wir, einen Überblick über das gesamte Genre zu schaffen. Es scheint, daß sich nach Herkunft und Charakter der Stücke, vier Gruppen unterscheiden lassen.

Die erste Gruppe stammt aus der sogenannten ernsten Musik. Es sind dies Stücke, die einer Art Zurichtungs- oder Verwertungsprozeß unterworfen wurden, indem sie meist aus dem ursprünglichen Werkzusammenhang herausgerissen und zudem noch für andere Instrumente besetzt sind als original vorgesehen. Als berühmte Beispiele seien angeführt: das "Largo" von Händel, eigentlich eine Arie aus der Oper "Xerxes"; die "Träumerei" von Schumann, Mittelpunkt eines Klavierzyklus, der "Kinderszenen". Losgelöst aus einem übergeordneten Zusammenhang, in dem sie einen bestimmten Stellenwert einnehmen, schrumpfen diese Stücke zu kleinen Genrebildchen zusammen. Sie bekommen Ähnlichkeit mit den kleinen Plastiknachbildungen des großen David von Michelangelo. Obwohl die real gespielten Noten dieselben sind wie im Original, verändert sich durch die Bearbeitung doch unter der Hand auch ihr Charakter. Ist z.B. die Träumerei von Schumann wesentlich *Klavier*stück, in dem sich der zwar dominierenden Oberstimme dennoch ein differenziertes Gewebe von Mittelstimmen zugesellt, die — schon durch den gleichen Klavierklang — eine gewisse Gleichberechtigung erhalten, so wird in einer Bearbeitung für Melodieinstrument und Klavier die Oberstimme zur alles beherrschenden "Kantilene," die andern Stimmen zur bloßen Begleitung. Dies mag die Faßlichkeit der Musik erhöhen, von der Kompositionsabsicht aber geht ein Hauptmoment verloren. Der sentimentale Charakter, im *Klavier*stück beherrscht und durch die Faktur in der Balance gehalten, bricht nun in der Bearbeitung hemmungslos durch.

Die gesellschaftlich-musikalische Tendenz dieser Stücke ist, sie der Situation des Musiklebens, wie es spätestens seit der zweiten Hälfte des 19. Jahrhunderts geworden ist, anzupassen. Kennzeichnend für diese Situation ist die Trennung in zwei Bereiche, die sich zudem stetig voneinander zu entfernen begannen: die Trennung einer "hohen" Musik von einer "niederen," einer "ernsten" von einer "unterhaltenden," oder (nach den Adressaten ausgedrückt:) eine Musik für Fachleute und Gebildete, und eine für Laien und Ungebildete. In der eben nun genannten Gruppe "zubereiteter Klassiker" ist der Anspruch der "hohen" Musik äußerlich festgehalten, da es sich ja tatsächlich noch um Stücke von Händel oder Schumann handelt, jedoch ist alles an ihnen entfernt worden, was ihren Unterhaltungswert herabsetzen und ihre glatte Konsumierung stören könnte. Bei der Opernarie etwa durch Auswechseln der Singstimme mit der Geige fällt der "störende" italienische Text weg, und das "Largo" wird so — selbstverständlich ohne die motivierende Opernhandlung — zu einer "sanglichen" Schnulze zwischen Feierlichkeit und Sentiment. Halten wir fest, daß der *Trivialcharakter* dieser Musik darin liegt, daß sie *depraviert* worden ist, d.h. daß sie — in bestimmter Absicht — anders zur Erscheinung gebracht wird als sie ursprünglich gemeint war, wobei der äußere Schein, es handele sich noch um dies Ur-

sprüngliche, gewahrt werden will (als ob die 'Reverie' für
Cello und Klavier noch Schumanns Klavierstück "Träumerei" aus den "Kinderszenen" wäre!).

Merkwürdigerweise gibt es nun Stücke, die zu diesen klassischen Evergreens oder Hits zählen und die doch in ihrer
originalen Gestalt erscheinen: so etwa Beethovens "Für
Elise", Bachs "Air" aus der Orchestersuite D-dur oder Mozarts "Ave verum". An ihnen zeigt sich, daß Depravation
zur Trivialmusik nicht unbedingt über einen Zurichtungs-
prozeß laufen muß. Es genügt wohl schon, sie mit einem populären Titel versehen (der durchaus original sein kann, wie
in den drei genannten Fällen) und als eingängige Einzelstücke
zu präsentieren (Sammlungen solcher Stücke hießen früher
"Perlen" oder "Schatzkästlein" der Tonkunst). Mag sein,
daß die Stücke selbst nicht ganz unschuldig an ihrem Schicksal sind, d.h. daß in ihnen bereits etwas beschlossen liegt,
daß ihrer Verwertung als Unterhaltungsmusik vorschub-
leistet. Am wenigsten noch verständlich bei Beethovens
"Albumblatt 'Für Elise' " wo es allenfalls der Titel und vielleicht der etwas melancholische Charakter ist, das dem
sonst eher dürren, auf dem Halbtonschritt-Motiv insistie-
renden Stück Popularität verleiht; eher verständlich schon
bei Mozarts "Ave verum", das im Gewande eines histori-
sierenden Kirchenstils einem etwas wehleidigen, säkulari-
siert-frommen Sentiment Ausdruck gibt (die Chromatik in
der Oberstimme auf "...verum"). Allen diesen Stücken gemeinsam ist jedoch die Herauslösung aus einem Zusammenhang, der musikalisch mitdenkendes Nachvollziehen erfor-
dert: es scheint dies für die Sphäre "leichter" Musik unabdingbar, das sie konsequent die Kennzeichen von Arbeit
leugnen und von jeglicher Anstrengung beim Hören dispen-
sieren.

Zur zweiten Gruppe nun sind jene Stücke zu rechnen, die gleich zu unterhaltendem Zweck komponiert wurden, wenn auch noch mit einem gewissen Anspruch auf Seriosität, gleichsam auf die "Perlen der Tonkunst"-Attitüde hin. Zumeist waren komponierende Virtuosen die Urheber dieser Musik, zu ihrer Zeit berühmte und heute meist vergessene Geiger, Cellisten und Pianisten, die sich für die eigene Konzerttätigkeit Musik schrieben, die zugleich eingängig und brillant sein sollte, eben das, was man dem Typus nach heute noch von Zugabestücken her kennt.

Zur Verständlichkeit und Eingängigkeit der Musik gesellt sich hier das Staunen des Hörers über die Künste des Virtuosen. Bei brillanten Piècen hatte man mehr die Technik, bei sentimentalen mehr den "schönen Ton" zu bewundern. Großes frühes Vorbild der Gattung mag wohl Paganini gewesen sein. In den vielen Serenaden, Nocturnes, Préludes und Perpetuum mobiles von Virtuosenkomponisten wie den Cellisten Davidoff oder Popper ("Elfentanz"), den Pianisten Anton Rubinstein ("Melodie") oder Moritz Moszkowski ("Guitarre"), den Geigern Wieniawski oder Kreisler ("Caprice viennois" "Schön Rosmarin" "Liebesleid" etc) fand diese Zweiheit von Sentiment und Brillanz ihren Niederschlag. Da diese Stücke meist ein Publikums- und Verlagserfolg waren, erschienen sie ihrerseits wieder in vielen Bearbeitungen. So wirkt Rimski-Korsakoffs berühmter "Hummelflug" wie eine originale brillante Salonpièce, obwohl das Stück in der Form, an der Geiger oder Cellisten ihre Virtuosität zeigen, eine Bearbeitung ist (Orchesterstück aus Rimski-Korsakoffs Oper "Das Märchen vom Zaren Saltan"), und so hat Fritz Kreisler Stücke, die er selber komponiert hat, als "Bearbeitungen" ("Alt-Wiener Tanzweisen") ausgegeben.

Ein Musiker wird immer zugeben müssen, daß der größte Teil dieser Stücke nicht nur hinreißend gut für das ihnen zugedachte Instrument geschrieben sind, sondern meist auch einen Charme besitzen, der den Produkten der Unterhaltungsindustrie heute weitgehend abgeht. Dennoch ist ihre Qualität aus zweiter und dritter Hand, ihr Bearbeitungscharakter — auch oder gerade als "Originale" — und damit ihre Austauschbarkeit nicht zu leugnen. Indem sie dennoch den Schein des Einmalig-Originellen vorspiegeln, sind sie insgesamt exemplarische Beispiele für das, was man seit Th.W. Adorno als den *Warencharakter in der Musik* diagnostiziert hat.

Zu dieser zweiten Gruppe müssen auch noch jene Stücke gerechnet werden, die einem für die zweite Hälfte des 19. Jahrhunderts bezeichnendem Exotismus entstammen. Gemeint sind jene von der Kulturschablone aufgegriffenen nationalen Tendenzen, die sich in der Musik niederschlagen: bei der ungarischen ("Ungarische Rhapsodien"), polnischen ("Alla polacca", Polonaise, Mazurka), spanischen ("Rhapsodie espagnole"), italienischen (Barkarole, Tarantella), fernöstlichen (Tamburin chinois, Fantasie orientale), skandinavischen (nordisches Lied) Moden, die in der Musik des 19. Jahrhunderts kommen und gehen, ist es schwierig zu unterscheiden, wieweit es sich um Salonstücke handelt, die ein wenig mit Lokalkolorit eingefärbt sind, oder um eine Musik, die in konkreterer Weise auf vorhandene Folklore zurückgreift. Im letzteren Fall hätten wir es wohl mit einer musikalischen Verständlichkeit zu tun, die auf etwas Ernsthafterem beruht, als die bislang hier gekennzeichnete Musikgattung, nämlich auf einer Synthese von wirklich nationalen Elementen und "hoher" Musik, unbeschadet, wie weit die Umsetzung des Nationalen in die Sphäre des Konzertstücks gelingt. In einer durch die Komponisten Albéniz,

Granados und de Falla repräsentierten spanischen Schule ist dies mit unterschiedlichen Ergebnissen versucht worden, am gelungensten wohl bei de Falla, dessen "Première danse espagnole" (aus seiner Oper "La vida breve") ein glänzendes Orchesterstück unterhaltenden Charakters ist. De Falla gelingt es, hier beides zu verbinden: innermusikalische Qualität mit Volkstümlichkeit, indem diese Musik echte spanisch-folkloristische Elemente "kunstmäßig", d.h. motivisch-thematisch, auch kontrapunktisch verarbeitet, ohne aus dem Auge zu verlieren, daß dies in für den Hörer verständlicher Weise geschehen muß.

Bei einer dritten Gruppe handelt es sich um Werke aus dem zweifellos seriös gemeinten Sektor der Musik, von denen das meiste aus Federn illustrer Namen der Musikgeschichte stammt, z.B. Tschaikowski ("Blumenwalzer"), Dvorak ("Humoreske"), Saint-Saëns ("Le cygne"), Rimski-Korsakoff ("Hummelflug"), Grieg ("Solveigs Lied" "An den Frühling"), Sinding ("Frühlingsrauschen") Sibelius ("Valse triste"), Rachmaninoff ("Prelude" cis-moll), gelegentlich sogar Brahms (As-dur-Walzer, für Geige handlich nach A-dur transponiert, Ungarische Tänze), auch der frühe Debussy ("Deux Arabesques") oder Ravel ("Habanera").

Die Verbindung mancher ihrer Werke zur Unterhaltungsmusik ist enger, als die Komponisten es wohl beabsichtigten: einzig hier scheint die Bezeichnung "trivial" unangefochten am Platze. Der Charakter dieser Musik ist nämlich nicht, wie in der ersten Gruppe, ein umfunktionierter, d.h. daß eine ursprünglich anders gemeinte Musik eine neue Tendenz aufgeprägt bekommt; die Musik ist auch nicht gleich auf die unterhaltende Funktion hin geschrieben, wie bei der zweiten Gruppe, sondern er ist gleichsam "ausgerutscht", er versteht sich zwar in seriöser Tradition stehend, der Gestus aber ist — sei es unfreiwillig, sei es kalkuliert — der der Unterhaltungsmusik. Es wird dies besonders bei Werken von Tschaikowski deutlich. Seine "Variationen über ein Rokokothema für Violincello und Orchester" op. 33 repräsentieren einen klassizistischen, wenn auch unkomplizierten Formtypus: Langsame Introduktion, Thema und eine Reihe von Variationen für ein Soloinstrument mit Orchester. Die motivisch-thematischen Bezüge der einzelnen Teile zueinander befindet sich auf einem Standard, der symphonisches Niveau suggerieren will. Dennoch gehorcht das Stück strikt den beiden Prinzipien, die für alle oben gekennzeichneten "Piècen" gelten: Sentiment und Brillanz. Schon das Thema mißversteht den Begriff "Rokoko" im Sinne des Rokoko-Nippes im ausgehenden 19. Jahrhundert: als sentimentale, ein wenig larmoyante Eleganz. Mit den darauf folgenden teils hochvirtuosen teils geradezu schmalzigen Variationen ist dies Werk Musik für das gehobene Bürgertum seiner Zeit: unter dem Anspruch "hoher Kunst" verdeckt es seinen Unterhaltungscharakter.

Kann man sagen, daß die Stücke der ersten Gruppe an ihrer Verwendung als Unterhaltungsmusik gleichsam unschuldig sind, die der zweiten Gruppe geradezu dafür gemacht sind, so sind die der dritten Gruppe in gewissem Sinne Opfer der historisch-gesellschaftlichen Situation, in der und für die sie geschrieben sind. Denn in dieser Situation, im Musikleben der zweiten Hälfte des 19. Jahrhunderts, wollten die Komponisten *mit dieser Art* von Musik etwas *zu dieser Zeit* Unmögliches: sie wollten das Ernsthafte mit dem Unterhaltenden in der Musik verbinden, die "hohe" Musik mit der "niederen", Erbauung mit dem Amusement, das "Gearbeitete" mit dem Verständlichen, das exklusiv Musikalische mit dem Volkstümlichen.

Was jedoch am Anfang des bürgerlichen Zeitalters in der Musik noch möglich war: an ihrem Vorabend in Mozarts Zauberflöte, auf ihrer Höhe etwa in Mendelssohns "Lieder ohne Worte," nämlich beides noch bruchlos zu verbinden, Kunstgemäßes mit Volkstümlichem — in der zweiten Hälfte des 19. Jahrhunderts ist der Graben zwischen beiden zu breit geworden, als daß man ihn noch ungestraft hätte überspringen können. Wer es dennoch tat, zahlte mit Unstimmigkeit und Zwiespältigkeit in der Musik: sie nahm den *Charakter des Trivialen* an. Musik insgesamt wird gegen beide Seiten hin — gegen die "ernste" wie gegen die "unterhaltende" — hochempfindlich. Es sind nicht nur die Brahmsschen Walzer, die dieser Situation erliegen, es können durchaus auch Stellen in hochkomplizierten, nur noch der "hohen" Musik zuzurechnenden Intermezzi sein, deren plötzliche Sextenseligkeit ein Indiz für diesen Zwiespalt abgeben.

Die vierte Gruppe schließlich bilden die Bearbeitungen, "Transkriptionen", Potpourris, Fantasien und Meditationen *über...* — nämlich über berühmte Themen, bekannte Lieder, erfolgreiche Opernmelodien, Volksgesänge etc. Die Werke dieser Gruppe sind sicher die zahlenmäßig am häufigsten vertreten, entspricht doch auch hier der Zubereitungs- und Bearbeitungscharakter, das Aneinanderreihen von bekannten und "schönen" Stellen — unbekümmert um einen musikalisch sinnvollen Zusammenhang — und die virtuose Entfaltungsmöglichkeit genau den Bedürfnissen, die an diese Art von Musik von Ausübenden, Publikum und Verlegern gestellt werden.

Zweifellos hat Franz Liszt auf diesem Gebiet Leistungen vollbracht, die bessere Nachahmer verdient hätten. Sieht man einmal von Virtuoseneitelkeit und einer gelegentlich schockierenden Unbedenklichkeit gegenüber fremden Werken ab, so bleibt doch übrig, daß Liszt einen hohen erzieherischen Beitrag zum Musikleben seiner Zeit geleistet hat. Durch seine Bearbeitungen für Klavier verbreitete er Werke, deren Zugänglichkeit schwierig und deren öffentliche originale Aufführungen ungleich viel seltener waren als heute, wo Massenmedien jederzeit und überall die beliebige Reproduktion von Musik sichern. So bearbeitete und spielte Liszt die zu seiner Zeit fast völlig unbekannten Orgelwerke Bachs, die Symphonien Beethovens, Lieder von Schubert und Schumann, Opern von Wagner und Verdi, Musik von Rossini und Mendelssohn — um nur einiges aus dem umfänglichen Katalog der über 140 Stücke zu nennen, in denen in Liszts Werk übernommene und nicht eigene Musik die Hauptrolle spielt. Die Spannweite dessen, was Liszt unter Bearbeitung versteht, ist enorm. Schon am Beispiel von Schubert-Bearbeitungen reicht sie von der bloßen Übertragung vierhändiger Originalkompositionen in einen sehr klaviergerechten zweihändigen Satz, über die Instrumentierung der Wandererphantasie in die Form eines Klavierkonzerts bis hin zu den "Soirées de Vienne," in denen Liszt aus Schuberts Walzern und Tänzen (Op. 9, 33, 77 u.a.) durch Neuzusammenstellungen, Variationen, modulatorische Durchführungsteile, Transposition in andere Tonarten an eine Grenze gelangt ist, an der bereits die neue Komposition beginnt. Liszts Transkriptionen Schubertscher Lieder, ein Spektrum dieser angedeuteten Bearbeitungsmöglichkeiten, stellen zudem noch deutlicher das pädagogische Motiv von Publikumsbelehrung und Verbreitung von guter aber (damals noch) versteckter Musik in den Vordergrund. In manchen seiner Opern-Paraphrasen — z.B. in "Reminiscences de Don Juan" oder in der "Rigoletto-Paraphrase" — gelangen Liszt so originelle und brillante Werke, daß man gelegentlich wohl geneigt ist, jene Stücke zu Liszts besten Werken zu zählen, bei denen die Anregungen von außen kamen.

Freilich läßt sich nicht leugnen, daß nicht nur einzelne Stellen in diesen Werken trivial wirken, sondern das der ganze Vorgang etwas von Trivialität an sich hat. Auch bei der besten Absicht, gute Musik so "unter die Leute zu bringen", hat der bearbeitende Zugriff doch etwas brutales, die ursprüngliche Musik vergewaltigendes. Rauschende Klavierfiguration statt der Schubertschen Klavierbegleitung bei Liedern, donnernde Oktaven in Bachschen Orgelwerken, das Verhackstücken und Neuzusammensetzen von thematischem Material, weniger nach werkimmanenten als nach sehr äußerlichen Gesichtspunkten, zeigen an, was mit der Musik geschieht: *sie wird vermarktet,* und wird dazu, da sich die originalen Werke nur in seltenen Fällen in ihrer ursprünglichen Gestalt dazu eignen, *eigens dafür zugerichtet.*

Große Könnerschaft und Geschmack lassen dies bei Liszt im allgemeinen erträglich erscheinen oder mitunter sogar übersehen, weil die Faszination dessen, was bei Liszt klavier- und satztechnisch bisweilen geschieht, die Negativa vergessen lassen. Anders jedoch bei der Flut der in der zweiten Hälfte des 19. Jahrhunderts ständig wachsenden Bearbeitungsliteratur. Hier handelt es sich meist um lieblos zusammengeholzte Potpourris, deren schlechter Satz die Geschwindigkeit anzeigt, mit der man mit diesen Stücken auf den verlegerischen Markt kommen wollte, um sich frühzeitig genug an den Tageserfolg einer Oper oder Operette anhängen zu können. Auch geschmacklich gibt es kaum noch eine Hemmung. Berühmtestes Beispiel ist wohl Charles Gounods "Méditation sur le 1er Prélude de Bach" von 1852 für Violine und Klavier, später auch mit unterlegtem Text als "Ave Maria." Das Stück besteht aus dem Präludium C-dur aus dem 1. Band des Wohltemperierten Klaviers, das in — naiver oder absichtsvoller — Verkennung seiner Struktur als Begleitung für eine neu hinzugeschriebene Melodie benutzt worden ist, deren bigotte Kitschigkeit so ernstgemeint ist, daß sie das kleine versöhnende Moment des Amüsanten ausschließt, das sonst Bearbeitungen in irgend einer Weise noch an sich zu tragen pflegen. Das Stück wurde geradezu ein Welterfolg und Gounod selbst hat es noch für die verschiedensten Besetzungen wiederum bearbeitet. Seitdem zeugen unzählige Besetzungsversionen, vom einfachen Melodieinstrument mit Klavierbegleitung bis zu Solostimme mit Summchor und Orgel von der unausrottbaren Beliebtheit eines Stückes, mit dem sein Komponist ein bestimmtes Stadium von Musikleben und Musikmarkt sehr genau eingeschätzt hat.

Die vierte Gruppe machte den größten Anteil an den Klavieralben und Sammelbänden aus, an denen abzulesen war, daß die Musik endgültig in eine professionelle und eine dilettantische geschieden war. Für den musizierenden Bürger, für die Hausmusik sind alle jene Salonalben gedacht, die in bunter Folge zunächst die "Perlen der Tonkunst", also unsere erste Gruppe bringen, an die sich, gleichsam nahtlos, die dritte Gruppe anschließt, also jene seriösen Stücke mit Kitscheinschlag, die von sich aus den Schatzkästleincharakter haben, der den klassischen erst anbearbeitet werden muß. Die Stücke der zweiten Gruppe, die Virtuosenstücke sind in den Alben meist ausgespart, einfach deswegen, weil sie für den musizierenden Laien zu schwer sind. Sind sie technisch nicht allzu schwer, gehen sie in die dritte Gruppe über. Die zweite Gruppe erscheint vielmehr dann auf der nun aufkommenden Schallplatte, mit denen sich der Käufer die Bewunderung der virtuosen Leistung, die ihm selbst versagt war, ins Haus holen konnte. Potpouris, Fantasien und Variationen, wie auch vierhändige Bearbeitungen von bekannten Symphonien, Ouvertüren und Konzertstücken bildeten den Schluß. Die vierhändigen Bearbeitungen klassischer Werke, auch deren Bearbeitung für ein Melodieinstrument und Klavier werden in ihrem Freizeitwert heute durch die Schallplatte (Opernkassetten, "Querschnitte", Gesamtwerkaufnahmen) abgelöst.

An zwei, dem Autor aus Familienbeständen überkommenen Alben ist dies leicht zu überprüfen. Eines heißt "Salon= Album" und bezeichnet die in ihm enthaltenen Stücke auf dem Titelblatt umstandslos als "25 ausgewählte, beliebte Salon=Kompositionen für Pianoforte zweihändig". Dazu gehören zur ersten Gruppe Bachs Präludium I C-dur (unbearbeitet), Händels Largo, Mozarts D-dur-Rondo, Boccherinis berühmtes Menuett und (zögern wir nicht, ihn zur ersten Gruppe zu rechnen:) Chopins Minutenwalzer. Virtuose Stücke der zweiten Gruppe sind in gewissem Sinne auch vertreten, und zwar meist in einer Art von aufgedonnertem Klavierstil, der dem Laien einerseits erreichbar ist, ihm andererseits aber vorspiegelt, ein großer Virtuose zu sein. So gibt es ein "Capriccio brillant" "Der Carneval von Venedig" von Ch. Voss, op. 51, das nach der bewährten Manier: Introduktion, Thema und Variationen das auch aus Tschaikowskis Italienischem Capriccio op. 45 bekannte Thema variiert, mit viel Oktaven, Terzen und chromatischen Läufen. Vielleicht sollte man auch Rachmaninoffs cis-moll-Prélude dazurechnen, das seinem Charakter nach natürlich zur dritten Gruppe gehört. Diese ist gut vertreten mit Raffs "Cavatine", der "Melodie" von Rubinstein und auch mit den "Ungarischen Tänzen" g-moll und C-dur, deren Autor, Brahms, hier bezeichnenderweise verschwiegen ist. Es schließen sich "Le Désir" von H. Cramer oder "Ein Abend im Gebirge. Tongemälde" von J. Schulz-Weida an. Auch "Nationales" ist vertreten: ein "Polnisches Lied" von C. Burow. Für die letzte Gruppe steht eine "Transkription über 'Die Uhr' von Loewe" von H. Mannfred. In dem "Traute Stunden" betitelten Heft vierhändiger Stücke ist als originale Komposition nur Schuberts D-Dur-Militärmarsch vertreten. Unvermeidlich erscheinen auch hier wieder Largo, Träumerei und Boccherini-Menuett. Die Virtuosenstücke der zweiten Gruppe fallen hier verständlicherweise aus. Für die dritte Gruppe steht "Traumbilder. Fantasie" von H.C. Lumbye, für die vierte Paraphrasen über Brautchor aus Lohengrin und Barkarole aus Hoffmanns Erzählungen. Ob man die Probe nun für Sammlungen wie "Die goldene Geige" macht oder "Der Himmel voller Geigen", immer wird man einem einigermaßen gleichartigen Repertoire begegnen, wobei es interessant ist zu beobachten, welche immer wiederkehrenden "Konstanten" dieses Repertoire hat (z.B. Bach-Präludium, Largo, Träumerei) und welche nach der jeweiligen Mode auswechselbaren Stücke den Untertitel z.B. der Sammlung "Der Himmel voller Geigen" rechtfertigt: "Eine Sammlung *musikalischer Erfolge* älterer und neuerer Komponisten..." Auch die "Goldene Geige" bezeichnet sich selber als "Eine Sammlung von Erfolgen." Zweifellos zielt die Bezeichnung "Erfolge" auf Wirkung und Verkaufswert der Musik ab. In die Sprache der Kulturindustrie-Propaganda von heute transponiert wären dies wohl Evergreens und Hits.

Aus der Problematik dessen, was wir hier — sehr vorläufig und unvorsichtig — als "Trivialmusik" bezeichnet haben, müßten zwei Aspekte unter musiksoziologischer Betrachtungsweise gesehen werden, weil die "Trivialität" dieser Musik eine doppelte ist: einmal ist sie "trivial", weil sie verständlich sein will, Volkstümlichkeit anstrebt, zum andern aber, weil sie, durch ihre Marktgerechtigkeit ihrem ursprünglichen Gebrauchswert entfremdet, den Charakter einer Ware annimmt. Beides, Verständlichkeit und Warencharakter, bedingen einander.

Am besten läßt sich dies immer noch an Stücken zeigen, deren originale Gestalt erst verändert werden müßte, um sie diesem Vorgang anzupassen. Verständlich, volkstümlich, und leider auch unabweislich trivial ist z.B. Schuberts "Am Brunnen vor dem Tore" in Silchers "Volkslied"-fassung. Die Frage wäre: was ist an Schuberts Originalfassung weniger volkstümlich, weniger verständlich, und — daher auch — weniger trivial?

Zunächst steht "Der Lindenbaum" als klavierbegleitetes Sololied in einem zyklischen Zusammenhang, nämlich in der "Winterreise". In dem Zyklus von insgesamt 24 Liedern hat es an seiner Stelle (als Nr. 5) eine bestimmte Funktion, die nur aus dem Zusammenhang heraus beschreibbar ist. Das Lied ist nämlich in dem beginnenden Zyklus der erste Ruhepunkt, eine Zäsur, eine Fermate. Dennoch kann sich das Lied von der Bewegtheit, dem romantischen Weltschmerz, der Zerrissenheit der vorangegangenen Lieder nicht freimachen. Dieser Zwiespalt äußert sich einerseits in der ruhigen, mit vierstimmigem Satz begleiteten Melodie ("Am Brunnen vor dem Tore"), andrerseits aber in der Unruhe des Vorspiels, das dann motivisch durchgeführt wird in dem unvermittelten Einbruch der dritten Strophe ("Die kalten Winde bliesen"), von deren Impuls sich die vierte Strophe ("Nun bin ich manche Stunde") sich trotz ihres Willens zu erneuter Ruhe nicht erholt.

Die verblüffend einfachen Mittel, die Schubert hier einsetzt, sichern dem Lied eine spontane Verständlichkeit sowohl seiner selbst wie auch dem Zusammenhang, in dem es steht. Ob diese Verständlichkeit zugleich auch "Volkstümlichkeit" bedeutet, ist nur aus der historisch-gesellschaftlichen Situation heraus zu entscheiden, in der es entstanden ist. Die zwanziger Jahre des 19. Jahrhunderts sind, trotz Wiener Kongreß, trotz Reaktion und Restauration, in der

Musik noch Jahre des bürgerlichen Aufschwungs, die Zeit der IX. Symphonie, des Freischütz, der Wiederentdeckung der Matthäuspassion. Die künstlerischen Mittel, die Schubert z.B. im "Lindenbaum" verwendet und ihre Allgemeinverständlichkeit fallen noch ineins. Die bereits oben angesprochene Spaltung "hoher" und "niederer" Kunst, im Keime bereits in aller bürgerlicher Kunst auf ihrer Höhe enthalten, macht dem ein Ende. Friedrich Silchers "Lindenbaum"-Fassung mag als Indiz dafür gewertet werden. Silcher stellt aus Schuberts durchkomponiertem Lied ein Strophenlied her, d.h. er läßt alle drei Strophen, ungeachtet ihres psychologisch differierenden Gehalts, auf dieselbe Melodie singen. Diese Melodie ist die der Schubertschen ersten Strophe, jedoch mit wenn auch kleinen so doch sehr einschneidenden Änderungen, die darauf abzielen, ungewöhnliche Wendungen, etwa das zweimalige Fallen der ersten beiden Zeilen auf die erste Stufe der Tonart, abzuschleifen, zugunsten einer "sanglicheren," vermutlich für das Kollektive Singen geeignetere Fassung

Der Silchersche Begriff der Volkstümlichkeit des Liedes werden dann die Vor- Zwischen- und Nachspiele geopfert, selbstverständlich auch die andere (Moll-) Fassung der Strophe "Die kalten Winde bliesen . . .", so wie die gesamte, ständig sich leicht variierende Klavierbegleitung, die durch eine simple Baß-nachschlagende Akkord-Begleitung ersetzt wird.

Solchermaßen wird aus hoher bürgerlicher Kunst, in der der Zwiespalt zwischen ihrer Qualität und ihrer Allgemeinverständlichkeit zumindest noch nicht aufgebrochen ist, "volkstümliche" mit allen Merkmalen des Trivialen. Erst in dieser Art "bearbeitet" setzt Musik ihrer Vermarktung keinen Widerstand mehr entgegen.

Wir haben Silchers falsches "Volkslied" deshalb als Beispiel gewählt, weil es als ein sehr frühes vielleicht sogar eine Nahtstelle bezeichnet, wo gemäß gesellschaftlichen Voraussetzungen die beiden Bereiche in der Musik, der seriöse und der unterhaltende, sich unwiderruflich scheiden.

Bliebe zum Schluß die Frage zu stellen, ob wir nicht zwischen "trivial" und "volkstümlich" unterscheiden sollten. Auch diese Unterscheidung wird von den herrschenden gesellschaftlichen Bedingungen diktiert, denen die Musik unterliegt. Mit dem Urteil "trivial" sollten wir milde umgehen, mit "volkstümlich" umso strenger. Denn mehr oder weniger Trivialität wird man wohl heute aller Musik bescheinigen können, die im Verwertungsprozeß eines total vergesellschafteten Musikbetriebes steht: und welche macht da eine Ausnahme? "Volkstümlich" sollte man aber nur eine solche Musik nennen dürfen, an der *alle* teilnehmen können und dürfen, und die trotz dieser Teilhabe nichts von ihrer Qualität nachgeben müßte, kurz: der man sich nicht zu schämen brauchte. Eine solche Musik steht noch aus. Sie wäre die Aufgabe des wahrhaft modernen Komponisten.

Literatur

Verzeichnis
der im Text erwähnten Literatur

Adorno, Theodor W.: Bach gegen seine Liebhaber verteidigt. In: Prismen. Kulturkritik und Gesellschaft. Berlin
und Frankfurt: Suhrkamp 1955.

—: Dissonanzen. Musik in der verwalteten Welt. Göttingen:
Vandenhoeck & Ruprecht 1956.

—: Ideen zur Musiksoziologie. In: Klangfiguren. Musikalische Schriften I. Berlin u. Frankfurt/M: Suhrkamp 1959.

—: Musikalische Warenanalysen. In: Quasi una Fantasia.
Musikalische Schriften II. Frankfurt: Suhrkamp 1963,
S. 58 f.

—: Thesen über Kunstsoziologie. In: Ohne Leitbild. Parva
Aesthetica. Frankfurt/M: Suhrkamp 1967.

Ambros, August Wilhelm: Geschichte der Musik. IV. 3.
Auflage. hrsg. v.H. Leichtentritt, Leipzig: Leukart 1909.

Bach, Johann Sebastian: Gesammelte Briefe. Hrsg. v. E.H.
Müller v. Asow, Regensburg: Bosse 1938.

Balet, Leo und Gerhard, E.: Die Verbürgerlichung der
deutschen Kunst, Literatur und Musik im 18. Jahrhundert, Neudruck hrsg. v. G. Mattenklott, Frankfurt/M,
Berlin etc: Ullstein 1972/73.

Beethovens sämtliche Briefe. Hrsg. v. E. Kastner, Leipzig:
Hesse & Becker o.J. (1911).

Bekker, Paul: Beethoven. Berlin: Schuster & Loeffler (2.
Aufl. 1912).

Blaukopf, Kurt: Musiksoziologie. Eine Einführung in die Grundbegriffe mit besonderer Berücksichtigung der Soziologie der Tonsysteme. Köln u. Berlin: Kiepenheuer o.J. (1951)

Blume, Friedrich: Artikel Bach, Johann Sebastian. In: MGG Bd. 1, Sp. 972

Burckhardt, Jacob: Die Kultur der Renaissance in Italien. Berlin: Verband der Bücherfreunde o.J.

Chantelou: Tagebuch des Herrn von Chantelou über die Reise des Cavaliere Bernini nach Frankreich. Deutsche Bearbeitung von H. Rose, München 1919.

Eisler, Hanns: Die Erbauer einer neuen Musikkultur. Schriften I, Musik und Politik 1924–1948. München: Rogner & Bernhard 1973, S. 140 ff.

Engel, Hans: Musik und Gesellschaft. Bausteine zu einer Musiksoziologie. Berlin u. Wunsiedel: Hesse 1960.

Fucks, Wilhelm: Über formale Struktureigenschaften musikalischer Partituren. In: Experimentelle Musik. Hrsg. v. F. Winckel. Berlin: Mann 1970 (=Schriftenreihe der Akad. d. Künste. 7)

Geiringer, Karl: Joseph Haydn. Der schöpferische Werdegang eines Meisters der Klassik. Mainz: Schott 1959.

Hamburger, Povl: Subdominante und Wechseldominante. Eine entwicklungsgeschichtliche Untersuchung. Kopenhagen und Wiesbaden 1955.

Handschin, Jacques: Musikgeschichte im Überblick. Luzern und Stuttgart: Räber, 2. Aufl. 1964.

Haug, Wolfgang F.: Zur Kritik der Warenästhetik. In: Kursbuch 20, 1970.

Hauptmann, Moritz: Die Natur der Harmonik und Metrik. Leipzig 1853.

Hegel, G.W.F.: Vorlesungen über die Ästhetik. Hrsg. v.H. Glockner. Stuttgart 3 Aufl. 1954, Bd.3.

Heine, Heinrich: Sämtliche Werke. Bd. 10. Hamburg: Hoffmann und Campe 1890.

Hoffmann, E.T.A.: Fantasiestücke in Callot's Manier. Erster Theil. Bamberg: C.F. Kunz, 2. Aufl. 1819.

—: E.T.A. Hoffmanns musikalische Schriften, Hrsg. v. E. Istel, Stuttgart: Greiner & Pfeiffer o.J.

Kirkpatrick, Ralph: Domenico Scarlatti, Bd. I, München: Ellermann 1972.

Knepler, Georg: Musikgeschichte des 19. Jahrhunderts. 2 Bde. Berlin: Henschel 1961.

Kretzschmar, Hermann: Führer durch den Concertsaal. 3 Bde., Leipzig: Liebeskind 1883—1890.

Kropfinger, K.: Wagner und Beethoven. Untersuchungen zur Beethoven-Rezeption Richard Wagners. (=Studien zur Musikgeschichte des 19. Jahrhunderts. 29.) Regensburg: Bosse 1975.

Kurth, Ernst: Romantische Harmonik und ihre Krise in Wagners "Tristan". Berlin: Hesse 1923.

Leibniz, G.W.: Monadologie. Stuttgart: Reclam 1954.

Mersmann, Hans: Musikhören. Potsdam-Berlin: Sanssouci 1938.

—: Soziologie als Hilfswissenschaft der Musikgeschichte. In: AfMw. 10. Jg, Heft 1, 1953, S. 1 f.

Musik in Geschichte u. Gegenwart: Artikel "Mechanische Musikinstrumente" (A. Protz und R. Quoika) 8, Sp. 1869 ff.

MEW, Marx-Engels-Werke. Berlin DDR: Dietz 1972, Bd. 23,

Meyers Konversationslexikon. Leipzig u. Wien: Bibliographisches Institut. 5. Aufl. 1895.

Niemann, W.: Brahms. Berlin: Schuster und Löffler 1920.

Paumgartner, B.: Mozart. Berlin und Zürich: Atlantis 1940.

Penzoldt, Richard: Zur sozialen Lage des Musikers im 18. Jahrhundert. In: Der Sozialstatus des Berufsmusikers vom 17. bis 19. Jahrhundert. Gesammelte Beiträge im Auftrag der Gesellschaft für Musikforschung hrsg. v. W. Salmen. Kassel etc: Bärenreiter 1971.

Rehberg, Paula u. Walter: Robert Schumann. Zürich/Stuttgart: Artemis 1969.

Riemann, Hugo: Kleines Handbuch der Musikgeschichte. Leipzig: Breitkopf & Härtel 4. u. 5. Aufl. 1922.

Riemann Musiklexikon, Sachteil, Artikel "Mechanische Musik" und "Mechanische Musikwerke." Mainz etc: Schott 1967, S. 550/551.

—: Artikel "Kadenz." Ebenda S. 433.

Riezler, Walter: Beethoven, Zürich: Atlantis 7. Aufl. 1951.

Schindler, Anton: Biographie von Ludwig van Beethoven. Hrsg. von S. Ley. Bonn: Glöckner 1949.

Schmitz, Arnold: Das romantische Beethovenbild. Berlin und Bonn 1927.

Schönberg, Arnold: Harmonielehre. Wien: UE 4. Aufl. 1922.

Schumann, Robert: Gesammelte Schriften über Musik und Musiker. Hrsg. v. H. Simon. Leipzig: Reclam 3. Bd. (1888/89).

—: Robert Schumanns Briefe. Neue Folge. Hrsg. v. F.G. Jansen. Leipzig: Breitkopf & Härtel 1886.

Siegele, Ulrich: Entwurf einer Musikgeschichte der Sechziger Jahre. In: Die Musik der sechziger Jahre. Hrsg. v. R. Stephan. Mainz: Schott 1972 (= Veröffentlichungen des Instituts für neue Musik und Musikerziehung Darmstadt. 12.)

Wagner, Richard: Gesammelte Schriften und Dichtungen. Hrsg. v. W. Golther. Berlin-Leipzig-Stuttgart-Wien: Dtsch. Verlagshaus o.J.

Warenästhetik. Beiträge zur Diskussion, Weiterentwicklung und Vermittlung ihrer Kritik. Hrsg. v. W.F. Haug. Frankfurt: Suhrkamp 1975.

Weber, Max: Die rationalen und soziologischen Grundlagen der Musik. München: Drei Masken 1921.

Wörner, Karl H.: Geschichte der Musik. Göttingen: Vandenhoeck u. Ruprecht 4. Aufl. 1965.

—: Robert Schumann. Zürich: Atlantis 1949.

Wolf, E.: Der vierstimmige homophene Satz. Die stilistischen Merkmale des Kantionalsatzes zwischen 1590 und 1630. Wiesbaden: Breitkopf & Härtel 1965.

Literatur zur Musiksoziologie

Die oft zu lesende Versicherung, das Literaturverzeichnis erhebe keinen Anspruch auf Vollständigkeit, hat insbesondere in bezug auf die Musiksoziologie etwas unfreiwillig Komisches. Solange auch nicht die geringste Einigkeit darüber zu erzielen ist, was denn Musiksoziologie eigentlich sei, was sie umfasse, welchen Stellenwert sie innerhalb der Musikwissenschaft einnehme, welche Wissenschaftstheorien, welche Methoden die ihr angemessenen seien, solange wird eine musiksoziologische Literaturliste immer "unvollständig" bleiben. Denn die Not des "Alles oder Nichts" müßte entweder dann fast alles, was je über Musik in einem wie immer zu begreifenden übergeordneten Zusammenhang geschrieben worden ist, auf die Liste setzen (einschließlich dessen, was im Einzugsbereich des Stichworts "Soziologie" Zuträgerdienste leistet: also die einschlägigen Seiten der Sozialwissenschaften und die Informations- und Kommunikationstheorien), oder diese müßte sich so beschränken, daß kaum noch der übergreifende Sinn, der dem Fach doch noch vom spezialisiertesten Fachmann zugesprochen werden muß, zu erkennen wäre.

Zunächst haben wir deshalb eine Trennung vorgenommen zwischen dem, auf das wir uns im Text an Literatur gestützt haben, und einem "Überblick" über die musiksoziologische Literatur. Dieser soll den Charakter eines repräsentativen Querschnitts haben, d.h., das, was der Verfasser unter den folgenden Rubriken für wichtig hielt, hat er in die Liste aufgenommen. Das besagt natürlich über das, was nicht in der Liste steht, überhaupt nichts, zumindest nichts Negatives.

Die Sachrubriken, die wir uns dabei vorgestellt haben, wären folgende (wir geben in Klammern dahinter jeweils ein Beispiel):

A. Bibliographien (Elste, M.: Verzeichnis deutschsprachiger Musiksoziologie)

B. Periodika (International Review...)

C. Texte (Kneif, T. [Hrsg.]: Texte zur Musiksoziologie)

D. Lexikonartikel (Honigsheim, P.: Musiksoziologie. In: Handwörterbuch der Sozialwissenschaften)

E. Einführende Werke und Grundsätzliche Konzeptionen (Silbermann, A.: Introduction...)

F. Zur allgemeinen Kultur-, Kunst- und Wissenssoziologie (Hauser, A.: Sozialgeschichte der Kunst und Literatur)

G. Frühe Verbindungen von Soziologie und Musik (Bellaigue: Die Musik vom soziologischen Standpunkt. 1901)

H. Zur Funktion der Musik in der Gesellschaft (in Geschichte und Gegenwart) (Balet, L.: Die Verbürgerlichung...)

– – Neue Musik, Avantgarde (Stroh, W.M.: Zur Soziologie der elektronischen Musik)

– – Unterhaltungsmusik, Pop, Jazz etc. (Adorno, T. W.: Über Jazz)

I. Zur Soziologie der musikalischen Gattungen und Formen (Finscher, L.: Zur Sozialgeschichte des klassischen Streichquartetts)

K.   Zur Sozialgeschichte und zum Sozialstatus des Musi-
      kers (Salmen, W. [Hrsg.]: Der Sozialstatus...)

L.   Werk, Tonsystem, musikalisches Material, Musiktheo-
      rie (Blaukopf, K.: Werktreue und Bearbeitung)

M.   Rezeption und "Publikum" (Wolff, H.Ch.: Das Opern-
      publikum der Barockzeit)

N.   Organisationen, Medien, Kritik (Berten, W.M.: Musik
      und Mikrophon)

O.   Musikpädagogik in soziologischer Sicht (Rauhe, H.:
      Interdisziplinäre Verflechtung der Musikpädagogik)

P.   Kulturindustrie, Warencharakter der Musik (Adorno,
      T.W.: Résumé über Kulturindustrie)

Q.   Auseinandersetzungen mit schon vorhandenen Kon-
      zeptionen (Silbermann, A.: Anmerkungen zur Musik-
      soziologie. Eine Antwort auf Adornos "Thesen...")

R.   Spezielle Gebiete von Musikwissenschaft und Sozio-
      logie (Blaukopf, K.: Raumakustische Probleme der
      Musiksoziologie)

Abert, H.: Die Stellung der Musik in der antiken Kultur. In: Die Antike II/1922.

Adorno, Th.W.: Zur gesellschaftlichen Lage der Musik. Zs. f. Sozialforschung I, 1932, S. 103—124.

—: Versuch über Wagner. Darin: Sozialcharakter, Seite 9 ff. Frankfurt/M. und Berlin: Suhrkamp 1952.

—: Dissonanzen. Musik in der verwalteten Welt. Göttingen: Vandenhoeck & Ruprecht 1956. 2. Aufl. 1958.

—: Anmerkungen zum deutschen Musikleben. In: Impromptus. Frankfurt/M. Suhrkamp 1968, S. 9 ff.

—: Musikalische Diebe, unmusikalische Richter. Ebenda, S. 131 ff.

—: Thesen über Kunstsoziologie. In: Ohne Leitbild. Parva Aesthetica. Frankfurt/M.: Suhrkamp 1967, S. 94 ff.

—: Résumé über Kulturindustrie. Ebenda, S. 60 ff.

—: Einleitung in die Musiksoziologie. 12 theoretische Vorlesungen. Frankfurt/M.: Suhrkamp 1962.

—: Ideen zur Musiksoziologie. In: Klangfiguren. Musikalische Schriften I. Frankfurt/M. und Berlin: Suhrkamp 1959, S. 9 ff.

—: Bürgerliche Oper. Ebenda, S. 32 ff.

—: Neue Musik, Interpretation, Publikum, Ebenda, S. 55 ff.

—: Musikalische Warenanalysen. In: Die neue Rundschau. 66, 1955. Und in: Quasi una Fantasia, Musikalische Schriften II, Frankfurt/M.: Suhrkamp 1963, S. 58ff.

—: Mißverständnisse. In: Melos XVII/1950.

—: Thesen gegen die "Musikpädagogische Musik". In: Junge Musik 1954, S. 111—113.

—: Zeitlose Mode. Zum Jazz. In: Prismen. Kulturkritik und Gesellschaft. Frankfurt/M. und Berlin: Suhrkamp 1955, S. 144 ff.

—: Reaktion und Fortschritt. In: Moments musicaux, Frankfurt/M: Suhrkamp 1964, S. 153 ff.

—: Über die musikalische Verwendung des Radios. In: Der getreue Korrepetitor. Lehrschriften zur musikalischen Praxis. Frankfurt/M.: Fischer 1963, S. 217 ff.

Adorno, Th.W. und Eisler, H.: Komposition für den Film, München: Rogner & Bernhard 1969.

Albarda-Goedhart, M.: Muzieksociologie, een nieuwe wetenschap. In: Mens en melodie. 15, 1960, S. 203—205

Anthon, C.: Some Aspects of the Sozial Status of Italian Musicians During the Sixteenth Century. Journal of Renaissance and Baroque Musik I, 1946/47.

Aspekte des Internationalen Musikkonsums. In: Österr. Musikzeitschrift 19, 1964, S. 457—488.

Balet, L.: Die Verbürgerlichung der Deutschen Kunst, Literatur und Musik im 18. Jahrhundert. Straßburg, Leipzig und Zürich: Heitz 1936; Neudruck: Herausgegeben und eingeleitet von G. Mattenklott. Frankfurt/M., Berlin, Wien: Ullstein 1973.

Beaud, P.: Musiques, masses, minorités, marginaux. International Review of the Aesthetics and Sociology of Music, 5, 1974, 1, S. 155—166.

Bekker, P.: Das deutsche Musikleben — Versuch einer soziologischen Musikbetrachtung. Stuttgart u. Berlin: Schuster & Löffler 1916. 2. Aufl. 1919.

—: Musikgeschichte als Geschichte der musikalischen Formwandlung. Berlin 1926.

Bellaigue, C.: Die Musik vom soziologischen Standpunkt. In: Allgemeine Musikzeitung 1901, S. 506, 579, 597, 61?, 629.

Belvianes, E.: Sociologie de la musique. Paris: Payot 1950.

Benjamin, W.: Das Kunstwerk im Zeitalter seiner technischen Reproduzierbarkeit. Frankfurt/M.: Suhrkamp 1970.

Berger, K.: Die Funktionsbestimmung der Musik in der Sowjetideologie. Wiesbaden: Harrassowitz 1963.

Berten, W.M.: Musik und Mikrophon. Zur Soziologie und Dramaturgie der Musikweitergabe durch Rundfunk, Tonfilm, Schallplatte und Fernsehen. Düsseldorf: Schwann 1951.

Besseler, H.: Das musikalische Hören der Neuzeit. Berlin 1959.

—: Grundfragen des musikalischen Hörens. JbP. XXXII, 1925, S. 35—52.

—: Umgangsmusik und Darbietungsmusik im 16. Jahrhundert. In: AfMw. 16, 1959, Heft 1/2, S. 21—41.

Blaukopf, K.: Musiksoziologie. Eine Einführung in die Grundbegriffe mit besonderer Berücksichtigung der Soziologie der Tonsysteme. Köln und Berlin: Kiepenheuer (1951).

—: Artikel "Musik." In: Wörterbuch der Soziologie. Hrsg. v. W. Bernsdorf und F. Bülow. Stuttgart 1955.

—: Raumakustische Probleme der Musiksoziologie. In: Gravesaner Blätter V, 1960. Und in: Mf XV, 1962, S. 237—246.

—: Werktreue und Bearbeitung. Zur Soziologie der Integrität des musikalischen Kunstwerks. Karlsruhe: Braun 1968 (= Musik und Gesellschaft. 3.)

Bloch, E.: Zur Philosophie der Musik. Frankfurt/M.: Suhrkamp 1974.

Boehmer, K.: Zwischen Reihe und Pop. Wien/München: Jugend u. Volk 1970

Boettcher, H.: Musiksoziologie. In: Melos X, 1931.

Bonnat, R.: Sociologie de la Musique. Anhang zu: Francastel, P.: Problèmes de la Sociologie de l'Art. In: Traité de Sociologie II. Hrsg. v. G. Gurvitch. Paris: Presses Universitaires de France, 1960, S. 279—296.

Bontinck, I. (Hrsg.): New Patterns of musical behaviour of the Young Generation in the industrial Societies. Communications pres. to the International Symposium. Vienna 1972. Wien: UE 1974.

Borris, S.: Vom Wesen der Musik. Soziologische Musikbetrachtung. In: Das Musikleben, 3, 1950, S. 5—9.

Bouyer, R.: Le public des concerts et la composition des programmes. In: Revue politique et litteraire 2/1905, S. 857.

Br........ Alexander: Parallelen. Politik und Musik. NZfM V, 1836, S. 83.

Bücher, K.: Arbeit und Rhythmus. Sitzungsberichte der Königl. Sächs. Ges. d. Wissenschaften 1896. Leipzig: Teubner 1901.

Buchhofer, B.: / Friedrichs, J. / Lüdthke, H.: Musik und Sozialstruktur. Theoretische Rahmenstudie und Forschungspläne, Köln: Gerig 1974.

Bukofzer, M.F.: Music in the Baroque Era. New York: Norton & Comp. 1947.

Burde, W.: Analytische Notizen um gesellschaftlichen Gehalt und Standort von Musikwerken. In: ZfMth 74—2, S. 20 ff.

Cappuccio, G.: L'Arte della Musica e la Sociologia. Siracusa: Tip. del Tamburo 1895.

Combarieu, J.: La Musique et la Magie. Etude sur les origines populaires de l'art musical, son influence et sa fonction dans les sociétés. Paris 1909 (= Etudes de philologie musicale. 3.)

Csipák, K.: Anmerkungen zur Stellung der Musik in der gegenwärtigen Gesellschaft. In: Das Argument, 5, 1963, Heft 26, S. 22—26.

Dahlhaus, C.: Das musikalische Kunstwerk als Gegenstand der Soziologie. In: International Review of the Aesthetics and Sociology of Music, 5, 1974, S. 11—26.

Dahnk, E.: Musikausübung an den Höfen von Burgund und Orléans während des 15. Jahrhunderts. In: Archiv für Kulturgeschichte XXV, 1934, S. 164—215.

Daum, H.: Soziologie der Musik. Ansätze und Probleme. Graz, masch. Diss. 1958.

Denaisne, P.: Musik und Soziologie. In: Die Musikwoche, 1951, S. 178—179.

—: Musik für die Masse — Musik für die Elite. Ebenda, S. 193—194.

Dümling, A.: "Im Zeichen der Erkenntnis der socialen Verhältnisse." Der junge Schönberg und die Arbeitersängerbewegung. In: ZfMth 75 — 1, S. 11 ff.

Eggebrecht, H.H.: Funktionale Musik. In: AfMw 30, 1973, S. 1 ff.

Eisler, H.: Musik und Politik. Schriften I, 1924 bis 1948. Hrsg. v. G. Mayer. München: Regner & Bernhard 1973.

—: Bunge, H.: Fragen Sie mehr über Brecht. Hanns Eisler im Gespräch. München: Rogner & Bernhard 1972.

Elste, M.: Verzeichnis deutschsprachiger Musiksoziologie. Teil A und B. Hamburg: Wagner 1975.

Engel, H.: Musik und Gesellschaft. Bausteine zu einer Musiksoziologie. Berlin: Hesse 1960.

—: Artikel "Soziologie der Musik." In: MGG 12, Sp. 948 ff.

—: Die musikalischen Gattungen und ihr sozialer Hintergrund. In: Kgr.—Ber. Kassel 1962. Kassel: Bärenreiter 1963.

—: Grundlegung einer Musiksoziologie. In: Musikalmanach. Hrsg. v. V. Schwarz. München: Desch (1949). S. 253—293.

—: Soziologisches Portrait J.S. Bachs. In: Kgr.-Ber.Lüneburg 1950. Kassel: Bärenreiter 1953, S. 223—236.

Enke, H.: Musik als Ware. In: Zeitwende 32, 1961, S. 257—263.

Erpf, H.: Die staatspolitische Bedeutung der Musik in unserer Zeit. In: Der Musikstudent 4, 1952 S. 43—45.

Etzkorn, P.K.: Musical and social patterns of songwriters: An exploratory sociological study. Princeton, N.J., Diss. 1959.

—: On music, social structure and sociology. In: International Review of Aesthetics and Sociology of Music, 5, 1974, 1, S. 43—49.

Faltin, P. und Reinecke, H.-P.: Musik und Verstehen. Aufsätze zur semiotischen Theorie, Ästhetik und Soziologie der musikalischen Rezeption. Köln: Gerig 1973.

Farnsworth, P.R.: Sozialpsychologie der Musik. Stuttgart: Enke 1976 (= Kunst und Gesellschaft. 6.)

Fehling, R.: Manipulation durch Musik. München: Raith 1976.

Fellerer, K.G.: Soziologie der Kirchenmusik. Materialien zur Musik- und Religionssoziologie. Köln/Opladen: Westdeutscher Verlag 1963.

Feurich, H.-J.: Grundzüge einer musikalischen Warenkunde. In: Musik und Bildung 6. 1974. 5. S. 299—304.

Finscher, L.: Zur Sozialgeschichte des klassischen Streichquartetts. In: Kg.-Ber. Kassel 1962. Kassel: Bärenreiter 1963, S. 37 ff.

Friedländer, W.: Probleme und Methoden der Musiksoziologie. In: Das Musikleben VII, 5, 1954, S. 161—164.

Fubine, E.: Estetica e sociologica della musica nell'università italiana. In: International Review of the Aesthetics and Sociology of Music, 4, 1973, 1, S. 95—98.

—: Implicationi sociologiche nella creazione e fruizione della musica d'avanguardia. Ebenda, 5, 1974, 1, S. 170—179.

Geyer, F.: Die Musik als soziale Kunst. In: Neue Berliner Musikzeitung 1848, S. 225, 233.

Gottwald, C.: Der Rundfunkchor — Existenz und Theorie. Eine sozialpsychologische Studie. In: Das Orchester 12, 1964, S. 204, 205 und 207.

—: Der Verfall des klassischen Melodiebegriffs als soziologisches Symptom. In: Radio Bremen, Hausbuch. 1960 S. 80—87.

Günther, S.: Musik in der verwalteten Welt. Die gesellschaftliche Situation der Musik in Deutschland seit dem Ende des 1. Weltkrieges. In: Kölner Zeitschrift für Soziologie und Sozialpsychologie. 16, 1964, S. 491—506.

—: Die Musik in der pluralistischen Massengesellschaft. Ebenda 19, 1967.

Gurlitt, W.: Artikel "Musik." In: Herders Staatslexikon. Recht, Wirtschaft, Gesellschaft. Hrsg. v. d. Görres-Gesellschaft. V, 6/Freiburg: Herder 1960, Sp. 852—858.

Guyau, J. M.: Die Kunst als soziologisches Phänomen. Leipzig: Kröner 1911. (Übersetzung von L'Art au point de vue sociologique. Paris 1895).

Haberl, F.X.: Die römische Schola cantorum und die päpstlichen Kapellsänger bis zur Mitte des 16. Jahrhunderts. VfMw III, 1887, 189—296.

Hallesche Beiträge zur Musikwissenschaft. Alte Musik neue Hörer. Sozialistischer Realismus in der Musik. Rezeptionsforschung und Musiksoziologie. Halle/Saale 1968.

Hanslick, E.: Geschichte des Conzertwesens in Wien: Braumüller 1869/70.

Harding, D.W.: The Social Background of Taste in Musik. In The Musical Times LXXIX, 1938, S. 333—335, und 417 —419.

Haug, W.F.: Zur Kritik der Waren-Ästhetik. In: Kursbuch 20, 1970.

—: Kritik der Warenästhetik. Frankfurt/M.: Suhrkamp 1974.

—: (Hrsg.): Warenästhetik. Beiträge zur Diskussion, Weiterentwicklung und Vermittlung ihrer Kritik.

Hauser, A.: Sozialgeschichte der Kunst und Literatur. München: Beck 1972.

—: Ziele und Grenzen der Soziologie der Kunst. In: Sociologica. Aufsätze Max Horkheimer zum 60. Geburtstag gewidmet. (= Frankfurter Beiträge zur Soziologie I) Frankfurt/M.: Europ. Verlagsanst. 1955, S. 367—398.

Heinemann, R.: Musikalische Fremd- und Subkulturen — Opfer westlicher Überlegenheitskomplexe? In: Musik und Bildung 5, 1973, 10.

—: Der Hörer zwischen Musikwissenschaft, Soziologie und Kulturkritik. In: Musik und Bildung 1970, 3.

—: Untersuchungen zur Rezeption der seriellen Musik. Diss. Köln 1966. Auch: Regensburg: Bosse 1966.

Heinz, R.: Bemerkungen zu Adornos Methode. In: ZfMth 73—1, S. 3 ff.

Hempel, G.: Die bürgerliche Musikkultur Leipzigs im Vormärz. In: Beiträge zur Musikwissenschaft 6, 1964, S. 2—14.

Hiller, F.v.: Die Musik und das Publicum. Köln: Dumont-Schauberg 1864.

Hirschfeld, R.: Staatswissenschaft und Musik. In: Neue Berliner Musikzeitung 1883, S. 265 und 273.

Holz, H.H.: Vom Kunstwerk zur Ware. Studien zur Funktion des ästhetischen Gegenstandes im Spätkapitalismus. Darmstadt und Neuwied 1972.

Honigsheim, P.: Music and Society. The later writings of Paul Honigsheim. New York 1973.

—: Soziologie der Kunst, Musik und Literatur. In: Die Lehre von der Gesellschaft. Hrsg. v. G. Eisermann. Lehrbuch der Soziologie. Stuttgart: Enke 1958, S. 338—373.

—: Musikformen und Gesellschaftsformen. In: Einheit der Sozialwissenschaft. F. Eulenberg zum Gedächtnis. Hrsg. von W. Bernsdorf und G. Eisermann. Stuttgart: Enke 1955 Seite 224—225.

—: Musiksoziologie. In: Handwörterbuch der Sozialwissenschaften. Hrsg. v. E. v. Beckerath u.a.. Bd. VII. Stuttgart/Tübingen/Göttingen: 1959.

The International Review of Music Aesthetics and Sociology. Ab Nr. 2 ff, als:

International Review of the Aesthetics and Sociology of Music. Ed.: Ivo Supicic. Zagreb: Institut of Musicology. Accad. of music. 1970—

Jager, H. de: Some sociological remarks on innovation in music. In: International Review of the Aesthetics and Sociology of Music. 3, 1972, 2, S. 252—258.

—: De sociale Functies van het Orkest. In: Mens en Melodie 19, 1964, S. 147—151.

Jahnke, S.: Musik — verwaltet und verwertet. In: Musik und Bildung 5, 1973, 4.

Jammers, E.: Musik in Byzanz, im päpstlichen Rom und im Frankenreich. Heidelberg: Winter 1962.

Jöde, F. und Boettcher, H.: Musik und Gesellschaft. Wolfenbüttel: Kallmeyer 1932.

Karbusicky, V.: Zur empirisch-soziologischen Musikforschung. In: Beiträge zur Musikwissenschaft VIII, 1966, Heft 3/4.

—: Empirische Musiksoziologie. Erscheinungsformen, Theorie und Philosophie des Bezugs "Musik-Gesellschaft." Wiesbaden: Breitkopf und Härtel 1975.

—: Ideologie im Lied — Lied in der Ideologie. Kulturanthropologische Strukturanalysen. Köln 1973.

Kaufmann, H.: Zur Problematik der Werkgestalt. Kategorien der Bewußtseinssoziologie in der Musik des 18. Jahrhunderts. In: Th.W. Adorno: Konzeption eines Wiener Operntheaters. Studien zur Wertungsforschung 2.

Kemper, D.: Studien zur instrumentalen Ensemblemusik des 16. Jahrhunderts in Italien. Köln und Wien: Böhlau 1970.

Khadiri, S.: Das Musikinteresse deutscher Gymnasiasten. Eine Untersuchung an Gymnasien der Stadt Heidelberg. Diss. Heidelberg 1963.

Klausmeier, F.: Jugend und Musik im technischen Zeitalter. Eine repräsentative Befragung in einer westdeutschen Großstadt. Bonn: Bouvier 1963.

Kneif, T.: Die geschichtlichen und sozialen Voraussetzungen des Kitsches. DVfLG XXXVII, 1963.

—: Zwischen Überschwang und Apathie. In: NZfM 134, 1973, 3.

—: Zeichen und Gleichnis. Über zwei Anschauungsmodelle der Musiksoziologie. In: NZfM 1968, 144.

—: (Hrsg.): Texte zur Musiksoziologie. Köln: Gerig 1975.

—: Der Gegenstand musiksoziologischer Erkenntnis. In: AfMw, 23. Jg. 1966, S. 213—236.

—: Gegenwartsfragen der Musiksoziologie. In: AM 38, 1966 Heft 1, S. 72—118.

—: Musiksoziologie. Köln: Gerig 1971.

—: Musiksoziologie. In: Einführung in die systematische Musikwissenschaft. Hrsg. v. C. Dahlhaus. Köln: Gerig 1971.

Knepler, G.: Musikgeschichte des 19. Jahrhunderts. 2 Bde. Berlin: Henschel 1961.

Kobald, K.: Beethoven. Seine Beziehungen zu Wiens Kunst und Kultur, Gesellschaft und Landschaft. Zürich, Leipzig, Wien: Amalthea 1953.

Koechlin, Ch.: La musique et le peuple. Paris: Editions Sociales Internationales 1936 (= Petite Bibl. Musical. 2)

(Kongreßbericht) Bericht über den internationalen musikwissenschaftlichen Kongreß Kassel 1962. Hrsg. v. G. Reichert und M. Just. 1964.

(Kongreßbericht) Bericht über den I. internationalen Kongreß für Musiktheorie Stuttgart 1971. Hrsg. v. P. Rummenhöller u.a. Stuttgart: Ichthys 1972.

Kracauer, S. Pariser Leben. J. Offenbach und seine Zeit. Eine Gesellschaftsbiographie. München: List (1962).

Kremer, K.: Zur soziologischen Struktur unserer Kirchenchöre. In: Musica Sacra. 83, 1963, S. 5—14.

Krenek, E.: Komponist und Hörer. In: Musikalische Zeitfragen XII. Kassel 1964.

Kresánek, J.: Die gesellschaftliche Funktion der Musik. In: Beiträge zur Musikwissenschaft 5, 1963, S. 304—306.

Kretzschmar, H.: Musikalische Zeitfragen. 10 Vorträge. Leipzig: Peters 1903.

Krey, J.: Die gesellschaftlichen Bedingungen der Musik im Werk von Thomas Mann. In: Wiss. Zeitschr. d. Fr.-Schiller-Universität, Jena III, 1953/54, Reihe 2/3, S. 301—332.

Krieger, L.: Die soziale Lage der Theatermusiker. Diss. Heidelberg 1913.

Krüger, E.: Beziehungen zwischen Kunst und Politik. In: AMZ 1848, S. 401, 481 und 842.

Kunst, J.: Sociologische bindingen in de muziek. 's-Gravenhage: Nijhoff 1953.

Kunst- und Musiksoziologie. In: Soziologische Exkurse nach Vorträgen und Diskussionen (= Frankfurter Beiträge zur Soziologie. Hrsg. von Th. W. Adorno und W. Dirks. Bd. 4) Frankfurt/M 1956, S. 93—105.

Laaf, E.: Der schaffende Künstler und sein Publikum. In: Deutsche Musikzeitung XXXVII 1937, S. 9—11.

Lach, R.: Zur Geschichte des musikalischen Zunftswesens Wien 1923 (= Sitzungsber. d. Akad. d. Wiss. in Wien. Philosoph hist. Klasse, Bd. 199, Abb. 3).

Lammel, I.: Das Deutsche Arbeiterlied. Leipzig/Jena/Berlin: Urenia 1962. Auch: Frankfurt/M.: Röderberg 1973.

Last, G.: Musik in der Fertigung. Untersuchung zur Problematik der Musik am Arbeitsplatz in den Industriebetrieben. Berlin/Köln/Frankfurt/M.: Beuth 1966.

Lesure, F.: Musik und Gesellschaft im Bild, Kassel 1966.

Ling, J.: Musiksoziologische Projekte in Göteborg. Beiträge zur Musikwissenschaft 14, 1972, 4, S. 299—313.

Lissa, Z.: Musik und Revolution. In: International Review of the Aesthetics and Sociology of Music. 5, 1974, 1, S. 113—123.

—: Zur Periodisierung der Musikgeschichte. In: Beiträge zur Musikwissenschaft, Jg. 1960, Heft 1/2.

—: Fragen der Musikästhetik. Berlin. Henschel 1954.

—: Über das Spezifische der Musik. Berlin: Henschel 1957.

Lunatscharski, A.: Über die soziologische Methode in der Musiktheorie und Musikgeschichte. Zu Max Webers Musikbuch. In: Die Revolution und die Kunst. Dresden: VEB Verlag der Kunst (1962).

—: Die sozialen Quellen der Musik. Ebenda.

Mahling, Ch.-H.: Zur Soziologie des Chorwesens. In: Festschrift für J. Müller-Blattau. (= Saarbrücker Studien zur Musikwissenschaft I). Kassel: Bärenreiter 1966.

Materne, G.: Die sozialen und wirtschaftlichen Probleme des Musikers. München 1953.

Matzke, H.: Musikökonomik und Musikpolitik. Breslau: Quader 1927.

Mayer, G.: Gesellschaftlicher und musikalischer Fortschritt. Zu Hanns Eislers Konzeption einer "Dialektik der Musik". In: Beiträge zur Musikwissenschaft 15, 1973, Heft 1/2, S. 3—28.

Mecklenburg, C.G. Herzog zu: Bibliographie einiger Grenzgebiete der Musikwissenschaft. Baden-Baden 1962 (= Bibliotheca Bibliographica Aureliana. Bd. 6).

Mersmann, H.: Soziologie als Hilfswissenschaft der Musikgeschichte. In: AfMw X, 1953, S. 1—15.

Meyer, E.H.: Die aktive gesellschaftliche Rolle der Musik. In: Aufbau 7, 151, S. 349—352.

—: Musik im Zeitgeschehen, Grundprobleme der Musiksoziologie. Berlin: Henschel 1952.

Moberg, C.A.: The Function of Music in Modern Society. In: Svensk Tidskrift för Musikforskning. XXXVI, 1954, S. 84—93.

Moser, H.J.: Zuständigkeitsgrenzen der Musiksoziologie. In: Festschrift Hans Engel, 1964, S. 245—249.

—: Die Musikergenossenschaften im deutschen Mittelalter. Diss. Rostock 1910.

Mueller, J.H.: Fragen des musikalischen Geschmacks. Eine musiksoziologische Studie. Köln/Opladen: Westdeutscher Verl. 1963.

Musik und Gesellschaft. Hrsg. v. E.H. Meyer. Berlin 1951 ff.

Musik und Gesellschaft. Arbeitsblätter für soziale Musikpflege und Musikpolitik. Hrsg. v. F. Jöde und H. Boettcher. Wolfenbüttel/Mainz 1930 f.

Musik und Gesellschaft, Schriftenreihe. Hrsg. v. K. Blaukopf. Karlsruhe 1967 ff.

Oberborbeck, Fr.: Zur Soziologie der Jugendmusik. In: Das Musikleben 8, 1955, S. 126—128.

Olio, C. Dall': La musica e la civiltà. Bologna: Cenerelli 1898.

Pape, W.: Befragung zum Musikinteresse 13—15jähriger Schüler. In: Musik und Bildung 5, 1973, 4.

Pauli, H.: Avantgarde und Volkstümlichkeit. In: ZfMth 75—1, S. 4 ff.

Picht, G.: Wozu braucht die Gesellschaft Musik. In: Neue Musikzeitung 21, 1972, 6, S. 1 und 5.

Pierce, J. R.: Symbols, Signals and Noise. New York: Harper 1961.

Piersig, J.: Beiträge zu einer Rechtssoziologie der Kirchenmusik. Regensburg: Bosse 1972.

Preußner, E.: Die bürgerliche Musikkultur. Ein Beitrag zur deutschen Musikgeschichte des 18. Jahrhunderts. Hamburg: Hanseatische Verlagsanstalt 1935, 2/ Kassel und Basel: Bärenreiter: 1954.

Ramseyer, U.: Soziale Bezüge des Musizierens in Naturvolkkultur. Ein ethno-soziologischer Ordnungsversuch. Bern und München: Francke 1970.

Rauhe, H. u.a.: Hören und Verstehen. Theorie und Praxis handlungs-orientierten Musikunterrichts. München: Kösel 1975.

—: Interdisziplinäre Verflechtung der Musikpädagogik. In: Musik und Bildung 5, 1973, 3.

—: Popularität in der Musik. Interdisziplinäre Aspekte musikalischer Kommunikation. Karlsruhe: Braun (1974).

Raupach, H.: J.S. Bach und die Gesellschaft seiner Zeit. München: Callwey (1973).

Raynor, H.: Music and society since 1815. London: Barrie & Jenkins 1976.

Rebling, E.: Die soziologischen Grundlagen der Stilwandlung der Musik in Deutschland um die Mitte des 18. Jahrhunderts. Diss. Berlin 1935.

Reininghaus, F.C. und Traber, J.H.: Musik als Ware — Musik als wahre. Zum politischen Hintergrund des musiksoziologischen Ansatzes von T.W. Adorno. In: ZfMth 73—1, S. 7 ff.

Reininghaus, F.C.: Studie zur bürgerlichen Musiksprache. Mendelssohns "Lieder ohne Worte" als historisches, ästhetisches und politisches Problem. In: Mf XXVIII, 1975, S. 34 ff.

Reinold, H.: Grundverschiedenheiten musikwissenschaftlichen und soziologischen Denkens. Kg.-Ber. Hamburg 1956.

—: Rundfunk als soziales Problem. KZfS IX, 1957.

Riedel, F.W.: Musik, Theater, Tanz vom 16. Jahrhundert bis zum 19. Jahrhundert in ihren Beziehungen zur Gesellschaft. Ausstellungskatalog 1966 Stift Göttweig, Niederösterreich.

Riehl, W.H.: Bach und Mendelssohn aus dem sozialen Gesichtspunkt. In: Musikalische Charakterköpfe I, Stuttgart: Cotta 8/1899, S. 57 ff.

Rock, C.V.: Geld verdienen mit Musik. Düsseldorf/Wien: Econ 1973.

Ruhnke, M.: Beiträge zu einer Geschichte der deutschen Hofmusikkollegien im 16. Jahrhundert. Berlin: Merseburger 1963.

Rutz, H.: Musik und Publikum. In: Musica IV, 1950, S. 369—371.

Salmen, W.: Die soziale Geltung des Musikers in der mittelalterlichen Gesellschaft. In: Studium generale XIX, 1966.

—: Die Schichtung der mittelalterlichen Musikkultur in der ostdeutschen Grenzlage. In: Die Musik im alten und neuen Europa II. Kassel 1954.

—: Der fahrende Musiker im europäischen Mittelalter. Kassel: Hinnenthal 1960.

—: (Hrsg.): Der Sozialstatus des Berufsmusikers vom 17. bis 19. Jahrhunderts. Gesammelte Beiträge im Auftrag der Gesellschaft der Musikforschung. Kassel: Bärenreiter 1971.

—: Haus- und Kammermusik. Privates Musizieren im gesellschaftlichen Wandel zwischen 1600 und 1900. Leipzig: Deutscher Verlag für Musik VEB (1969) (= Musikgeschichte in Bildern IV. 3.)

—: Musikleben im 16. Jahrhundert. Ebenda (1976) III.9.

Sandberger, A.: Beiträge zur Geschichte der Bayerischen Hofkapelle unter Orlando de Lasso. Hab.Schr. München 1894. Leipzig: Breitkopf & Härtel 1894/95.

Schering, A.: Künstler, Kenner und Liebhaber im Zeitalter Haydns und Goethes. In: JbP 1931.

—: Artikel "Musik." In: Handwörterbuch der Soziologie. Hrsg. v. A. Vierkandt, Stuttgart 1931.

—: Die Musikgeschichte Leipzigs II, 1650—1723. Leipzig: Kistner & Siegel 1926.

Schmidt, F.: Das Musikleben der bürgerlichen Gesellschaft Leipzigs im Vormärz (1815—1848). Leipzig Diss. 1912. Auch: Langensalza: Beyer 1912.

Schmidt, L.: Aus dem Musikleben der Gegenwart. Berlin: Hesse 1922.

Schmidt-Relenberg, N.: Kunst als intellektuelle Gesellschaftskritik. In: KZfS 21, 1969, S. 474 ff.

Schering, A.: Artikel "Musik." In: Handwörterbuch der Soziologie. Hrsg. v. A. Vierkandt. Stuttgart 1931.

—: Die Musikgeschichte Leipzigs II, 1650—1723. Leipzig: Kistner & Siegel 1926.

Schwab, H.W.: Konzert. Öffentliche Musikdarbietungen vom 17. bis 19. Jahrhundert. Leipzig 1971 (= Musikgeschichte in Bildern IV, 2)

—: Das Einnahmebuch der Schleswiger Stadtmusikanten Fr.A. Berwald. Kassel, Basel etc: Bärenreiter 1972 (= Kieler Schriften zur Musikwissenschaft XXI.)

Sendrey, A.: Music in the social and religions life of antiquity. Rutherford, Madison, Teaneck: Fairlegh Dikkinson Univ.Pr. (1974).

Serauky, W.: Wesen und Aufgabe der Musiksoziologie. In: ZfMw XVI, 1934, S. 232–244.

Siegmeister, E.: Musik und Gesellschaft. Berlin: Dietz 1948.

Siepmann, Ch.A.: Radio, Television and Society. New York: Oxford University Press 1950.

Silbermann, A.: Die Ziele der Musiksoziologie. In: KZfS 14, 1962, S. 322–335.

—: Wovon lebt die Musik. Die Prinzipien der Musiksoziologie. Regensburg: Bosse 1957.

—: Introduction à une sociologie de la musique. Paris: Presses univ. de France 1955.

—: Die Stellung der Musiksoziologie innerhalb der Soziologie und der Musikwissenschaft. In: KZfS 10, 1958, S. 102–115.

—: La musique, la radio et l'auditeur. Etude sociologique. Paris: Presses univ. de France 1954. (Übersetzt als:)

—: Musik, Rundfunk und Hörer. Die soziologischen Aspekte am Rundfunk. Köln/Opladen: Westdeutscher Verlag o.J.

—: Die Pole der Musiksoziologie. In: KZfS 15, 1963, S. 425–488. Und in: Ketzereien eines Soziologen. Wien/Düsseldorf: Econ 1965, S. 239 ff.

—: Anmerkungen zur Musiksoziologie. Eine Antwort auf Th.W. Adornos "Thesen zur Kunstsoziologie." In: KZfS 19, 1967, S. 538 ff.

Shdanow, A.: Eröffnungsrede auf der Beratung von Vertretern der sowjetischen Musik im ZK der KPdSU (B) Januar 1948. In: Über Kunst- und Wissenschaft. Stuttgart: Das neue Wort. 1952.

—: Fragen der sowjetischen Musikkultur. Diskussionsbeitrag auf der Beratung von Vertretern der sowjetischen Musik im ZK der KPdSU (B) Januar 1948. Ebenda.

Simmel, G.: Psychologische und ethnologische Studien über Musik. In: Zeitschrift f. Völkerpsychologie u. Sprachwissenschaft. Hrsg. v. M. Lazarus u. H. Steinthal. Berlin 1882, XIII, Heft 3.

Sønstevold, G. und Blaukopf, K.: Musik der "einsamen Masse". Ein Beitrag zur Analyse von Schlagerschallplatten. Karlsruhe: Braun 1968.

Soriano, M.: Les problèmes de la musique et le Marxisme. In: La Pensée, Nouvelle Série 1954–56, S. 77–88.

Sozialistische Zeitschrift für Kunst und Gesellschaft, 6: Popmusik – Profite für das Kapital. 1971.

—: 20/21 Hanns Eisler, Musik im Klassenkampf. 1973.

Stahmer, K.: Musikalische Formung in soziologischem Bezug. Dargestellt an der instrumentalen Kammermusik von Johannes Brahms. Diss. Kiel 1968.

Staudinger, H.: Entwicklung und Form der musikalisch-geselligen Organisation. Diss. Heidelberg 1913. Im Buchh. als: Individuum und Gemeinschaft in der Kulturorganisation des Vereins. Jena: Diederichs 1913.

Stephan, R.: (Hrsg.): Über Musik und Politik. Mainz: Schott 1971 (= Veröffentlichungen des Instituts für neue Musik und Musikerziehung Darmstadt. Bd. 10.)

Storck, K.: Musik – Politik. Beiträge zur Reform unseres Musiklebens. Stuttgart: Greiner & Pfeiffer 1911.

Stroh, W.M.: Zur Soziologie der elektronischen Musik. Berg a.I./Zürich: Amadeus 1975.

Stuckenschmidt, H.H.: Das Musikleben der Gegenwart. In: Atlantis-Buch der Musik. München 1964, S. 313 ff.

Thielecke, R.: Zur sozialen Lage der Berufsmusiker in Deutschland und die Entstehung, Entwicklung und Bedeutung ihrer Organisationen. Masch. Diss. Frankfurt/M. 1921.

Tiggers, P.: Sociologie van de muziek. In: Mens en melodie 17, 1962, S. 110—114.

Truding, L.: Was heißt Musiksoziologie heute? Eine kulturwissenschaftliche Studie. In: Das Goetheanum 41, 1962, S. 11—13.

Unold, K.: Zur Soziologie des (zünftigen) deutschen Meistergesangs. Diss. Heidelberg 1932.

Valentin, E.: Zur Soziologie des Musiklebens. In: Kongreßbericht Lüneburg 1950, S. 220—222.

Wang, B.: Folk Songs as a Means of Social Control. In: Sociology and Social Research, XIX, 1934, S. 64 ff.

—: Folk Songs as Regulators of Politics. Ebenda, XX, 1935, S. 161, ff.

Wangermée, R.: Die flämische Musik in der Gesellschaft des 15. und 16. Jahrhunderts. Brüssel: Kunstverlag Arcade 1965.

Weber, M.: Die rationalen und soziologischen Grundlagen der Musik. Soziologie der Musik. München: Drei Masken 1921.

Wellek, A.: Industrielle Revolution in der Musik. Zur "Musiksoziologie". In: NZfM 123, 1962, S. 161—165.

Werner, A.: Freie Musikgemeinschaften alter Zeit im mitteldeutschen Raum. Wolfenbüttel und Berlin: Kallmeyer 1940.

Wilzin, L.: Musikstatistik, Logik und Methodik gesellschaftsstatistischer Musikforschung. Wien: Deutiche 1937 (= Schriften des Instituts für Statistik etc. Hrsg. v. W. Winkler).

Wiora, W.: Die musikalischen Gattungen und ihr sozialer Hintergrund. Kgr.-Ber. Kassel 1962, Kassel: Bärenreiter 1964, S. 18 ff.

Wolff, H.Ch.: Das Opernpublikum der Barockzeit. In: Festschrift Hans Engel 1964, S. 442—452.

—: Die venezianische Oper in der zweiten Hälfte des 17. Jahrhunderts. Eine historisch-soziologische Untersuchung. Diss. Berlin 1937.

Woodfill, W.L.: Musicians in English Society from Elizabeth to Charles I. Princeton (N.J.) und London 1953.

Worbs, H.Ch.: Musik als Ware. Die Salonmusik des 19. Jahrhunderts. In: NZfM 124, 1963, S. 48—51.

—: Soziologische Studien an der Instrumentalmusik Haydns. Berlin 1952.

Zeitschrift für Musiktheorie. Hrsg. v. P. Rummenhöller. Stuttgart 1970 ff.

Register